本书出版获得国家高端智库专项、中国科学院科技战略咨询研究院
重点培育项目"高端科技智库的DIIS方法与理论体系"资助

智库DIIS理论方法

潘教峰 等◎著

DIIS THEORY AND
METHODOLOGY IN
THINK TANKS

✿ △ ○ □

科学出版社
北京

内容简介

本书立足智库研究的全局，总结智库问题特征，揭示智库研究的一般规律和内在逻辑，针对国内外智库研究工作中存在的问题，运用系统、辩证的观点和运筹学、系统论、控制论，从问题导向、证据导向和科学导向出发，对智库研究方法论进行系统思考，提出智库研究的DIIS理论方法体系，界定智库研究的规范化流程和智库DIIS的质量标准，针对实际智库研究问题给出相应的DIIS方法，旨在提高智库研究成果的科学性、有效性和可靠性，为智库研究提供体系化理论分析，促进智库的专业化发展，更好地服务国家治理体系和治理能力现代化。

本书可为宏观决策部门、管理部门、科研院所、高校和企业等的智库研究相关部门提供理论与研究方法支持和参考，供战略决策人员、智库管理人员、智库研究人员以及对智库感兴趣的广大读者阅读和使用。

图书在版编目（CIP）数据

智库 DIIS 理论方法 / 潘教峰等著 . — 北京：科学出版社，2019.6
ISBN 978–7–03–061076–8

Ⅰ . ① 智… Ⅱ . ① 潘… Ⅲ . ① 咨询机构 – 研究 Ⅳ . ① C932.81

中国版本图书馆 CIP 数据核字 (2019) 第 070888 号

责任编辑：李　敏 / 责任校对：樊雅琼
责任印制：肖　兴 / 封面设计：无极书装

科学出版社 出版
北京东黄城根北街16号
邮政编码：100717
http://www.sciencep.com

中国科学院印刷厂 印刷
科学出版社发行　各地新华书店经销

*

2019年6月第 一 版　开本：710×1000　1/16
2019年6月第一次印刷　印张：22
字数：500 000

定价：**268.00元**
（如有印装质量问题，我社负责调换）

《智库 DIIS 理论方法》研究组

前　言

国家高端智库建设是个新生事物，作为一名长期从事战略和政策研究的学者，在实践中，我一直在思考和探索智库建设的一些基本理论和原则问题：智库建设的目的是什么？智库的问题是什么？与一般意义的学术研究有何异同？智库研究的规律是什么？怎样开展智库研究？遵循什么样的原则？如何评价智库研究成果？以理清智库研究的基本逻辑体系。

同时，我也深感研究质量是智库建设的根本，只有不断产出高质量的智库研究成果，才能有力支撑宏观决策、有效引领社会创新方向。而影响研究质量的诸多问题中，关键是智库研究理论方法还比较缺失。总体而言，国外智库已具备较成熟的研究规范，但也缺少系统的智库理论方法体系。我国智库研究起步较晚，对智库理论方法的研究更显不足。因此，探讨智库研究工作的特点，发展智库研究的理论方法体系，研发科学管用的智库研究方法和工具，成为智库建设中迫切需要解决的重要课题。

纵观世界智库发展的整个过程，从方法论角度看，最初的智库产品多是为了满足政府和市场的咨询需求而产生的，谋士或专家个人的知识、经验和洞察力、判断力起到决定性作用。随着政治经济社会问题日益复杂和智库研究专业化、建制化发展，智库产品需要综合多方面的知识和专家意见，于是有了诸多像德尔菲法这样诞生于智库机构的研究方法。这种主要通过访谈或者询问专家的预测方法，相对而言还是比较主观。现代社会已经是高度信息化和数据化的社会，相对客观的数据在社会发展和科学研究中扮演着越来越重要的角色，因此用科学的方法将数据分析与专家咨询相结合才能更完整地理解智库产品产生的背景和环境，实现数据、信息、专家、方案的高度统一。相比仅以专家或仅以数据为基础的研究方法，"先数据后信息再智能最后落实为方案"的智库产品逻辑会使得决策咨询建议更加丰富、科学、严谨。通过数据分析获得信息、结合专家意见得到方案的操作流程也能够更清晰地呈现智库研究成果，使智库成果更加令人信服，并能更好地发挥智库成果的作用。

2017年伊始，为支持智库建设，中国科学报社与中国科学院科技战略咨询研究院合作，在《中国科学报》开辟《智库栏目》，定期刊登智库研究成果，并约我为该栏目撰写首篇文章。这时候，中国科学院科技战略咨询研究院作为中国科学院开展国家高端智库建设试点的重要载体和综合集成平台，已经组建运行一年了，我想写一篇关于智库研究或决策咨询研究理论方法的文章，是比较符合《中国科学报》《智库栏目》开篇的定位的。为此，我结合国家高端科技智库建设实践和本人近20年从事科技战略研究和重大规划的心得，总结提炼智库研究问题的一般性思路，为《智库栏目》撰写了《科技智库研究的DIIS理论方法》一文，首次提出"智库DIIS理论方法"体系（潘教峰，2017），希望引起对智库研究理论方法的重视。

随后，我带领中国科学院科技战略咨询研究院科技发展战略研究所、科技战略情报研究所、系统分析与管理研究所、学部研究支撑中心等的多名研究人员和研究生成立了智库DIIS理论方法研究组，开展了深入全面的智库研究工作，主要成员有杨国梁、刘慧晖、张凤、郭剑锋、鲁晓、王雪、陈安、王小梅、裴瑞敏、石彪、隆云滔、康大臣、宋瑶瑶、刘肖肖等。在研究组内部，以"小中心大外围"的方式，采取集中研讨和专题研究相结合，不断凝练聚焦研究重点，持续深入开展研究；在研究组外部，我先后在香山科学会议、第十九届中国管理科学学术年会、2018国家高端智库联络员工作会议、2018上海全球智库论坛等会议上作智库DIIS理论方法的专题报告，得到积极反响，有关领导和专家也鼓励我把研究所得整理成书稿出版。在我所负责的国家自然科学基金管理学部2017年第5期应急项目"应对新科技革命与产业变革进程的政策研究"、国家社会科学基金"国家治理与全球治理"重大研究专项项目和多个国家高端智库政策研究项目等研究工作中，采用所发展的 DIIS 理论方法，也促进了 DIIS 理论方法的深化完善。

经过历时两年的研究，研究工作取得了系列成果：首次系统提出了智库研究的基本逻辑体系（潘教峰和鲁晓，2018），分析了国内外智库研究方法的演进历程（潘教峰等，2017），发展了智库 DIIS 三维理论模型（潘教峰等，2018a）和多规模智库 DIIS 理论方法（潘教峰等，2019），并将智库 DIIS 理论方法应用于智库研究实践中（潘教峰等，2018b；Guo et al.，2019），在这些成果的基础上，形成了《智库 DIIS 理论方法》专著。本书立足智库研究的全局，总结智库问题特征，揭示智库研究的一般规律，针对国内外智库研究工作中存在的问题，运用系统、辩证的观点和运筹学、系统论、控制论，从问题导向、证据导向和科学导向出发，对智库研究方法论进行系统思考，提出智库研究的 DIIS 理论方法体系，界定智库研究的规范化流程，形成智库 DIIS 的质量标准，针对实际智库研究问题给出相应的 DIIS 方法，旨在提高智库研究成果的科学性、有效性和可靠性，为智库研究提供体系化理论分析，促进智库的专业化发展，更好地服务国家治理体系和治理能力现代化。

本书共分为五篇十章。第 1 篇（第 1—2 章）：智库研究逻辑体系。该篇是关于智库研究的理论阐述。第 1 章提出智库研究基本逻辑体系，阐述智库研究"为什么""是什么""怎么做""如何评"等基本问题。第 2 章从智库演进及研究方法现状着手，找出我国智库研究工作中存在的问题，梳理智库研究的特点，进而思考智库研究工作的规律，给出智库研究工作的一般性思路——DIIS 理论方法。第 2 篇（第 3 章）：智库 DIIS 理论方法体系。该篇是从微观层面论述 DIIS 理论方法。该篇首先介绍智库 DIIS 理论方法的基本内涵，从研究过程、智库导向和方法工具出发，提出智库 DIIS 的三维理论模型，结合智库研究的规模，形成多规模智库 DIIS 研究流程，给出智库 DIIS 写作规范和质量标准。第3篇（第4—6章）：智库 DIIS 主题研究方法体系。该篇是从中观层面论述 DIIS 理论方法。该篇围绕科技路线图、科技评估和第三方评估等热点主题领域进行系统分析，并基于智库 DIIS 理论方法形成相应的主题 DIIS 研究体系及流程。第4篇（第7章）：智库 DIIS 组织建设体系。该篇是从宏观层面论述智库 DIIS 理论方法。该篇将智库研究系统组织化、流程化与业务化，形成 DIIS 功能模块、DIIS 研究模块和 DIIS 支撑模块，为智库组织建设提供方法支撑，保障智库 DIIS 理论方法在智库研究工作中的运用。第5篇（第8—10章）：智库 DIIS 常用研究方法工具。该篇给出基于 DIIS 思路形成的创新方法——源头技术识别方法，并归类汇总 DIIS 常用研究方法工具和数据库，形成索引式字典，便于智库研究者采用。

我负责全书的内容体系设计、主要研究问题和技术路线确定、研究工作组织及总体审查统稿。杨国梁研究员和刘慧晖博士后在研究和出版的组织协调与细化上做了大量卓有成效的工作。各章撰稿人如下：第1章，潘教峰、鲁晓；第2章，潘教峰、杨国梁、刘慧晖；第3章，潘教峰、杨国梁、刘慧晖；第4章，张凤、裴瑞敏；第5章，潘教峰、杨国梁、刘慧晖；第6章，王雪；第7章，刘慧晖、石彪、杨国梁；第8章，郭剑锋、潘教峰、裴瑞敏；第9章，陈安、王小梅、宋瑶瑶、刘肖肖等；第10章，王小梅、宋瑶瑶、刘肖肖等。在此基础上，我又对全部书稿进行了统一修改和审定，并多次提出具体的修改意见，返给有关章节撰稿人做进一步修改完善。张凤研究员作为重要成员，在参加和组织"中国至 2050 年重要领域科技发展路线图战略研究"中，对 DIIS 研究思路的形成做出了贡献。同时，我也对为本书收集整理有关文献的研究生表示感谢。

在本书稿即将付梓之际，我谨向参与研究、咨询、编辑的全体人员和专家表示诚挚的谢意。衷心希望本书的出版，能为智库建设提供一种科学方法支撑、为智库研究人员提供方法指引、为关心智库建设的人员了解智库研究过程提供途径，对提升智库研究质量、保证智库研究有据可循、增加智库研究公信力发挥积极作用。

由于智库研究是一项综合而又复杂的工作，研究涉及的学科领域众多，加之认识本身的局限，本书难免存在不足之处，欢迎广大读者和专家不吝赐教。

我深深感到，智库是一门大学问、大科学，其大体现在研究问题的尺度、涉及领域的跨度、前瞻方向的远度、洞悉发展的深度和总体研究的会聚。以科学视角观之，智库研究是一门会聚科学、实证科学、政策科学、新兴科学，有大量处女地等待开垦。探索规律得智库之道，创新方法修智库之术，值得作为一辈子的学问来探究。本书仅仅是智库 DIIS 理论方法体系研究的开端，未来我们将继续持续深入地开展 DIIS 精细化研究：在理论层面，对智库 DIIS 理论方法的符号表征、研究范式等进行深入研究；在操作层面，将智库 DIIS 理论方法应用到更多的主题领域。由于主题领域下包含的重要问题会随着社会需求进行动态调整，未来我们也将进一步研究提出具体问题（如态势分析、预测预见、规划制定、优先领域遴选等）相应的 DIIS 理论方法，以更好地用科学方法研判发展状态、洞悉发展趋势、把握发展方向、提出战略重点、评估政策效果，为我国宏观决策和创新发展提供有效战略咨询和决策支撑。

中国科学院科技战略咨询研究院院长、研究员

潘教峰

2019 年 3 月

目　录

第1篇

智库

研究

逻辑

体系

第1章　智库研究基本逻辑体系导论

智库作为国家决策咨询系统和体系的重要组成部分，智库本身的理论和方法的研究有助于提高智库研究的水平，拓展关注问题的范围，有效发挥其作用和职能。本章以智库研究为考察对象，从理论层面思考智库更为普遍的作用和特征，智库研究应该遵循的原则和逻辑体系，开展智库研究的环节和方法，智库成果的评价标准等重要问题，形成关于智库研究的逻辑体系的系统认知。

1.1　问题的提出与理论综述

2015 年 1 月，中共中央办公厅、国务院办公厅印发了《关于加强中国特色新型智库建设的意见》，指出要切实加强中国特色新型智库建设，充分发挥智库在治国理政中的重要作用。2015 年 11 月，国家高端智库建设试点工作正式启动，公布了首批 25 家机构入选国家高端智库试点单位，涵盖国内政治、经济、科技、军事的一流专业研究机构。中国科学院入选首批 10 家综合类国家高端智库试点单位，重点任务是建设中国科学院科技战略咨询研究院。中国科学院科技战略咨询研究院作为中国科学院率先建成国家高水平科技智库的重要载体和综合集成平台，主要针对科技相关的问题为国家建言献策。

由此可见，智库建设和智库研究发挥着关键的政策价值，也具有重要的理论价值。首先，智库成为国家治理体系中不可或缺的组成部分，是国家治理能力的重要体现。在推进国家治理体系和治理能力现代化的进程中，高端智库作为建制化、专业化的咨询研究组织，不仅是国家软实力的重要组成部分，而且更是国家决策科学化、规范化的一项重要制度安排。其次，面对决策问题日益复杂、我国专业化研究力量参与决策咨询的机制尚不健全的现实情况，有决策价值的智库研究尤为稀缺。现有体制内的决策咨询部门大多直接服务于决策者，更多关注现实的重大问题，而科学化、民主化的决策需要参考更加独立和客观的研究结果，以及具有长远性和前瞻性的视野，依靠具有储备性的研究力量。同时，智库作为国家决策咨询系统和体系的重要组成部分，智库本身的理论和方法的研究有助于提高智库研究的水平，拓展关注问题的范围，有效发挥其作用和职能。如何认识和发挥智库的作用，开展有价值的智库研究，形成对于智库研究逻辑体系的认识，是十分重要的工作。

随着19世纪末期现代智库在西方国家的兴起，有关智库的理论研究或以智库本身为研究对象的实证研究开始涌现。这些研究多以美国为代表的西方英语国家为背景，并基于各自特定的国家情境。20世纪90年代以后，以位于中东欧、亚洲等地的发展中国家为背景的智库研究开始兴起。在政策研究中，智库往往被视作一种跨国性的、超民族化的组织机构，产生了大量的文献分析智库对于政策制定、改变和延续的作用，针对"智库是什么""智库的作用""智库如何运作"等问题产生了持续性的争论。随着政策咨询领域的持续变化，政策问题的不断复杂化，外部政策咨询机构不断多样化，特别是智库、大学、研究机构、管理咨询企业等不同性质的组织参与到政府决策咨询中，组织之间的边界逐渐模糊，对于智库的讨论和研究也在持续进行并不断变化和深入。更为近期的西方智库理论研究开始采用"多元主义"（pluralism）和"精英主义"（elitism）的视角，力图系统地思考智库的定义、作用和功能，解决"智库是什么""智库为谁服务"和"智库怎样做"的问题(Ahmad，2008；Hart and Vromen，2008；Katwala，2009；McGann，2007)。

在众多对于智库的定义中，比较早被广泛接受的定义由Weaver（1989）在20世纪80年代末期提出，他将智库定义为"非政府的、非营利性的，在政府、企业、政党等利益群体之外保持独立性的研究机构"。在 Weaver 对智库的定义中，独立性和非营利性成为判断智库性质的重要标准。后期的一些研究认为预先设定智库的非营利性和独立性的特征会忽略智库与政治、商业、资助方，智库研究者与其客户之间不可割裂的复杂关系。然而基于同行评议或公开咨询的机制而维护学术独立性，也被普遍认为是智库的重要责任。智库的产生也被认为来源于公共领域的需求，特别是政府决策者不断地受到来自于公共领域的压力，需要进行公共政策方面的优化和改革，从而专业化的咨询顾问机构成为政府开展公共政策改革，协调不同社会参与力量的重要伙伴。基于这样的认识，对智库的定义也在不断调整、丰富和扩展，比如智库逐渐被认为是：在组织上、经济上和智力上独立于政府、党派或利益团体，没有正式的政治决策权但具有影响力，声称政治中立但并不隐藏其意识形态的立场，具有独立研究能力也可以聘用外部研究人员或专家进行研究，对于政策的影响往往来源于智力成果而非政治游说，具有公共精神并提供公共产品，宣传政治理念，维护政治网络并提供专业化的政策咨询。这些认识具有很强的多元主义特征，例如，Campbell and Pedersen（2008）将智库视为服务于政策制定的特殊的知识场域；智库研究被描述成一种"体现出多元主义的知识和意识形态的生产方式"（Plehwe et al.，2006）。智库展现出更多的公众精神并提供研究作为公共产品，他们将理念、倡议、主张和想法形成产品扩散给公众群体(Desai，2006)；同时发展和维护政策网络，为政策制定者提供专业的服务，在政策空间的不同主体，如政府、学术机构、企业和媒体之间起到桥梁的作用。

精英主义的视角认为政策的制定是由少数有权势的社会精英决定的。关于精英理论的最早论述来自于社会学家 Mills（1959），他认为美国的权力精英主要由政治精英、经济精英和军事精英三大部分人组成。之后 Dye（1986）又将权力精英逐步扩展到新闻记者、大律师、基金会组织负责人、智库负责人以及美国名牌高校的校董事们。根据精英理论的框架，智库中的负责人和研究人员对政策制定具有很强的影响力，而这些权力精英们之间基于社会网络的纽带和交流甚至比发布智库报告更具有政策影响力。如果将多元主义和精英主义的视角进行对比会发现，基于多元主义视角，智库的功能和作用被积极地认为在支持和鼓励政策的多样性，促进广泛而多主体的政治参与，提高政策制定的质量和透明度，培育具有公信力和公开性的民主政治程序等方面起到了重要的作用。而基于精英主义的观点则更多地对智库进行批判：一方面，智库的研究及其观点往往代表资助机构的利益，并将其与决策者进行沟通；另一方面，智库在组成上的社会精英背景、精英主义的价值观以及服务于决策层的立场使得其经验研究常常带有精英主义的视角，并陷入权力不对等的关系（Stone，1996）。由此可见，以什么样的理论视角认识智库，对于理解智库的作用和功能，对于开展和评价智库研究，从而有效发挥智库在一国治理体系中的作用，具有引领性和基础性的作用。

如果梳理西方传统下的智库研究议题，我们会发现基于历史的、组织的、实证的、比较的不同研究路径，而这些研究路径实际又与上文综述的关于智库的定义、影响力、研究视角和路径等理论问题息息相关。这些研究包括：从历史的维度，关注智库的产生和发展的历史研究，例如，Smith 对于美国智库发展的历史研究，分析作为"政策精英"和"思想中介"（idea brokers）的政策专家和智库专家在美国政治中形成、发展和分化的历史（Smith，1993）；从中观层面关注政策过程，考察智库影响力的形成过程，例如，Stone 对智库实现影响力的原因进行了理论分析，考察智库的组织管理、认知网络、知识交流在政策研究机构中的作用 (Stone，1996)；从实证层面，定量分析日益成为重要的研究方法，问卷、媒体数据和模型的方法被广泛地使用，例如，Abelson 通过观点被主要媒体的引用率和出席国会听证会的次数，分析了加拿大和美国的若干家智库的政策影响力 (Abelson，2002)；从国际比较层面，考察智库在不同国家的政治地位和影响力的差异，这些国际比较研究发现，各国的民主化程度和公民社会发展水平，以及各国不同的政治文化、经济社会传统显著影响智库作用发挥的范围和影响 (Stone et al.，1998)。其研究的主要思路以考察各国的政治和社会发展状态为背景，进而涉及政府将智库放在社会政治生活中的何种位置，并以此出发，分析各国智库的发展状况和作用途径。

无论是基于智库组织结构的探讨，还是基于多元主义抑或是精英主义的视角，国外智库的理论研究主要以西方政治制度为背景。不同的理论视角往往侧重于智库某一方面的特性，如多元主义的视角立足于智库的开放性和知识生产的特点，而精英主义视角则立足于智库的同质性和阶级属性。因此，如何采用系统的观点对智库这一重要的现象进行思考，从而形成智库研究的逻辑体系，具有重要的理论意义。

各国的政治文化特征和公民社会发展程度将显著地影响其智库的地位、作用及影响力。我国的现代智库出现于中华人民共和国成立之后，并于近年来得到长足的发展，这一过程与改革开放以来我国政府决策科学化进程密切相关。党的十八届三中全会通过的《中共中央关于全面深化改革若干重大问题的决定》明确提出"加强中国特色新型智库建设，建立健全决策咨询制度"与 2015 年中共中央办公厅、国务院办公厅《关于加强中国特色新型智库建设的意见》的发布，促进了国家、地方和各高等院校的智库建设和发展，激发了学界的智库研究热情，智库研究成果不断增长。据美国宾夕法尼亚大学发布的《全球智库报告 2017》显示，我国现阶段拥有 512家智库，是仅次于美国的世界第二智库大国 (McGann，2018)。我国智库研究文献最早出现于 20 世纪 80 年代左右，2013 年开始急剧增长。这些研究主要关注美国的智库发展，并尝试探索中国语境下的国内智库研究。我国的智库理论研究多关注于西方理论的引介，例如，吴天佑、傅曦主编的《美国重要思想库》对美国 60 多个主要智库进行了介绍 (吴天佑和傅曦，

1982)，朱锋和王月若主编的《领导者的外脑——当代西方思想库》概括性地介绍了西方智库发展的背景和原因，总结了智库的职能和特征，是国内比较全面系统介绍现代西方智库的著作（朱锋和王月若，1990）。

总体来看，国内智库研究主要集中在对国外智库发展的认知和引介，对智库研究热点议题的关注和跟踪，以及对国内智库建设的探索和完善。学科领域分散于政策研究、情报研究、公共管理研究、新闻研究等，并未形成具有创新性的智库研究方法和工具，智库研究没有形成强有力的专业核心团队和研究体系。自 2014 年起逐步出现了关于智库的定量研究和情报学研究，但研究成果数量和质量均有待提高。系统地、创新性地拓展智库理论，开发智库研究的方法和工具，关注中国的政治文化和公共政策领域为智库研究提供的新问题的研究十分稀缺，而这样的研究能够为我国新型智库建设提供方向，并发展中国原创性的智库理论。我们认识到，理论和方法上的创新能够促进与各国智库之间平等的交流和对话，为中国与各国政策界对话搭建桥梁。因此，本书综合集成作者在智库研究理论和方法上的多项成果，提出智库研究的基本逻辑体系。一方面，以智库研究为考察对象，跳出特定的社会条件，用系统论的思想，从理论层面思考智库更为普遍的作用和特征、智库研究应该遵循的原则和逻辑体系等重要的理论问题；另一方面，从中国实现国家治理体系和治理能力现代化，建设高端智库的现实需求出发，对于智库的组织建设和成果评价方面给出实用的建议。

1.2 节将从智库的功能和作用出发，考察智库研究在服务宏观决策、引领创新方向、创新研究方法和工具这三方面的作用，进而提出智库研究的基本逻辑体系；阐释智库研究中的"为什么""是什么""怎么做""如何评"的问题，对智库研究的目的、来源、特征、导向、环节、要求、评价等进行系统认知。在构建逻辑体系的过程中，重点思考智库研究问题是如何提出的，智库研究问题有什么来源和特征，如何开展智库研究、如何进行智库研究成果的评价等兼具学理价值和实践价值的问题。

1.2　关于智库研究理论基本逻辑体系的认知

　　不同的政治制度、经济发展水平、社会文化特点以及特定的历史时期对智库的作用和功能、组织和结构产生显著的影响；然而，智库对于决策和公众的双重影响，其研究的多元化和开放性，独立于利益群体而以人民福祉为根本出发点等是智库所具有的普遍特征。如果以智库研究为考察对象，探讨智库更为本质的功能和作用，实际上，智库主要发挥服务宏观决策、引领创新方向、创新研究方法和工具这三方面的功能和作用。智库研究积累深厚、相对独立、社会联系广泛。首先，在服务宏观决策上，智库主要通过咨询建议、参与决策研究，为决策提供独立客观的科学依据和咨询建议。围绕国家宏观决策的需求，智库在以下四个方面能够发挥作用：开展事关全局的重大问题研究，对政府关注的问题从智库的视角提出咨政报告；对改革方案和政策措施进行咨询和评议，开展政策措施出台前的第三方评估，即前置评估；对重大决策方案和政策措施实施情况进行评估，即过程和结果评估；把握趋势和规律并及时设置重大研究课题，做好前瞻性、储备性研究。其次，在引领创新方向上，智库通过发布公开报告、召开研讨会等形式，从科学理念、科学方法、科学文化方面影响社会公众，推动社会进步。最后，在创新研究方法和工具上，智库通过发表论文、研发工具等，确保智库研究的科学性和权威性，得到同行的认同。

　　在明确智库功能和作用的基础上，为了更好地发挥智库作用，实现其功能，本书提出关于智库研究理论基本逻辑体系的认知，重点解决智库研究中的"为什么""是什么""怎么做""如何评"的问题。这一逻辑体系的建立能够更为系统地理解智库的功能和作用，揭示智库研究的内在规律，从而为开展高水平智库研究提供指导。该框架主体内容如图 1-1 所示。

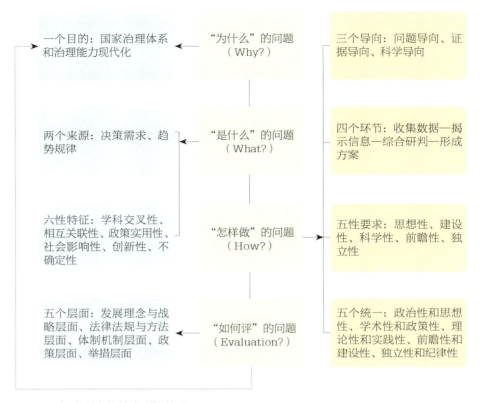

图1-1 智库研究的基本逻辑体系

1.2.1 "为什么"的问题: 智库研究是为了什么?

智库研究的根本目的之一: 服务国家治理体系和治理能力现代化。归根到底, 我国智库建设和智库研究的目的是服务国家治理体系和治理能力现代化。国家治理体系和治理能力现代化的提出始于 2013 年 11 月, 党的十八届三中全会提出, 全面深化改革的总目标是完善和发展中国特色社会主义制度, 推进国家治理体系和治理能力现代化。国家治理体系和治理能力现代化, 可称为"第五个现代化", 这是我国政治制度的一个重大突破性发展, 使现代化从经济、社会拓展到制度层面, 为我国实现现代化提供制度保障。将推进国家治理体系和治理能力现代化作为全面深化改革的总目标, 对于我国的政治发展, 乃至整个社会主义现代化事业来说, 具有重大而深远的理论意义和现实意义。在此基础上，党的十八届三中全会做出的《中共中央关于全面深化改革若干重大问题的决定》明确表示要"加强中国特色新型智库建设，建立健全决策咨询制度"，这标志着智库将成为实现国家治理体系和治理能力现代化的重要制度安排，智库建设上升到国家战略高度。2015年1月，中共中央办公厅、国务院办公厅印发了《关于加强中国特色新型智库建设的意见》，指出要切实加强中国特色新型智库建设，充分发挥智库在治国理政中的重要作用。2017年2月，中央全面深化改革领导小组第三十二次会议审议通过了《国家科技决策咨询制度建设方案》，决定建立"国家科技决策咨询委员会"，直接服务于中央重大决策，明确我国将建立科技决策最高智库，这将科技决策咨询纳入到国家决策程序之中，成为科技服务决策的重大突破。

1.2.2 "是什么"的问题：智库研究的来源和特征是什么？

2013年7月，习近平总书记视察中国科学院，要求"率先建成国家高水平科技智库"。这一要求促使了以中国科学院科技战略咨询研究院为代表的科技智库的成立。科技智库研究应从科学技术影响和作用的角度研究事关全局的重大问题，从科技规律出发前瞻思考世界科技发展走势，提出咨询建议，开展科学评估，进行预测预见，在国家宏观决策中发挥建设性作用。科技智库主要聚焦"促进科技发展"和"科技促进发展"两方面的研究，不仅从科技规律出发前瞻思考世界科技发展走势，而且从科学技术的影响和作用角度研究国内外经济社会发展的重大问题。

1.2.2.1 智库研究的两个来源：决策需求与趋势规律

由科技智库的功能和作用可见，我国智库研究的问题来源主要有两方面：一方面，来源于社会实践的决策需求。从全局和战略高度选择重大问题，开展决策前的重大问题研究、决策中的方案咨询论证和决策后的第三方评估，提供可供选择的建设性方案、科学咨询建议和评估意见，有效服务宏观决策。另一方面，智库研究也不能忽视对趋势和规律的把握。智库研究的问题来源于社会发展的内在逻辑演进，智库承担着把握趋势和规律，面向未来前瞻提出重大问题，并进行深度理论研究，提供储备性预备方案，引领经济社会发展的创新方向的重要使命。

1.2.2.2 智库研究的六性会聚特征：学科交叉性、相互关联性、政策实用性、社会影响性、创新性、不确定性

智库研究具有会聚特征，这不仅体现在智库研究问题涉及自然科学、人文社会科学和工程技术科学的学科上的综合，而且还体现在其问题往往产生在科技、经济、社会、环境、政治各领域知识的会聚地带，同时也是基础前沿、技术创新、应用转化等价值链环节的会聚。智库研究的问题可以突破以往作用于单一学科、单一领域或者单一价值链环节的研究，得到跨学科、跨领域、跨价值链的新认知，形成复杂智库问题的综合解决方案，从而更好地洞悉未来科技发展趋势，为宏观决策提供依据。

因此，智库研究体现出学科交叉性、相互关联性、政策实用性、社会影响性、创新性、不确定性六性特征（图 1-2）。具体而言，学科交叉性是指智库研究所需的信息和知识量非常广泛，是涉及多学科的综合性研究；相互关联性是指智库问题通常不是独立产生的，而是相互联系和影响的一系列问题；政策实用性是指研究成果影响政府决策和公共政策，具有政策制定的实用性；社会影响性是指智库研究结果对社会、生态、经济和科技发展等现实问题产生较大影响；创新性是指智库问题的研究并不能简单借鉴已有经验，需针对社会发展面临的关键问题提出创新思路；不确定性是指提出的解决方案周期较长，且通常与外部环境和因素密切相关。以科技智库为讨论对象，我们应认识到，科技智库研究的对象往往是复杂、综合的战略和政策问题，不仅仅涉及科技问题，而且涉及经济、社会、环境、管理等诸多方面的问题，

例如，中国科学院科技战略咨询研究院牵头组织进行的"世界科技前沿研判""中国重大科技突破前瞻研究""面向全球竞争的高新产业源头技术研究""百年强国资源环境关键瓶颈问题研究"等智库问题研究，仅就其中的科技问题而言，也往往是跨领域、跨学科、综合交叉的问题，涉及科技、产业、创新、能源、环境等多领域的综合交叉研究。

图1-2　智库研究的六性会聚特征

1.2.3　"怎样做"的问题：如何开展智库研究？

为了有效发挥智库在服务宏观决策、引领创新方向、创新研究方法和工具方面的作用，针对智库研究问题的综合性和研究对象的复杂性，尤其需要全方位、多角度、系统性地观察分析世界的发展变化及其对经济社会可能产生的影响。具体到科技智库，其任务和特点决定了其研究既是专业化的，又需要系统组织和综合集成。在开展研究的过程中，一方面，要用系统的观点分析问题，将研究对象分解为相互联系的具体科技问题、经济社会问题、政策问题或管理问题，组织相关方向专家进行前瞻判断；另一方面，要用综合的观点分析问题，科学归纳和综合集成科技专家、政策专家、情报专家、管理专家的判断，最大限度地凝聚共识，形成对所研究问题的整体认识，提出解决问题的政策建议和方案。在开展智库研究过程中，要把握、使用和注意三个导向、四个环节、五性要求和五个统一。

1.2.3.1　智库研究的三个导向：问题导向、证据导向、科学导向

智库研究的问题导向、证据导向和科学导向是由上述的智库研究的目的和问题来源决定的。智库研究的问题复杂综合、跨学科和领域，这就需要在充分认识相关学科知识基础上，有效地综合集成和归纳，最后上升为对战略和政策问题的研究。在认识智库研究的导向时，要认识到学术研究和智库研究的关系。学术研究很大程度上为智库研究的科学性和证据性提供一种源泉和支撑，为决策研究提供明确和科学的依据，而智库研究为学术研究提供方向指引和问题来源，二者形成一种互动的关系。

具体而言，问题导向要求智库研究者通过问题来切入，既可以是现实的重大战略和政策问题，也可以是潜在的重大战略和政策问题。证据导向要求论之有据，能提供有说服力的客观事实、科学证据和数据支撑。科学导向就是研究问题要遵循规律，采用科学的研究方法和工具，对综合复杂的智库问题进行科学综合系统的研究。

1.2.3.2　智库研究的四个环节

智库研究的四个环节：收集数据（data，D）—揭示信息（information，I）—综合研判（intelligence，I）—形成方案（solution，S），即 DIIS，这是对智库研究方法论进行再思考，对智库问题的一般性研究思路进行系统归纳，提出问题导向、证据导向、科学导向下的智库研究的 DIIS 理论方法。DIIS 理论方法为智库研究提供了综合性的研究思路和一般性的研究流程，形成一种多层面的综合性的研究方法。DIIS 理论方法将智库研究过程分为四个阶段：① 收集数据阶段。定义研究问题，围绕所研究的问题全面收集各类相关数据和相关事件或事实。② 揭示信息阶段。提出研究框架，进行专业化的挖掘、整理和分析，形成客观的认知。③ 综合研判阶段。引入专家智慧对认知进行研判，得到新认识和新思路。④ 形成方案阶段。在问题导向下提出解

决方案，形成高质量的研究报告（图1-3）。

图1-3　智库研究的DIIS理论方法

　　智库的 DIIS 理论方法与智库研究的问题导向、科学导向、证据导向紧密相关。在问题导向的要求下，DIIS 理论方法可分为"凝练问题—分析问题—综合问题—解决问题"四个阶段的研究过程；在证据导向的要求下，在 DIIS 理论方法的四个阶段中需要保证数据真实、信息客观、研判专业以及解决方案的严谨可靠；在科学导向下，需要利用科学的研究方法和工具对问题进行系统的研究，确保在 DIIS 理论方法的四个阶段做到数据精确完备、信息全面合理、研判独立、解决方案具有前瞻性和科学性。

　　以中国科学院科技发展路线图战略研究为例，2007 年围绕我国 21 世纪中叶基本实现现代化目标，中国科学院聚焦 18 个重要领域，开展了"中国至 2050 年重要领域科技发展路线图战略研究"。从 2007 到 2013 年的研究过程中，不断总结提炼智库研究思路，形成并具体实践 DIIS 的理论方法。在收集数据阶段，用系统的观点分析问题，分解为相互联系的子问题；在揭示信息阶段，组织相关方向的专家进行分析，形成客观认知；在综合研判阶段，重点进行专家分析研判，综合专家判断，最大限度地凝练共识，形成新认知新观点；在形成方案阶段，提出总体构想、建议和解决问题思路，形成符合实际发展要求的方案与建议。科技发展路线图的战略研究分 18 个重要领域并成立相应的专家组，采用集中研讨、分小组研究、综合集成、反复修改完善的工作方式和综合的研究方法，于 2009 年发布《创新 2050：科学技术与中国的未来》系列战略研究报告（中国科学院，2009），建立持续开展战略研究的机制。这是我国第一套全景式预测 2050

年科技发展蓝图的研究报告，受到国内外广泛关注，许多观点和研究成果为政府决策部门、研究机构、企业和社会组织所采纳。在此基础上，持续开展科技发展路线图战略研究，2013年中国科学院发布《科技发展新态势与面向2020年的战略选择》（中国科学院，2013），构成中国科技发展战略的中远期预测、判断和路径选择建议。

1.2.3.3 智库研究的五性要求：思想性、建设性、科学性、前瞻性和独立性

从智库研究的全过程来看，在开展智库研究时要坚持思想性、建设性、科学性、前瞻性和独立性的"五性原则"。思想性要求提出新理念、新思想、新观点、新看法，提供高质量的咨询建议和评估评议意见。建设性要求紧扣决策需求，既立足当前又着眼长远，提出"实用、管用"，有深度、有见地、可操作的系统解决方案。科学性要求基于专业知识和科学证据，采用科学的方法，定性认识和定量分析相结合，全面系统地分析问题，做出科学论证。前瞻性要求敏锐预判发展趋势和前沿方向，善于发现带有规律性、本质性、苗头性的问题，认识新情况、新问题、新特点，提供超前应对和优化布局的政策建议。独立性要求本着对国家高度负责的精神，遵循规律，排除个人、团体和局部的利益干扰，研究结论要经得起实践和历史检验。

1.2.3.4 智库研究的五个统一：政治性和思想性、学术性和政策性、理论性和实践性、前瞻性和建设性、独立性和纪律性的有机统一

要做到政治性和思想性的有机统一。在我国，智库工作的政治性强，社会影响大，必须坚持正确的政治方向。将国家高端智库建设工作的重心聚焦到为党中央、国务院、中央军委提供高水平科技决策服务上来，作为工作的出发点和落脚点。着眼于科技的支撑和引领作用，认识和把握科技与经济社

会发展的互动关系，不断提出新理念、新思想、新观点、新看法，提供高质量的咨询建议和评估评议意见。

要做到学术性和政策性的有机统一。树立高度的理论自觉和理论自信，始终将学术追求和学术担当放在国家高端智库建设的核心位置，提出中国科学家自己的判断，为打造人类命运共同体提供中国思想、中国方案。同时，把握世界科技发展大势，洞悉科技创新的发展方向和新的生长点，为我国科技事业的发展不断做出引领性、指导性的学术判断，提出言之成理、言之有据的政策建议，引领创新方向。

要做到理论性和实践性的有机统一。坚持理论创新、方法创新与实践应用的有机结合。智库学者的学术研究，从来不是书斋里的孤芳自赏，而是面向世界科技前沿、面向国家重大需求、面向国民经济主战场的问题导向的研究。要将自己的学术研究与社会实践相结合，做到理实融通，用所学来解决社会问题，在实践中增进自己的理论修养。

要做到前瞻性和建设性的有机统一。要着眼长远，进行预测预见，善于发现带有规律性、本质性、苗头性的问题，认识新情况、新问题、新特点，提供的咨询建议符合长远发展的趋势和方向。要紧扣决策需求，立足我国基本国情和阶段性特征，破解我国发展的热点难点问题、瓶颈制约，应对全球性重大挑战，有利于治理体系和治理能力现代化，提出有针对性、可操作性的系统解决方案。

要做到独立性和纪律性的有机统一。一方面，学术讲争鸣，研究应自主，要本着对党和国家高度负责的精神，本着遵循规律、敢于质疑的科学精神，客观独立地提出科学建议、咨询和评议意见。另一方面，遵守纪律，做到发布有底线，强化质量管理，建立和完善成果管理制度，做好重大成果的质量控制和发布。

1.2.4 "如何评"的问题：高水平智库成果如何评价？

构建智库研究的逻辑体系，系统揭示智库研究的目的、来源、特征、导向、环节、要求，对于形成独特的智库研究思维、引导智库研究的方向和模式、创新智库组织的管理模式，以及建立智库成果的评价标准和体系等方面有着基础性和指导性的作用。智库研究问题的复杂性和独特性也决定了智库成果的评价不能单一地依靠建立评价指标体系进行数量化的测量。正确评价智库成果的影响力、应用效果和贡献，应该将定量与定性的评价方法相结合，从发展理念和战略层面，法规、规划和方法层面，体制机制层面，政策层面，举措层面五个方面进行系统的评价和考察（表1-1）。

表1-1　智库成果的五层评价标准

层面1	发展理念和战略层面	在关系人类文明发展、关系国家经济社会全局和长远发展的重大问题研究中，提出的新理念、新思想、新观点和战略建议，成为普遍共识，引领发展潮流或方向，或成为国家战略的重要科学依据
层面2	法规、规划和方法层面	研究成果成为国家法律、法规制定或修订相关条文的科学依据；提出的科学建议和预测预见，纳入国家规划及任务部署；创新的研究方法或工具，为智库同行普遍使用
层面3	体制机制层面	提出的科学建议，为国家或有关部门所采纳，成为进行体制机制改革完善的重要科学依据
层面4	政策层面	对关系国家经济社会发展、国家安全、科技进步中的关键问题开展研究，提出科学建议和预测预见，成为国家制定相关政策的研究支撑
层面5	举措层面	针对改革创新发展中的重大问题，提出的系统解决方案，被国家有关部门和重要区域采纳，成为改革发展的重要举措和行动

在发展理念和战略层面，应重点评价在关系人类文明发展、关系国家经济社会全局和长远发展的重大问题研究中，提出的新理念、新思想、新观点和战略建议，是否成为普遍共识，引领发展潮流或方向，或成为国家战略的重要科

学依据。例如，可持续发展的理念，创新驱动发展战略形成过程中智库研究成果的贡献，"创新 2050 科技发展路线图"提出的"当今世界处于新一轮科技革命前夜"的战略判断日渐成为全球共识等。

在法规、规划和方法层面，考察智库研究成果是否成为国家法律、法规制定或修订相关条文的科学依据；提出的科学建议和预测预见，纳入国家规划及任务部署；创新的研究方法或工具，为智库同行普遍使用。例如，《关于自然科学研究机构当前工作的十四条意见（草案）》《1956—1967 年科学技术发展远景规划》《创新 2050：科学技术与中国的未来》《科技发展新态势与面向 2020 年的战略选择》以及兰德公司提出的德尔菲法等，均属于在法规、规划或方法层面具有广泛影响力的智库成果。

在体制机制层面，应重点考察智库提出的科学建议是否为国家或有关部门所采纳，或成为进行体制机制改革完善的重要科学依据。例如，建立国家自然科学基金委员会、中国工程院，实施国家"863""973"计划，建设国家创新体系，进行科技计划体系改革等建议被国家决策部门采纳，并对中国科技进步起到推动作用。

在政策层面，应考察智库成果是否对关系国家经济社会发展、国家安全、科技进步中的关键问题开展研究，提出科学建议和预测预见，以及能否成为国家制定相关政策的研究支撑。例如，中长期规划配套政策、研发费用加计扣除的政策、科技成果三权改革政策等属于在政策层面发挥智库作用的典型成果。

在举措层面，智库针对改革创新发展中的重大问题，提出的系统解决方案，是否被国家有关部门和重要区域采纳，成为改革发展的重要举措和行动。例如，研制"两弹一星"的建议、实施国家重大科技专项（如航空发动机和燃气轮机等）、建设全面创新改革试验区、实施战略性先导科技专项等均属于改革的重要举措和行动方面的智库成果。

第2章　智库研究方法演进与探索

智库研究的综合性与复杂性促进了研究方法的发展，本章概述国内外智库及研究方法的发展情况和趋势，进一步总结智库研究问题的会聚特征，根据智库研究基本逻辑体系，从整体论、系统论角度，阐述智库研究的一般思路和研究过程。

2.1　国外智库及其研究方法的历史演进

现代智库起源于19世纪末期的西方国家，其发展历程可以分为兴起阶段、成长阶段、爆发阶段和成熟阶段（李建军和崔树义，2010），如图2-1所示。

图2-1　智库发展历程

（1）兴起阶段

时期：19世纪末至20世纪40年代中期。

特点：由于第一次世界大战的影响，西方国家面临的决策问题愈加复杂，国家决策日益需要外脑，发达国家开始智库建设，但发展较为缓慢，数量较少。随着西方国家政治和经济的发展，20世纪30年代开始智库数量逐渐增多。但此阶段的智库主要满足各国内部的发展需要，很少涉及国外事务。

代表：美国的布鲁金斯学会、胡佛研究所、外交关系协会、卡内基国际和平基金会、政府研究所、国家经济研究局，英国的皇家国际事务研究所，德国的经济研究所，法国的外交政策研究中心等。

（2）成长阶段

时期：20世纪40年代后期至20世纪70年代。

特点：第二次世界大战后形成了新的国际格局，为适应国际政治经济新秩序，促进经济发展和维护社会稳定，世界主要国家的智库相继发展起来，主要服务于国际和国内政治、经济、外交和军事等。

代表：美国的兰德公司、赫德森研究所、外交政策研究所，英国的国际战略研究所，日本的国际问题研究所和亚洲经济研究所等。

（3）爆发阶段

时期：20世纪70年代至20世纪90年代。

特点：随着经济全球化进程的快速发展，为满足政府决策咨询以及企业、社会组织的咨询需求，各国智库的数量呈井喷式增长。此阶段政府和公众关注的焦点逐渐转向科技、经济、政治、教育、国际化等问题，随之涌现大量的政策研究型智库，且其专业分工愈加精细，智库种类和服务范围迅速扩展。同时，该阶段智库的政策导向逐渐突显，对公共政策进程的影响越来越大，智库逐渐成为国家治理体系的重要组成部分。

代表：美国的传统基金会、卡特中心、彼得森国际经济研究所，英国的政策研究中心、公共政策研究所，瑞典的斯德哥尔摩国际和平研究所，日本的综合开发研究机构等。

（4）成熟阶段

时期：20世纪90年代至今。

特点：随着信息化和全球化的发展，为适应不断变化的国际形势，智库的组织和工作方式不断变革，内部不断调整和创新，各国智库相继发展和成熟起来，并在研究中不断发展新技术和新方法，智库逐渐向制度化、规范化和科学化发展。

智库通过采用一定的研究方法为政府决策提供研究成果，科学的研究方法可为智库研究提供可靠的依据，从而提高智库研究的可信度。一些国际著名智库认识到智库研究方法的重要性，相继开展了智库方法的研究。

国外关于智库的研究工作起步于 20 世纪 70 年代初，强调科学活动的严谨性和研究结果的可信性，重视研究方法的合理应用和创新开发。为此，国外著名智库创造性地发展了许多数据库、数据分析工具和方法模型（表2-1，表2-2），并在实践中不断改进和丰富。总的看，国外著名智库的研究方法主要以基础性的数据统计为基础，注重定量分析与专家经验相结合，将复杂的数据分析结果用易于理解的表达方式呈现出来，形成科学可信的研究结论与建议。

表2-1　国外著名智库的数据库和数据分析工具

类型	名称	机构
数据库	经济合作与发展组织数据库	经济合作与发展组织
	世界银行公开数据库	世界银行集团
	兰德统计库	兰德公司
	日本产业生产率数据库	日本经济产业研究所
	中国产业生产率数据库	日本经济产业研究所
	欧盟联合研究中心数据库	欧盟联合研究中心
数据分析工具	R 统计计算语言软件	布鲁金斯学会
	计算机辅助个人面试	世界银行
	世界银行数据分析工具	世界银行

表2-2 国外著名智库的方法模型

类型		名称	机构
定量分析	成果计量分析法	科学地图调查	日本科学技术政策研究所
		DBF 文献计量模型	奥地利技术研究所
		专利计量方法	欧盟联合研究中心
	计量经济建模法	G-CUBED 扩展模型	布鲁金斯学会
		未来技术预测模型	斯坦福国际咨询研究所
		GEM-E3 模型	欧盟联合研究中心
		宏观经济计量模型	经济合作与发展组织
定性分析		网络分析法	兰德公司
		影响评估方法	世界银行
		R&D 成本法	麦肯锡公司
		技术成熟度曲线法	高德纳咨询公司
		IT 市场时钟	高德纳咨询公司
		德尔菲法	兰德公司
		不确定决策分析	兰德公司
综合分析		博弈法	兰德公司
		波士顿矩阵	波士顿咨询公司
		市场份额分析法	高德纳咨询公司
		科技前瞻法	日本科学技术政策研究所
		定性混合方法	兰德公司
		石油供应曲线模型	波士顿咨询公司
		魔力象限	高德纳咨询公司
		关键能力评估	高德纳咨询公司

2.2　国内智库研究及其研究方法概述

我国关于智库的研究工作起步于 20 世纪 80 年代。从研究内容来看，我国智库研究工作主要集中在四个方面。① 智库角色定位研究：主要对智库内涵进行研究，对国外著名智库进行常识性介绍。② 智库发展模式研究：主要对欧美等发达国家具有影响力的智库进行回顾、分析和比较，总结智库发展的趋势特征，为我国智库建设提供参考。③ 智库评价研究：对智库参与社会决策的实践进行统计、比较和排名，评价智库的影响力。④ 中国智库建设研究：随着国家建设新型智库政策的出台，在分析中国智库现状的基础上，探讨中国特色新型智库的建设。从研究方法来看，国内早期关于智库方法方面的研究主要集中于对国外著名智库方法的历史回顾、案例分析和比较，常用的定性研究方法有历史研究法、比较研究法和专家评议法等。进入 21 世纪，国内关于智库的研究方法从定性描述逐渐转向定量分析，常用的智库研究方法有统计分析法、文献计量法、专利分析法、文本挖掘法、数据挖掘法、层次分析法和数据包络分析法等。虽然智库的定量化研究逐步兴起，然而国内关于智库的研究方法仍属于初级阶段，定量分析法还有待进一步创新和广泛应用。此外，由于政治、社会、经济等智库研究的问题通常涉及经济增长、大众舆论、社会公共等因素，智库研究逐渐由单一学科转向多学科综合的研究。

由现有智库研究工作来看，可以发现：① 目前智库研究较为集中在对国外智库的介绍及国内智库建设的探讨等方面，较少对智库理论方法深入研究。② 现有智库研究通常作用于智库研究问题的局部，缺少从系统论角度对智库研究全过程的认知。③ 现有智库研究工作的重复率较高，研究结果缺乏一致性，且较为分散。④ 目前各类智库机构的研究报告层出不穷，但对于智库研究报告的审核缺乏专业的质量标准，研究结果的可靠性和科学性有待提升。

2.3 智库研究工作发展趋势

随着智库在政府决策中的作用日益增强，各国智库的研究得到加强，未来的智库研究工作将趋于广泛化、智能化、网络化和渗透化，更加重视方法和工具的创新与应用。

（1）广泛化

随着智库研究主题日益广泛，智库问题涉及的学科越来越多，涵盖国家社会、经济金融、科学技术、生态环境、战略政策、文化教育等多个领域，智库研究结果成为多学科交叉的解决方案集合。

（2）智能化

利用机器学习、人工智能等现代信息技术，对智库研究中涉及的数据信息、常用研究方法、研究案例等进行存储和训练，形成从被动存储到主动提议的智能型研究平台，提高智库的工作效率。

（3）网络化

随着社会经济的飞速发展，智库面临的问题日益复杂，所需信息量和知识量非常广泛，在开展智库研究工作时应从系统角度分析智库问题间的关联性，形成智库研究网络，提升智库研究的准确性与时效性。

（4）渗透化

智库研究应从问题导向、证据导向和科学导向出发，更加关注实际决策需求，使智库研究成果可以广泛应用于政府、社会和企业的实际问题。

2.4 对智库研究方法的探索

2.4.1 智库研究的基本特性及会聚

智库研究是涉及多学科交叉的综合性研究，为了更好地发挥智库效用，在开展智库研究工作时，需准确把握智库研究的基本特点。正如在第 1 章中所述，通过对智库研究工作进行归纳，可以发现智库研究具有学科交叉性、相互关联性、政策实用性、社会影响性、创新性和不确定性，本节对这些特点做进一步分析。

（1）学科交叉性

智库研究通常不是仅仅为一个企业、一项工程或一个产品服务的，而是一项全局性和战略性的咨询工作。智库为发展规划和战略决策提供宏观咨询服务，通常是复杂的研究课题，需要综合多个学科领域的专家共同合作完成。因此，智库问题所需的信息量和知识量非常广泛，是涉及多学科交叉的综合性研究。

（2）相互关联性

智库问题通常不是独立的产生，而是相互联系和影响的一系列问题。随着社会联系日益密切，使智库研究的问题也具有强烈的相互关联性。众多相互联系的问题，通常有一个或几个核心问题，其他问题则是由核心问题所衍生和引发的。把握智库研究问题的相互关联性，在分析产生问题的原因时分清主次，并且在找出主要原因的同时，不忽视次要原因。解决问题时，需综合考虑问题的相互关联性，采取相应的方法。

（3）政策实用性

智库研究问题的目标是政策设计和政策建议，影响政府决策和公共政策是智库重要的历史使命和社会责任。因而，智库研究结果会影响到政府决策和公共政策，具有政策制定的实用性。

（4）社会影响性

由于智库研究是对社会、生态、经济和科技发展等重大现实问题或战略问题提出相应的研究报告，智库研究的问题通常具有很强的现实针对性，其政策思路或选择方案会成为社会关注的重点，对社会发展产生较大的影响。

（5）创新性

智库研究提供的解决问题方案是在分析社会具体环境和情况后，针对社会发展所面临的关键问题提出的方案。因此，对问题的研究并不能简单借鉴已有成功经验，需针对社会发展面临的关键问题提出创新思路。

（6）不确定性

智库研究是一项政策性和策略性很强的研究活动，预测社会环境的未来趋势和指明下一步行动的方向。智库研究问题得到的解决方案往往周期较长，且方案通常与外部环境和因素密切相关。在制定问题解决方案时，由于问题所处的环境是不断变化的，需要分析当前所处的社会、政策、行业、经济等因素，具有不确定的特性。

从智库研究的六个特点来看，智库问题往往涉及多个学科、多个领域的知识和多个价值链环节，具有会聚的特征，表现为：自然科学（数学、物理学、化学、地学、生物学等）、人文社会科学（哲学、历史学、经济学、管理学、社会学等）、工程科学（土木工程、水利工程等）、技术科学（建筑学、水力学等）等学科的会聚；科技、经济、社会、环境、政治等领域的会聚；基础前沿、技术创新、应用转化等价值链环节的会聚。例如，能源政策或战略规划问题往往涉及经济学、政治学和环境学等学科，同时也作用于科技、社会、环境和政治等领域，并且贯穿于基础前沿研究、能源技术创新和实际应用成果转化等多个价值链环节。

由于智库问题的跨学科、跨领域和跨价值链的复杂特征，在处理智库问题时，需要将智库问题分解为多个易于操作的子问题。然而，在分解子问题的过程中，往往需要充分考虑各种因素对智库问题涉及的学科、领域和价值链环节进行科学的划分，以便开展综合研判工作。下面通过会聚观的视角，对智库研究问题的内在逻辑层次进行梳理，从而利用多个子问题来描述复杂的智库问题，具体如下。

（1）问题界定

智库问题（question，Q）通常是跨学科、跨领域和跨价值链的复杂问题（图 2-2）。在研究智库问题时，需要首先对智库问题的研究边界进行界定，明确问题所涉及的学科（discipline，D）、领域（field，F）和价值链（value chain，V）环节。

为便于智库问题的研究，需要进一步将智库问题（Q）分解为多个易于操作的子问题（Q_1，Q_2，…，Q_n）。分解过程中需要充分考虑智库问题的研究要素，例如智库问题的研究目标、面临的条件约束、利益相关者偏好等，由此将智库问题分解为多个子问题。对于每个子问题，同样要明确其所涉及的学科、领域和价值链环节，以便于开展子问题研究。

（2）问题会聚

为了充分研究智库问题（Q），可从以下三个层次出发对子问题（Q_1，Q_2，…，Q_n）进行会聚研究，具体如下：

会聚层次 1：子问题下各学科的会聚、各领域的会聚、各价值链环节的会聚。

1）对每个子问题所涉及的不同学科进行会聚研究，例如对子问题涉及自然科学（D_1）、人文社会科学（D_2）、工程科学（D_3）和技术科学（D_4）等学科的专业知识、方法和工具进行会聚。

2）对每个子问题所涉及的不同领域进行会聚研究，例如对子问题在科技（F_1）、经济（F_2）、社会（F_3）、环境（F_4）和政治（F_5）等领域的作用进行会聚。

3）对每个子问题所涉及的不同价值链环节进行会聚研究，例如对子问题在基础前沿（V_1）、技术创新（V_2）、应用转化（V_3）等价值链环节的实际应用进行会聚。

会聚层次 2：子问题涉及的学科、领域和价值链环节三者的交叉会聚。在第一个会聚环节的基础上，分别对每个子问题所涉及的学科（D）、领域（F）和价值链（V）环节三者进行交叉会聚研究。

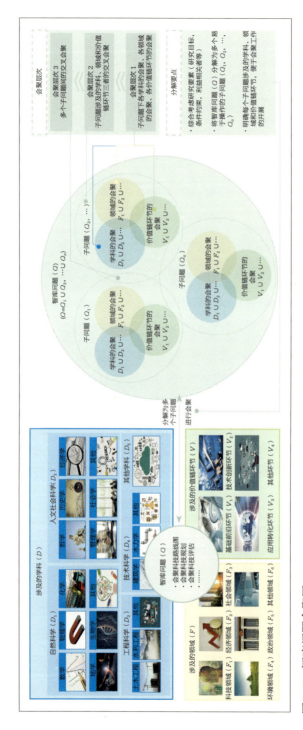

图2-2 智库问题会聚图

会聚层次 3：多个子问题间的交叉会聚。基于前两个会聚环节的研究，对多个子问题（Q_1，Q_2，…，Q_n）间的学科（D）、领域（F）和价值链（V）环节进行交叉会聚，形成智库问题（Q）的综合研究结果。

经过以上会聚过程，可以突破以往作用于单一学科、单一领域或者单一价值链环节的研究，得到智库问题的跨学科、跨领域、跨价值链新认知，形成复杂智库问题的综合解决方案，从而更好地洞悉未来发展趋势，为宏观决策提供依据。

2.4.2 智库 DIIS 理论方法的认识

智库研究的对象往往是复杂、综合的战略和政策问题，涉及科技、经济、社会、环境、管理等诸多方面的问题，仅就科技问题而言，也往往是跨领域、跨学科、综合交叉的问题。这就需要全方位、多角度、系统性地观察分析研究对象及其对经济社会可能产生的影响，提出具有前瞻性、战略性、科学性的咨询建议和研究报告。

智库研究的对象和特点决定了它既是一项专业化的研究工作，又是一项系统的组织和综合集成工作。首先，要用系统的观点分析问题，将研究对象分解为相互联系的具体科技问题、经济社会问题、政策问题或管理问题，组织相关方向的专家进行前瞻判断。其次，要用综合的观点分析问题，科学归纳和综合集成科技专家、政策专家、情报专家、管理专家的判断，最大限度地凝练共识，形成对所研究问题的整体认识，提出解决问题的政策建议和方案。

由此可见，智库研究是有规律可循的，其研究过程需要遵循一般的方法，即要准确客观全面地把握发展情况，做出正确的分析判断，提出解决问题的思路，形成符合实际与发展要求的解决方案或政策建议。在总结多年科技战略和政策研究实践经验的基础上，潘教峰研究员把这一研究方法概括为智库 DIIS 理论方法（潘教峰，2017），即收集数据（data）—揭示信息（information）—综合研判（intelligence）—形成方案（solution）。

一个完整的智库课题研究过程，首先要围绕所研究的问题全面收集各类相关数据（data）；然后进行专业化的挖掘、整理、分析，形成客观的认知和知识（information）；再引入相关专家学者的智慧对这些认知进行研判（intelligence），得到新认识、新框架、新思路；最后在问题导向、证据导向和科学导向下提出解决方案或政策建议（solution），最终为宏观决策提供高质量、有建设性的智库研究报告。在智库 DIIS 研究的不同环节和全过程，也需要采用科学的研究工具和方法，包括文献计量、情景分析、社会调查、头脑风暴、德尔菲法等，以保证研究的科学性。

2.4.3 关于智库 DIIS 理论方法重要问题的讨论

智库 DIIS 理论方法致力于探索科技智库研究活动的特点、规律和符合高端智库要求的质量标准，以期不断提高智库研究工作的科学性，为国家宏观决策提供科学咨询建议和系统解决方案。为探讨未来智库进一步研究的方向，本节分别从智库 DIIS 研究的整体角度和 DIIS 四个环节出发，对智库研究方法论进行再思考，总结智库 DIIS 理论方法的若干重要问题，具体如下。

从智库 DIIS 研究的整体角度出发，智库 DIIS 理论方法重点关注如下问题：① 局部与整体关系。在智库 DIIS 理论方法中，每个模块都是整体系统中的一个部分，如何以系统论和协同论为指导，以整体最优为约束，使每个模块的研究做到最优？② 步骤之间的关系。运用智库 DIIS 理论方法开展智库研究，如何建立相关步骤间的回馈与启动机制，以实现必要的循环论证和反复迭代，形成科学的解决方案？

从智库 DIIS 研究的四个环节出发，智库 DIIS 理论方法重点关注如下问题：① 收集数据环节。如何从海量数据中界定智库问题边界？如何挖掘智库问题在相关领域和学科间的关联性？如何保证数据的客观性、准确性和权威性？如何处理智库问题的不确定性因素？②揭示信息环节。如何提取智库问题研究关键点、形成研究框架？如何基于客观数据信息形成解决智库问题的证据？③综合研判环节。如何检验智库问题研究的全面性？如何综合各利益主体的需求对智库问题进行分析？如何将多维度的数据信息与专家认知有机结合？如何确保专家意见的公正性和科学性？④形成方案环节。如何给出不同情景下智库问题的研究结果与建议？如何确保研究结果的高质量？如何将智库问题的研究结果更好地应用于政府、社会和企业？

不难看出，上述问题在智库研究过程中普遍存在，智库 DIIS 理论方法致力于对智库研究过程的系统性思考和分析，通过持续不断研究包括上述问题在内的关键问题，结合实际形成创新的研究方法和工具，以期为我国高端智库建设提供一种路径指引和方法支撑。

第2篇

智库

DIIS

理论方法

体系

第3章 智库DIIS理论方法体系

智库研究不仅是一项专业化的研究工作，而且也是一项系统的组织和综合集成工作。在开展智库问题研究时，应结合智库问题特征，在问题导向、证据导向和科学导向下通过合适的方法进行跨学科和多领域的系统研究。本章对智库 DIIS 理论方法的内涵和体系进行阐述，介绍智库 DIIS 的三维理论模型，并给出智库 DIIS 的研究流程和质量标准，注重智库研究全过程的合理性和有效性，保证智库研究的质量。

3.1 智库DIIS理论方法的基本内涵

从智库研究的特点可以发现，智库研究既是一项专业化的研究工作，又是一项系统的组织和综合集成工作。因此，对智库问题的研究应从整体和系统论的角度出发，推进智库研究工作规范化、标准化和科学化，确保智库成果的产出质量。然而，由前文分析可知，现有智库研究通常作用于智库问题的局部，存在分散化和系统性缺乏的问题，缺少从系统论角度对智库研究全过程的思考与认知。

为此，潘教峰研究员结合长期从事科技战略研究和重大规划的经验，以组织"中国至 2050 年重要领域科技发展路线图战略研究"为例，在实践基础上总结提炼智库研究问题的一般性思路（潘教峰，2017）。科技发展路线图战略研究是中国科学院聚焦 18 个重要领域，围绕我国 21 世纪中叶基本实现现代化的目标开展的"面向 2050 年科技发展的战略研究"。该研究首先确定了影响中国现代化的能源、水资源、矿产资源、海洋、油气资源、人口健康、农业、生态与环境、生物质资源、区域发展、空间、信息、先进制造、先进材料、纳米、大科学装置、重大交叉前沿、国家与公共安全18个重要领域，并对18个重要领域发展动态进行跟踪扫描收集数据；其次通过数据挖掘和综合分析，从历史和未来走向揭示科技发展演进的脉络、发展的特点和联系、科技与经济社会互动关系；再次通过集中研讨、分小组研究、综合集成、反复修改完善等方式，以及综合的研究方法，将情报分析与300多位高水平专家的智慧和专业研判结合，对2050年中国现代化进行情景分析，提出建设八大经济社会基础和战略体系的构想及18个领域的科技路线图；最后面向2050年中国现代化建设的战略需求，凝练出22个影响中国现代化进程全局的战略性科技问题，提出走中国特色科技创新道路的政策建议，并于2009年发布了《创新2050：科学技术与中国的未来》系列战略研究报告（中国科学院，2009）。该系列报告是我国第一套全景式预测2050年科技发展蓝图的研究报告，受到国内外广泛关注，许多观点和成果为政府部门、研究机构、企业和社会组织所采纳。在此基础上，中国科学院建立了持续开展战略研究机制，并于2013年发布了《科技发展新态势与面向2020年的战略选择》（中国科学院，2013）。

由上述研究可以发现智库研究问题遵循的一般思路：首先，用系统的观点分析问题，将研究对象分解为相互联系的问题；其次，组织相关方向的专家进行信息分析，形成客观认知；进而，综合集成专家的判断，最大限度地凝练共识，形成整体认知；最后，提出解决问题的思路，形成符合实际发展要求的解决方案或政策建议。不难看出，上述思路不仅适用于科技问题研究，而且可应用于社会、经济、生态等智库问题研究。

结合上述研究思路，潘教峰研究员进一步将智库问题的研究过程归纳为智库DIIS理论方法：首先，围绕所研究的问题全面收集各类相关数据和相关现象；其次，进行专业化的数据挖掘、整理、分析，形成客观的认知和知识；进而，引入相关专家学者的智慧对这些认知进行研判，得到新认识、新框架和新思路；最后，在问题导向、证据导向和科学导向下提出解决方案或政策建议，最终为宏观决策提供高质量、有建设性的智库研究报告。由上可知，智库 DIIS 理论方法的基本内涵可以概括为收集数据（data）—揭示信息（information）—综合研判（intelligence）—形成方案（solution）。可以发现，高水平的智库研究只有走完 DIIS 的全过程，才能真正提出有价值的科学依据和咨询建议。

从智库 DIIS 理论方法的四个环节可以看出，智库 DIIS 理论方法具有如下功能：一方面，从证据角度出发，基于客观事实、科学证据和数据支撑，通过科学的研究方法，综合集成专家的判断形成整体认知，给出有说服力的研究结果，具有证据形成功能；另一方面，通过对智库问题进行态势研判和数据收集后形成客观认知，并引入专家集体智慧综合研判后得到新认知，全过程严格控制智库研究的质量，具有质量控制功能。

3.2　智库DIIS三维理论模型

3.2.1　智库 DIIS 三维理论模型概览

基于智库 DIIS 理论方法（潘教峰，2017）的思想，智库问题的研究可从研究过程、智库导向和方法工具三个维度展开，具体如下。

（1）研究过程维度

在研究过程维度，智库问题的研究包括收集数据—揭示信息—综合研判—形成方案四个阶段：① 围绕所研究的问题全面收集各类相关数据（收集数据阶段）。② 进行专业化的数据挖掘、整理、分析，形成客观的认知和知识（揭示信息阶段）。③ 引入相关专家学者的智慧对这些认知进行研判（综合研判阶段），得到新认识、新框架和新思路。④ 在问题导向、证据导向和科学导向下提出解决方案或政策建议（形成方案阶段），最终为宏观决策提供高质量、有建设性的智库研究报告。

（2）智库导向维度

在智库导向维度，智库问题的研究应遵循智库研究的基本原则，即问题导向、证据导向和科学导向。具体而言，问题导向要求智库研究者通过问题来切入，既可以是现实的重大战略和政策问题，也可以是潜在的重大战略和政策问题；证据导向要求论之有据，能提供有说服力的客观事实、科学证据和数据支撑；科学导向是指研究问题要遵循规律，采用科学的研究方法和工具，对综合复杂的智库问题进行科学综合系统的研究。

（3）方法工具维度

在方法工具维度，智库问题的研究方法工具分为定量分析、定性分析和综合分析三类。具体而言，定量分析方法工具主要通过描述智库研究对象的数值及其规律对智库问题开展定量研究；定性分析方法工具主要通过抽象与概括智库研究对象的特征和规律对智库问题开展定性研究；综合分析方法工具结合定量分析和定性分析对智库研究对象开展综合研究。

基于上述三个维度，可以形成智库 DIIS 三维理论模型（图 3–1），该模

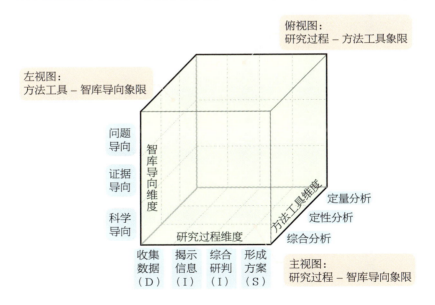

图3–1　智库DIIS三维理论模型

型从智库四个研究过程、三个导向和三类方法工具出发，在系统论、辩证法和控制论的指导下，结合智库研究问题的特征，通过合适的方法对智库问题进行关联性分析，综合集成多学科信息和专家智慧，不断地补充新知识，实现全面系统的循环反馈与论证，形成客观信息与集体智慧相融合的解决方案。

从不同视角来看，智库 DIIS 三维理论模型可以分为三个视图：主视图是研究过程 – 智库导向象限，由研究过程和智库导向两个维度共同组成；俯视图是研究过程 – 方法工具象限，由研究过程和方法工具两个维度共同组成；左视图是方法工具 – 智库导向象限，由方法工具和智库导向两个维度共同组成。为了进一步理解智库 DIIS 三维理论模型，下面详细介绍该模型的主视图、俯视图和左视图。

3.2.2 智库 DIIS 三维理论模型主视图

从智库 DIIS 三维理论模型的主视图来看（图 3-2），在研究智库问题时，应从问题导向、证据导向和科学导向出发，结合智库实际问题，开展 DIIS 四

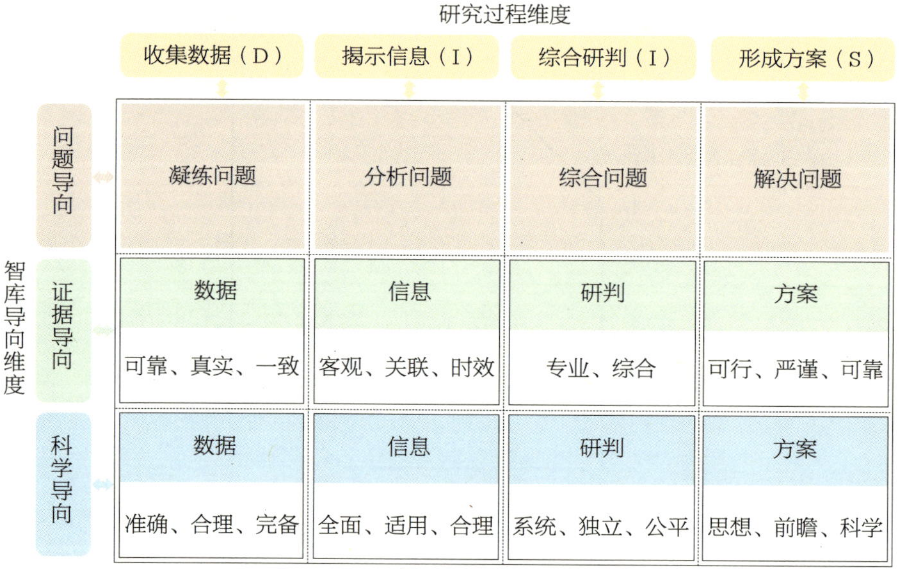

研究过程维度

	收集数据（D）	揭示信息（I）	综合研判（I）	形成方案（S）
问题导向	凝练问题	分析问题	综合问题	解决问题
证据导向	数据	信息	研判	方案
	可靠、真实、一致	客观、关联、时效	专业、综合	可行、严谨、可靠
科学导向	数据	信息	研判	方案
	准确、合理、完备	全面、适用、合理	系统、独立、公平	思想、前瞻、科学

（智库导向维度）

图3-2 智库DIIS三维理论模型主视图：研究过程–智库导向象限

个过程的系统研究。

（1）基于问题导向的智库 DIIS 研究过程

智库研究需要结合问题的特征进行综合研究，以为决策活动提供有力支撑。以问题为导向的智库 DIIS 研究遵循凝练问题—分析问题—综合问题—解决问题四个阶段的流程，其从整体上分别对应 DIIS 的四个研究阶段。

1）收集数据的问题导向。围绕问题收集相关数据，将待研究的问题进行学科再分解，逐步分解为多个子问题，此环节对应凝练问题阶段。

2）揭示信息的问题导向。整理和分析相关数据，对分解后的子问题深入研究，形成初步方案，此环节对应分析问题阶段。

3）综合研判的问题导向。系统整合各子问题的初步方案，综合专家意见进行研判，此环节对应综合问题阶段。

4）形成方案的问题导向。在上述研究基础上建立不同情景下的解决问题方案，此环节对应解决问题阶段。

（2）基于证据导向的智库 DIIS 研究过程

智库研究过程应有理有据，且研究结果应有相应的数据支撑和科学依据。以证据为导向的智库 DIIS 研究从 DIIS 的四个环节出发保证全过程的高质量智库研究，具体如下。

1）收集数据的证据导向。数据可靠：数据信息应经得住检验，对于直接的数据来源，要保证数据的权威性；对于间接的数据来源，要保证数据的可求证性。数据真实：明确阐述数据来源，量化依据应充分合理，主观数据采集证据充分。数据一致：数据应经过适当筛选和处理，其储存、提取、使用应规范化，且符合逻辑（自洽、相容、不矛盾）。

2）揭示信息的证据导向。信息客观：研究过程保证事物的原有信息，不掺杂主观意志。信息关联：明确当前研究与已有研究的关系，说明当前研究与已有研究的异同。信息时效：不断更新信息，避免信息过于陈旧。

3）综合研判的证据导向。研判专业：遴选的研判专家应在问题涉及的专业领域具有资深的研究经历。研判综合：结合多学科领域知识对问题开展全方位和多角度的研判。

4）形成方案的证据导向。方案可行：方案需满足实际需求，根据研究结果提出相关启示意义和建议，符合逻辑和证据，并给出适当说明，确保方案应用恰当。方案严谨：方案的思维方式符合逻辑，研究方法选取科学。方案可靠：方案有据可循，在应用时具有实际成效。

（3）基于科学导向的智库 DIIS 研究过程

智库研究应遵循客观规律，对问题进行系统性研究。以科学为导向的智库 DIIS 研究从 DIIS 的四个环节出发保证智库研究全过程的科学性，具体如下。

1）收集数据的科学导向。数据准确：数据应与事实相符，准确无误。数据合理：数据抽样过程的覆盖面要全面和结构系统化，得到的数据样本应有代表性且是随机的。数据完备：数据信息应完整收集，对于数据缺失的情况，给出充分的补足依据。

2）揭示信息的科学导向。信息全面：综合多学科和多领域信息全面地分析问题。信息适用：信息可以适用于不同条件、方法和场景。信息合理：信息揭示方法应适合所研究的问题和目的，无论采用新方法还是已有方法揭示信息，应解释所选方法的合理性及所选方法相比其他方法的优势。

3）综合研判的科学导向。系统研判：从系统角度全面地研判问题。独立研判：避免因为与客户或资助单位的关系使研究有失偏颇。公平研判：通过权衡利弊，开展利益相关者分析，在相互竞争的立场之间取得平衡。

4）形成方案的科学导向。方案思想：给出具有创新思路的解决方案。方案前瞻：解决方案应从长远考虑，综合未来发展趋势提出具有前瞻性的解决方案。方案科学：考虑影响结果有效性的不确定因素，给出具有鲁棒性的解决方案，通过改变假设来分析不同情形的方案，以此增强研究结果的说服力。

3.2.3　智库 DIIS 三维理论模型俯视图

从智库 DIIS 三维理论模型的俯视图来看（图 3-3），在研究智库问题时，应选择合适的定量分析、定性分析和综合分析方法工具，开展 DIIS 四个过程的系统研究。根据智库 DIIS 三维理论模型的框架，我们把常用的定量分析、定性分析和综合分析方法工具收纳到 DIIS 中，便于智库学者更好地对智库问题开展深入系统地分析和研究。此外，这些常用研究方法工具也会用于本书第 3 篇——智库 DIIS 主题研究方法体系中。为便于理解，以下列举一些常用的定量分析、定性分析和综合分析方法工具（方法工具的详细介绍请参阅第 5 篇——智库 DIIS 常用研究方法工具）。

<table>
<tr><td colspan="5" align="center">研究过程维度</td></tr>
<tr><td></td><td>收集数据（D）</td><td>揭示信息（I）</td><td>综合研判（I）</td><td>形成方案（S）</td></tr>
<tr><td rowspan="3">方法工具维度</td></tr>
<tr><td>定量分析</td><td>·网络数据采集法
·数据库检索工具</td><td>·因子分析法
·集对分析法
·IBM 工具
·SAS 工具</td><td>·拉开档次法
·集值迭代法</td><td>·多属性决策法
·因果分析法</td></tr>
<tr><td>定性分析</td><td>·问卷调研法
·面访调查法
·在线访谈调查法</td><td>·类比学习法
·案例研究法</td><td>·博弈法
·德尔菲法</td><td>·专家评议法
·情景分析法</td></tr>
<tr><td>综合分析</td><td>·文本聚类法
·信息抽取法</td><td>·层次分析法
·专利地图法
·效用函数法</td><td>·科学图谱法
·趋势外推法</td><td>·模糊综合评价法
·标杆评比法
·社会网络分析法</td></tr>
</table>

图3-3　智库DIIS三维理论模型俯视图：研究过程-方法工具象限

（1）智库 DIIS 研究过程的定量分析方法工具

1）收集数据的定量分析方法工具。① 网络数据采集法：利用软件爬虫等方式抓取互联网的公开数据或用户行为产生的数据，并按照一定规则和筛选标准进行二次加工，以实现网络数据的价值最大化。② 数据库检索工具：

包含文献、专利、经济等专业数据的数据库，例如，文献类数据库包括 Web of Science、Scopus、CNKI 等；专利类数据库包括中国专利数据库、美国专利与商标数据库、欧洲专利数据库、德温特数据库等；经济类数据库包括世界银行数据库、世界贸易组织数据库、国际清算银行统计数据库、全球经济指标数据库、美联储经济数据库等。

2）揭示信息的定量分析方法工具。① 因子分析法：通过对事物的内在关系进行分析，找出主要因素，揭示事物之间的本质联系，使多变量的复杂问题易于研究和分析。② 集对分析法：从同、异、反三个方面定量描述两个事物的确定性与不确定性，并且其确定性与不确定性相互联系、影响和制约，在一定条件下也可以相互转化。③ IBM 工具：以 IBM DB2 Intelligent Miner 数据挖掘工具为例，该工具是一种可以进行数据选择、数据转换、数据挖掘和解释挖掘结果的可视化工具。④ SAS 工具：以 SAS Text Miner 数据挖掘工具为例，该工具是一种可将结构化资料与非结构化文档转化成数值表达形式的数据挖掘工具。

3）综合研判的定量分析方法工具。① 拉开档次法：从整体上突出各研究对象之间的差异，使得各研究对象之间的差异尽可能拉大，是一种体现研究对象间整体差异的评价方法。② 集值迭代法：是一种通过初始估计值来寻找一系列近似解的方法，属于经典统计和模糊统计的拓广方法。

4）形成方案的定量分析方法工具。① 多属性决策法：基于已有的决策信息通过一定的方式对一组被选方案进行评价，从中选择最优备选方案或进行方案排序。② 因果分析法：在分析问题产生原因的基础上，筛选重要影响因素，以研究对象发展变化的因果关系为依据进行决策。

（2）智库 DIIS 研究过程的定性分析方法工具

1）收集数据的定性分析方法工具。① 问卷调研法：是利用书面形式间接收集数据信息的一种调查方法。该方法通过向被调查者发放问卷的方式，收集被调查者对问题的意见来获得信息。② 面访调查法：是调查者以直接走访被调查者的方式来收集被调查者意见的一种调查方法。③ 在线访谈调查法：通过不同的网络形式与被访人沟通并进行调查，以获得相关数据信息，是一种基于互联网的访谈方法。

2）揭示信息的定性分析方法工具。① 类比学习法：通过类比归类的方式系统学习一类事物的相似点，区别该类事物的不同点，从而快速地完成该类事物的学习。② 案例研究法：从大量的既往案例中提炼有价值的共性规律与关键特征，经过整合处理得到研究问题的新认知。

3）综合研判的定性分析方法工具。① 博弈法：在博弈法中，参与者通过揣摩其他参与者的心理和可能采取的行动来调整相应行为，经过一系列的博弈分析最终达到所有参与者最优的战略组合。② 德尔菲法：是依靠专家的知识和经验对问题做出判断的一种方法，该方法经过多轮征询和反馈，使得各专家的意见逐步趋于收敛，最终得到一致的集体判断结果。

4）形成方案的定性分析方法工具。① 专家评议法：是相关领域专家根据研究对象的过去、现在及未来发展趋势，进行分析、预测和评价的一种定性方法。② 情景分析法：通过构建不同的假设情景对未来可能出现的情况和后果进行预测并加以分析比较，从而最大限度地做出最优决策。

（3）智库 DIIS 研究过程的综合分析方法工具

1）收集数据的综合分析方法工具。① 文本聚类法：通过机器学习将文档划分为若干类，使得同一类中的文档内容相似度尽可能大，不同类的文档内容相似度尽可能小。② 信息抽取法：通过机器学习、自然语言处理等方式从文本中抽取特定信息，并以结构化的形式进行描述，以供数据查询和分析。

2）揭示信息的综合分析方法工具。① 层次分析法：通过判断两两指标之间的重要程度建立判断矩阵，据此得到不同方案重要性程度的权重，作为评价和选择方案的依据。② 专利地图法：通过对目标技术领域的相关专利信息进行处理和分析，以数据的形式汇总于图表中，反映技术的分布态势。

③ 效用函数法：是一种基于效用价值理论来量化决策者面对风险的态度，并以此进行决策的方法。

3）综合研判的综合分析方法工具。① 科学图谱法：通过对大量科技文献和相关数据进行科学的归纳、梳理和分析，映射到图谱上，显示科学知识的发展进程与结构关系。② 趋势外推法：是根据过去和现在的情况推断未来发展趋势的一种方法，用于科技、经济和社会发展的预测。

4）形成方案的综合分析方法工具。① 模糊综合评价法：利用模糊数学理论的隶属度将定性评价转化为定量评价，基于各研究对象的隶属度形成模糊综合评价结果，据此对方案进行排序或择优。② 标杆评比法：将研究对象与最优对象进行比较，分析研究对象的优势和劣势，找出需要提高和改善的地方，形成一套具有针对性的政策建议。③ 社会网络分析法：通过图论和矩阵法等对社会关系结构及属性进行分析，得到可视化的图表，从中找出解决问题的关键性节点。

3.2.4　智库 DIIS 三维理论模型左视图

从智库 DIIS 三维理论模型的左视图来看（图 3-4），在研究智库问题时，应在问题导向、证据导向和科学导向下选取合适的方法工具开展研究，具体如下。

（1）基于问题导向的方法工具

在问题导向下，智库的研究需要根据问题特征来合理选择三类方法工具。例如，当智库研究问题符合研究对象具体、可量化和概念清晰等条件时，可以选择合适的定量方法工具开展研究；当智库研究问题符合研究对象抽象、可文本描述和概念模糊等条件时，可以选择合适的定性方法工具开展研究；当智库研究问题具备定量和定性分析的综合条件时，可以选择合适的综合分析方法工具开展研究。

方法工具维度

	定量分析	定性分析	综合分析
问题导向	定量方法工具选择：当研究对象具体、可量化和概念清晰时，可以选择合适的定量方法工具开展研究	定性方法工具选择：当研究对象抽象、可文本描述和概念模糊时，可以选择合适的定性方法工具开展研究	综合方法工具选择：当研究对象具备定量和定性分析的综合条件时，选择合适的综合分析方法工具开展研究
证据导向	定量分析证据形成：利用定量方法工具，形成数据信息的收集、存储、提炼和使用等证据	定性分析证据形成：利用定性方法工具，形成认知主体的智慧判断、思维逻辑和认知结果等证据	综合分析证据形成：利用综合方法工具，形成对研究对象客观信息和主观认知相结合的认知判断证据
科学导向	定量方法工具创新：现有定量方法工具未能满足智库问题研究需要时，可以根据研究对象对定量方法工具进行创新	定性方法工具创新：现有定性方法工具未能满足智库问题研究需要时，可以根据研究对象对定性方法工具进行创新	综合方法工具创新：现有综合方法工具未能满足智库问题研究需要时，可以根据研究对象对综合方法工具进行创新

（智库导向维度）

图3-4　智库DIIS三维理论模型左视图：方法工具-智库导向象限

（2）基于证据导向的方法工具

在证据导向下，智库研究需要利用三类方法工具分别形成相应的证据，为智库研究结果提供扎实论据和有力支撑。例如，利用定量分析方法工具，形成数据信息的收集、存储、提炼和使用等证据；利用定性分析方法工具，形成认知主体的智慧判断、思维逻辑和认知结果等证据；利用综合分析方法工具，形成对研究对象客观信息和主观认知相结合的认知判断证据。

（3）基于科学导向的方法工具

在科学导向下，当现有的定量分析、定性分析和综合分析方法工具未能满足智库问题研究的需要时，可以根据研究对象所需的方法工具进行改进和创新，以保证智库研究的科学性和合理性。

3.3　智库DIIS研究流程

3.3.1　智库问题的规模划分

在智库研究实践中，通常会面临不同规模的智库问题。例如，小规模智库问题通常聚焦于单一学科或领域，相互关联性很少，独立的研究人员即可开展问题研究工作；中规模智库问题往往涉及有限学科或领域，具有一定的相互关联性，需要由多名研究人员组成的研究组完成研究工作；大规模智库问题往往是宏观的战略和政策问题，具有多学科和多领域交叉的特性，相互关联性很强，其研究工作需要多个研究组协同完成。如何在遵循智库 DIIS（data-information-intelligence-solution）理论的一般和共性方法的同时，科学认识不同规模智库问题研究各自具有的关键要素与环节，从而形成不同规模 DIIS 方法，为个人或团队更科学、高效地开展智库问题提供研究方法，成为智库建设过程中值得深入探讨的重要问题。

3.3.1.1　不同规模智库问题的特征

在开展智库问题研究时，首先需要用专业的知识对智库问题的规模进行划分，将问题明确化和简单化。智库问题的研究规模可以通过问题的学科或领域交叉程度（交叉性）、相互关联程度（关联性）、研究人员构成情况（复杂性）进行判断（表 3-1）。以下基于交叉性、关联性、复杂性三个角度，将智库问题的研究规模分为大、中、小三类，各规模智库问题的主要特征具体如下。

表3-1　不同规模智库问题的主要特征

类型	交叉性	关联性	复杂性
大规模智库问题	多个学科和领域的交叉	可衍生相互联系和影响的一系列问题	由多个研究组构成的研究团队完成
中规模智库问题	有限学科或领域的交叉	可衍生相互联系的一些问题	由单个研究组完成
小规模智库问题	单一学科或领域为主	相互关联性较少	由独立研究个体完成

（1）大规模智库问题的特征

1）交叉性强。大规模智库研究往往是为发展规划和战略决策提供咨询服务，通常是具有全局性和战略性的智库问题。因此，研究大规模智库问题所需的信息量和知识量非常广泛，是涉及多学科和多领域交叉的综合性研究。

2）关联性强。大规模智库问题通常不是独立的产生，而是伴随着相互联系和影响的一系列问题，还往往会衍生和引发许多相互关联的新问题。

3）复杂性强。大规模智库问题是多学科和多领域高度交叉的复杂性问题，需要以全局为着眼点对问题进行整体系统的分析。因此，其研究工作通常由不同专业背景的研究人员和多个研究组构成的研究团队共同配合完成。

例如，中国科学院于 2007 年组织开展了能源、水资源、矿产资源、海洋、油气资源、人口健康、农业、生态与环境、生物质资源、区域发展、空间、信息、先进制造、先进材料、纳米、大科学装置、重大交叉前沿、国家与公共安全 18 个重要领域的战略研究，提出了若干核心科学问题和关键技术问题，形成了中国至 2050 年 18 个重要领域的科技发展路线图（中国科学院，2009）。在研究过程中，各领域分别成立相应的领域研究组，采取横向纵向结合的方式开展研究：在横向方面，各领域研究组协调或自发组织开展跨领域、跨研究组的交叉研讨，保证相关领域的有机融合；在纵向方面，各领域研究组根据具体领域内容分成若干研究小组，通过集中研讨、分小组研究、综合集成、反复修改完善等方式，以及综合的研究方法，组织本组专家深入研究，同时吸收相关领域专家的意见。该研究涵盖自然科学、技术和工程主要学科，横跨科技创新、产业经济、生态环境、社会发展、国家安全等诸多领域，集中了中国科学院 300 多位高水平的科技、管理和情报专家，涉及 80 多个研究院所，是一次典型的大规模智库研究。

（2）中规模智库问题的特征

1）交叉性较强。与大规模智库问题相比，中规模智库问题的学科或领域交叉程度较小，通常是有限学科或有限领域交叉的研究。

2）关联性较强。中规模智库问题也会衍生一些相互联系和影响的问题，但关联程度相对简单。

3）复杂性较强。中规模智库问题涉及有限学科或有限领域的交叉，具有一定的复杂性，因此，其研究工作需要由相关学科或领域的专家牵头、多名研究人员组成的一个研究组完成。

例如，美国国家科学基金会于 2013 年委托美国国家研究理事会开展调查研究，以期为其制定海洋科学领域未来十年的资助战略以及相关资助政策提供参考（National Research Council，2015）。美国国家研究理事会在梳理 21 世纪海洋科学重要进展的基础上，提出了 2015—2025 年美国国家科学基金会海洋科学优先领域。在遴选优先领域过程中，美国国家研究理事会首先确定待解决的具体问题集，然后选择相关领域的杰出专家和研究人员成立研究委员会，其中专家来自全国不同地区和部门，包括学术界、工业界、政府、非营利组织等，进而该研究委员会围绕海洋、气候、生态系统和海底地球四个主题领域开展高层次的跨学科的海洋科学问题研究，依据潜在变革性、社会影响力、成熟度和潜在合作伙伴四项遴选准则，最终筛选出海洋科学的八个优先领域。再如，中国科学院科技战略咨询研究院于 2016 年对未来先进核裂变能发展开展战略研究，深入探讨了 2030-2050 年核能的工业化应用。在研究过程中，成立了未来先进核能战略研究项目组，由核能领域技术专家和管理专家牵头，中国科学院科技战略咨询研究院、中国科学院近代物理研究所、中国科学院武汉文献情报中心的研究人员共同参与。该项目组结合未来核裂变能发展的战略目标，提出了未来需要进一步重点发展的核能系统技术方案。

在上述两个实践研究中，均是由一个研究组在有限领域开展交叉研究，可视为中规模智库问题研究。

（3）小规模智库问题的特征

1）交叉性弱。小规模智库问题通常聚焦于单一学科或领域，很少涉及学科或领域的交叉。

2）关联性弱。小规模智库问题的研究非常具体，牵涉的其他问题较少。

3）复杂性弱。小规模智库问题的研究相对明确，涉及的知识域宽度有限，通常由一名研究人员即可独立开展研究工作。

3.3.1.2　智库问题规模的划分流程

基于不同规模智库问题的特征，以下给出智库问题规模的划分流程（图3-5），以便于智库研究工作的顺利开展。

（1）定义研究问题

利用专业概念对智库问题进行表述，使智库问题成为研究人员能够处理的问题。

（2）分析问题边界

剖析问题的结构，利用专业知识判断智库问题的所属学科和领域，把握问题的相互关联性，识别该问题是否衍生一系列相互联系和影响的问题并加以分解，形成明确的问题集。

图3-5　智库问题规模的划分流程

（3）确定研究人员

结合问题的边界大小，确定相应的研究人员知识结构和数量，若问题复杂性很强，可选择多个研究组构成的研究团队共同开展工作；反之，可选择单个研究组甚至是独立的研究个体开展工作。

（4）确定问题规模

依据上述分析，确定问题规模：当问题涉及多个学科和领域的交叉，可衍生相互联系和影响的一系列问题，需由多个研究组共同配合完成，可视为大规模智库问题；当问题涉及有限学科或领域的交叉，可衍生相互联系的一些问题，可由单个研究组完成，可视为中规模智库问题；当问题以单一学科或领域为主，相互关联性甚少，独立研究个体即可完成，可视为小规模智库问题。

（5）选择研究方法

结合第（4）步中得到的智库问题规模，选择相应的智库 DIIS 研究方法（见 3.3.2 节）。

3.3.2　多规模智库 DIIS 理论方法

3.3.2.1　大规模智库 DIIS 理论方法

大规模智库问题是系统组织的大型战略咨询问题，需由多个研究组共同开展研究。由于此类问题较为宏观，应在问题导向、证据导向和科学导向下，贯通 DIIS 全链条，关键在系统整合专家智慧，迭代深化、最大程度凝聚共识。因此，在利用 DIIS 理论方法开展大规模智库问题研究时，需着重关注综合研判和形成方案环节。具体而言，针对大规模智库问题，智库 DIIS 研究遵循凝练问题—分析问题—综合问题—解决问题四个阶段的流程，其从整体上分别对应 DIIS 的四个环节（潘教峰等，2017）。下面，对各阶段的具体内容进行详细阐述。

（1）凝练问题阶段

在凝练问题阶段，综合各学科知识对问题进行关联性分析，明确问题的特征，遵循界定问题—分解问题—检验问题—确定问题及技术路线的研究思路。凝练问题阶段从整体来看对应 DIIS 的 Data 环节，在研究时分别涉及 DIIS 的四个环节，具体流程如下。① 界定问题：围绕问题收集相关数据，考虑各学科间的联系对问题进行跨学科与多领域的研究，分析研究的目标、对象、资源约束及具体需求，据此界定研究问题的特征，此过程涉及 DIIS 的 Data 环节。② 分解问题：将待研究的问题进行学科再分解，逐步分解为多个子问题，找准问题研究的关键点，此过程涉及 DIIS 的 Information 环节。③ 检验问题：检验待研究问题分解的是否全面和科学，若问题已分解全面，则可进入下一流程；若问题尚未完全分解，则需对问题补充数据并重新分解，此过程涉及 DIIS 的 Intelligence 环节。④ 确定问题及技术路线：对分解后的子问题进行分析，明确其是否值得研究、是否已有相关研究或现有研究存在的不足，确定需深入研究的子问题，并依据研究目标、对象、资源约束及具体需求形成解决问题的基本技术路线，此过程涉及 DIIS 的 Solution 环节。

（2）分析问题阶段

在分析问题阶段，对分解后的子问题遴选各领域专家分别进行研究，遵循数据收集—研究子问题—综合研判—形成初步方案的研究思路。分析问题阶段从整体来看对应 DIIS 的 Information 环节，在研究时分别涉及 DIIS 的四个环节，具体流程如下。① 数据收集：收集各项子问题的相关数据，为研究各项子问题所涉及的学科领域遴选专家，此过程涉及 DIIS 的 Data 环节。② 研究子问题：整理分析各子问题的相关数据，初步形成客观认知，此过程涉及 DIIS 的 Information 环节。③ 综合研判：借鉴红蓝营思想，运用不确定性分析与博弈论等方法，进行利益相关者分析，综合相关学科领域的专家意见对各子问题进行综合研判，此过程涉及 DIIS 的 Intelligence 环节。

④ 形成初步方案：依据综合研判的结果，初步形成各子问题的解决方案，此过程涉及 DIIS 的 Solution 环节。

（3）综合问题阶段

在综合问题阶段，系统整合各子问题的初步方案，遵循集成研究问题—检验研究—综合研判的研究思路。此阶段整体对应 DIIS 的 Intelligence 环节，具体流程如下。① 集成研究问题：综合各子问题的研究结果，形成集成研究结果。② 检验研究：根据集成研究结果检验问题是否研究全面，若研究已全面，则可进入下一阶段；若问题未能完全解决，则需补充新的知识进行研究，循环凝练问题阶段和分析问题阶段的研究，迭代深化研究。③ 综合研判：借鉴红蓝营思想，运用不确定性分析与博弈论等方法，从系统整体的角度进行利益相关者分析，综合相关领域的专家意见对问题进行综合研判。

（4）解决问题阶段

在解决问题阶段，依据前三个阶段的研究形成解决问题方案，遵循形成多情景方案—检验质量—生成报告的研究思路。此阶段整体对应 DIIS 的 Solution 环节，具体流程如下。① 形成多情景方案：基于专家的综合研判结果，利用情景假设构建未来各种可能场景及其条件，给出不同场景和条件约束下的方案集，形成初步报告。② 检验质量：依据标准对报告的质量进行审核，若达到质量标准，则生成报告；若未达到标准，则循环论证上述研究过程。③ 生成报告：依据规范化格式给出问题的解决方案，生成检验后的最终报告。

基于上述四个阶段的分析，大规模智库 DIIS 研究流程如图 3-6 所示。

为了便于智库研究的实际操作，下面将大规模智库 DIIS 研究流程归纳为 14 个步骤（表 3-2），并通过检验问题、检验研究和检验质量三项检验步骤确保问题研究的全面性和科学性，大规模智库 DIIS 研究路线如图 3-7 所示。

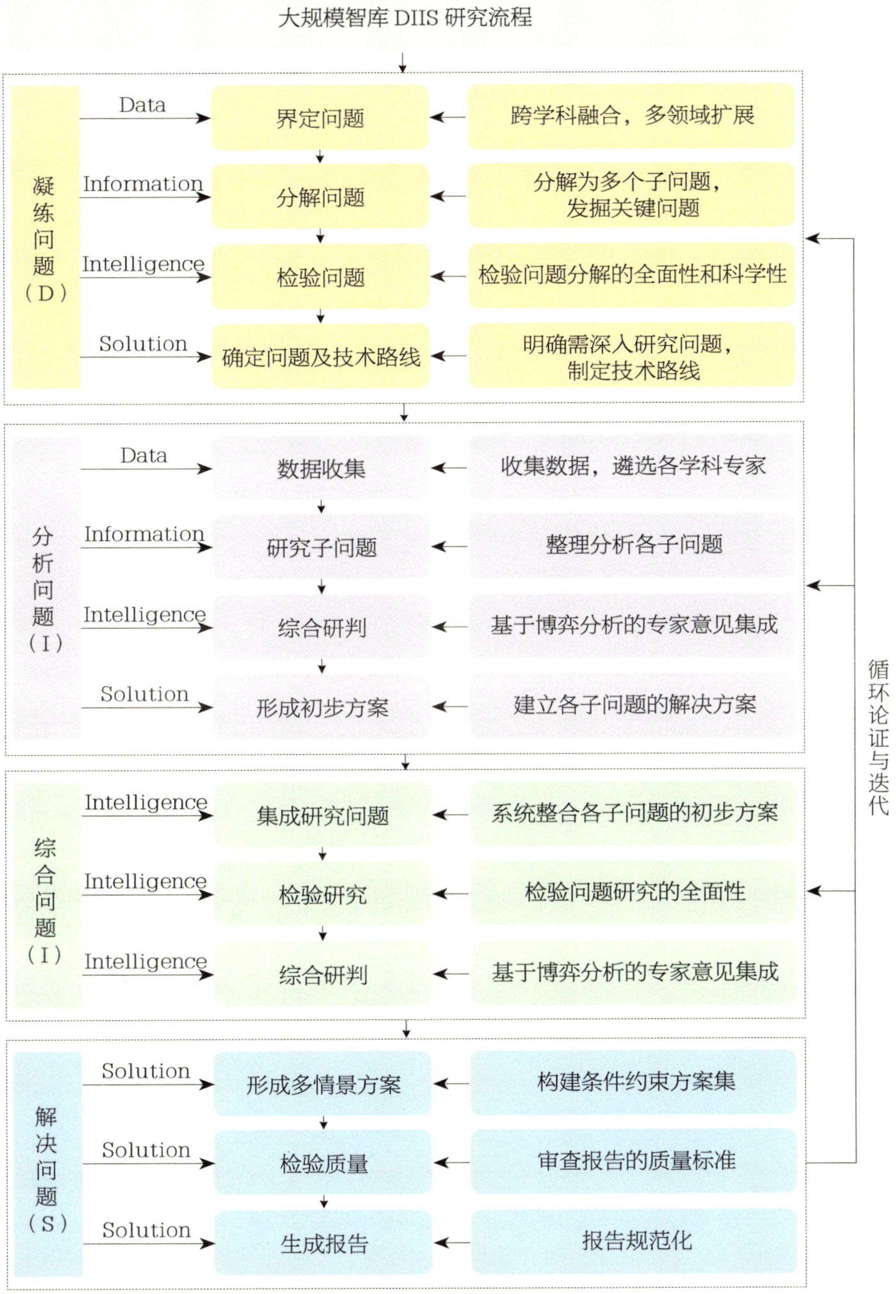

大规模智库 DIIS 研究流程

		界定问题	←	跨学科融合，多领域扩展
凝练问题（D）	Data →	界定问题	←	跨学科融合，多领域扩展
	Information →	分解问题	←	分解为多个子问题，发掘关键问题
	Intelligence →	检验问题	←	检验问题分解的全面性和科学性
	Solution →	确定问题及技术路线	←	明确需深入研究问题，制定技术路线
分析问题（I）	Data →	数据收集	←	收集数据，遴选各学科专家
	Information →	研究子问题	←	整理分析各子问题
	Intelligence →	综合研判	←	基于博弈分析的专家意见集成
	Solution →	形成初步方案	←	建立各子问题的解决方案
综合问题（I）	Intelligence →	集成研究问题	←	系统整合各子问题的初步方案
	Intelligence →	检验研究	←	检验问题研究的全面性
	Intelligence →	综合研判	←	基于博弈分析的专家意见集成
解决问题（S）	Solution →	形成多情景方案	←	构建条件约束方案集
	Solution →	检验质量	←	审查报告的质量标准
	Solution →	生成报告	←	报告规范化

循环论证与迭代

图3-6　大规模智库DIIS研究流程图

表3-2　大规模智库DIIS研究步骤

阶段	步骤编号	步骤名称	具体内容
凝练问题（D）	Step 1	界定问题	界定研究问题特征，注重各学科之间的联系，对问题进行跨学科与多领域的研究
	Step 2	分解问题	将问题分解为多个子问题，并发掘关键问题
	Step 3	检验问题	检验 Step 2 中步骤分解的全面性和科学性，若问题已分解全面，则进入 Step 4，若问题尚未完全分解，则返回 Step 2 重新分解
	Step 4	确定问题及技术路线	确定需深入研究的子问题，形成解决问题的基本技术路线
分析问题（I）	Step 5	数据收集	收集各项子问题的相关数据
	Step 6	研究子问题	整理分析各子问题的相关数据，初步形成客观认知
	Step 7	综合研判	综合相关领域专家的意见对各子问题进行综合研判
	Step 8	形成初步方案	依据综合研判结果，初步形成各子问题的解决方案
综合问题（I）	Step 9	集成研究问题	综合各子问题在 Step 8 中初步形成的问题解决方案
	Step 10	检验研究	检验 Step 9 的集成研究结果是否全面，若研究已全面，则进入 Step 11；若问题未能全面解决，则返回 Step 4 循环论证研究过程
	Step 11	综合研判	利用不确定性分析与博弈论等方法，进行利益关联性分析，结合专家意见对问题进行综合研判
解决问题（S）	Step 12	形成多情景方案	构建未来各种可能场景及其条件，给出不同场景和条件约束下的方案集，形成初步报告
	Step 13	检验质量	依据标准对报告进行质量审核，若达到质量标准，则进入 Step 14，即生成报告；若未达到质量标准，则返回 Step 1 循环论证研究过程
	Step 14	生成报告	依据规范化格式生成最终的达标报告

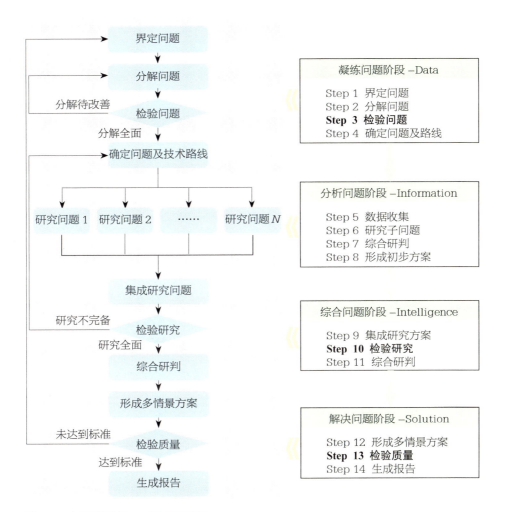

图3-7 大规模智库DIIS研究路线图

3.3.2.2 中规模智库 DIIS 理论方法

中规模智库问题的研究对象相对细化、目标导向清晰，可由一个研究组开展研究。此类问题较为具体，但仍然有待进一步细化，应着重寻找关键问题，并进行多次的反馈和论证。因此，在利用 DIIS 理论方法开展中规模智库问题研究时，应在问题导向、证据导向和科学导向下，贯通 DIIS 全链条，重点关注 DIIS 的揭示信息和综合研判环节。具体而言，针对中规模智库问题，智库

DIIS 研究遵循明确需求—解析要因—迭代论证—得出结论四个阶段的流程，其从整体上分别对应 DIIS 的四个环节。下面，对各阶段的具体内容进行详细阐述。

（1）明确需求阶段

在明确需求阶段，深入解析研究问题的特征，识别相关需求。从整体来看，明确需求阶段对应 DIIS 的 Data 环节，遵循先分析问题后确定需求的研究思路，具体流程如下。① 分析问题：收集与研究问题有关的数据信息，识别利益相关方（如政府、学术界、工业界和其他利益机构或团体）的诉求。② 确定需求：基于研究问题的相关信息，识别研究问题的目标、对象、资源约束，确定所需专家、研究方法和工具等各类需求，并且明确各类需求的关键节点，即确定近期需求、中期需求和远期需求。

（2）解析要因阶段

在解析要因阶段，基于研究问题的信息和利益相关方的诉求，确定解决问题所面临的挑战或障碍，即研究问题的关键因素。从整体来看，解析要因阶段对应 DIIS 的 Information 环节，遵循先聚焦原因后识别关键的研究思路，具体流程如下。① 聚焦原因：综合研究问题的相关信息和利益相关方的诉求，梳理问题本身的规律和特点，寻找研究问题的主要原因或突破口。② 识别关键：基于产生问题的主要原因，分析问题的目前状况和未来发展走势，确定影响未来发展的主要挑战或障碍，并找出克服这些障碍的决定性因素（即寻找关键核心问题），生成解决问题的初步方案。

（3）迭代论证阶段

在迭代论证阶段，系统整合相关领域专家的意见，对初步方案进行反复循环论证和研讨，不断迭代升华。从整体来看，迭代论证阶段对应 DIIS 的 Intelligence 环节，遵循先广征意见后反复循环论证的研究思路，具体流程如下。① 广征意见：针对上一阶段得到的结果，邀请相关领域专家、科技战略专家、政策制定专家和相关研究部门人员对初步方案提出具体意见。② 反复论证：根据专家群体的意见，检验问题是否研究全面，若研究已全面，则形成报告，并进入下一阶段；若问题未能完全解决，则需补充新的知识进行循环论证和反复研讨。

（4）得出结论阶段

在得出结论阶段，对上一阶段形成的报告进行质量检验，得到研究结论。从整体来看，得出结论阶段对应 DIIS 的 Solution 环节，遵循先检验质量后生成结论的研究思路，具体流程如下。① 检验质量：依据质量标准对上一阶段形成的报告进行质量审核，若达到质量标准，则进入下一环节，若未达到标准，则循环论证上述研究过程。② 生成结论：依据规范化格式生成检验后的最终报告，给出相应结论（该结论也可为大规模智库问题提供研究支撑）。

基于上述四个阶段的分析，中规模智库 DIIS 研究流程如图 3-8 所示。

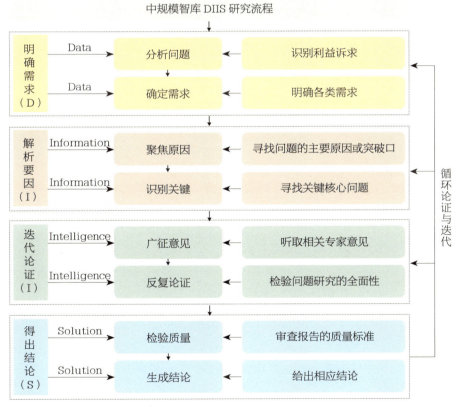

图3-8　中规模智库DIIS研究流程图

为了便于智库研究的实际操作，下面将中规模智库 DIIS 研究流程归纳为 8 个步骤（表3-3），并通过反复论证和检验质量两项检验步骤确保问题研究的全面性和科学性，中规模智库 DIIS 研究路线如图 3-9 所示。

表3-3　中规模智库DIIS研究步骤

阶段	步骤编号	步骤名称	具体内容
明确需求（D）	Step 1	分析问题	收集与问题相关的数据信息，识别利益相关方的诉求
	Step 2	确定需求	识别研究问题的各类需求，明确各类需求的关键节点
解析要因（I）	Step 3	聚焦原因	梳理问题本身的规律和特点，寻找问题的主要原因或突破口
	Step 4	识别关键	寻找关键核心问题，生成解决问题的初步方案
迭代论证（I）	Step 5	广征意见	邀请相关专家对初步方案提出具体意见
	Step 6	反复论证	根据 Step 5 的专家意见检验问题是否研究全面，若研究已全面，则形成报告，进入 Step 7；若问题未能完全解决，则返回 Step 3 循环论证研究过程
得出结论（S）	Step 7	检验质量	依据质量标准对上一阶段形成的报告进行质量审核，若达到质量标准，则进入 Step 8；若未达到标准，则返回 Step 1 循环论证研究过程
	Step 8	生成结论	依据规范化格式生成最终的达标报告，并给出相应结论

3.3.2.3　小规模智库 DIIS 理论方法

小规模智库问题通常具有明确决策需求，可由研究个体独立开展研究。此类问题已具有明确的研究目标，应重点调研问题的现状并提炼重要信息。因此，在利用 DIIS 理论方法开展小规模智库问题研究时，应在问题导向、证据导向和科学导向下，贯通 DIIS 全链条，重点关注 DIIS 的收集数据和揭示信息环节。具体地，针对小规模智库问题，智库 DIIS 研究遵循调研现状—

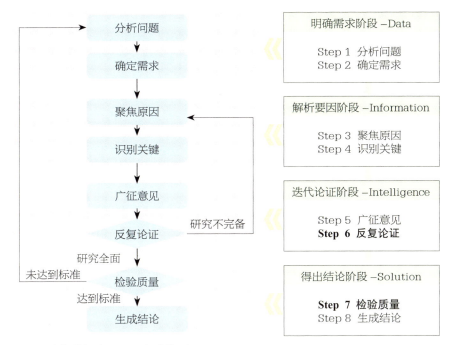

图3-9　中规模智库DIIS研究路线图

提炼信息—专家评议—生成论据四个阶段的流程，其从整体上分别对应DIIS
的四个环节。下面，对各阶段的具体内容进行详细阐述。

（1）调研现状阶段

在调研现状阶段，对问题的国内外情况进行充分调研。从整体来看，调
研现状阶段对应DIIS的Data环节，遵循国内外调研同时开展的研究思路。
在国内调研方面，采取多种方式深入调研关于问题的国内情况，包括国内对
于该问题的已有研究、主要成果、重要进展、政府的支持方向等，明确问题
的国内研究现状。在国外调研方面，采取多种方式深入调研关于问题的国外
情况，包括该问题的研究进展、发展趋势、各个国家支持方向等，明确问题
的国外研究现状。

（2）提炼信息阶段

在提炼信息阶段，综合国内和国外调研情况，分析存在的差距，

识别研究对象的优势和劣势。从整体来看，调研现状阶段对应 DIIS 的 Information 环节，遵循先分析现状后凝练结果的研究思路，具体流程如下。① 分析现状：基于国内调研情况，评估研究对象的状态，进而结合国外研究现状，进行比较分析，找出存在的差距和不足。② 凝练结果：根据研究目标，对照存在的差距和不足，总结分析所研究对象发展面临的优势和劣势，提出有待改进提升的主要方面，据此生成初步研究结果。

（3）专家评议阶段

在专家评议阶段，邀请相关领域专家对初步研究结果进行评议，汲取建议加以深化和完善。从整体来看，专家评议阶段对应 DIIS 的 Intelligence 环节，遵循先评议分析后深化完善的研究思路，具体流程如下。① 评议分析：邀请相关领域专家对初步研究结果进行评议，得到评议意见和建议。② 深化完善：综合评议意见和建议对研究结果进行检验，检验问题是否研究全面，若研究已全面，则形成报告，并进入下一阶段；若问题未能完全解决，则需补充相关信息对研究结果进行完善。

（4）生成论据阶段

在生成论据阶段，对上一阶段形成的报告进行质量检验，得到解决问题的论据。从整体来看，生成论据阶段对应 DIIS 的 Solution 环节，遵循先检验质量后得到论据的研究思路，具体流程如下。① 检验质量：依据标准对上一阶段形成的报告进行质量审核，若达到质量标准，则进入下一环节，若未达到标准，则循环论证上述研究过程。② 得到论据：依据规范化格式生成检验后的最终报告，给出解决问题的支撑性论据（该论据也可为中规模或大规模智库问题研究提供支撑）。

基于上述四个阶段的分析，小规模智库 DIIS 研究流程如图 3-10 所示。

为了便于智库研究的实际操作，本节将小规模智库 DIIS 研究流程归纳为 7 个步骤（表 3-4），并通过深化完善和检验质量两项检验步骤确保问题研究的全面性和科学性，小规模智库 DIIS 研究路线如图 3-11 所示。

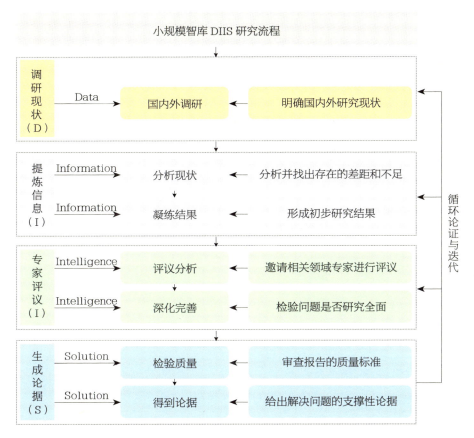

图3-10　小规模智库DIIS研究流程图

表3-4　小规模智库DIIS研究步骤

阶段	步骤编号	步骤名称	具体内容
调研现状 （D）	Step 1	国内外调研	深入调研国内外相关情况，明确问题的国内外研究现状
提炼信息 （I）	Step 2	分析现状	基于国内调研情况并结合国外研究现状，比较分析，找出差距
	Step 3	凝练结果	根据研究目标，对照差距，提出有待改进提升的主要方面，生成初步研究结果

阶段	步骤编号	步骤名称	具体内容
专家评议 （I）	Step 4	评议分析	邀请相关领域专家对初步研究结果进行评议，得到评议意见和建议
	Step 5	深化完善	根据 Step 4 的评议意见检验问题是否研究全面，若研究已全面，则形成报告，进入 Step 6；若未能全面解决问题，则返回 Step 2 循环论证研究过程
生成论据 （S）	Step 6	检验质量	依据标准对报告进行质量审核，若达到质量标准，则进入 Step 7；若未达到质量标准，则返回 Step 1 循环论证研究过程
	Step 7	得到论据	依据规范化格式生成检验后的最终报告，给出解决问题的支撑性论据

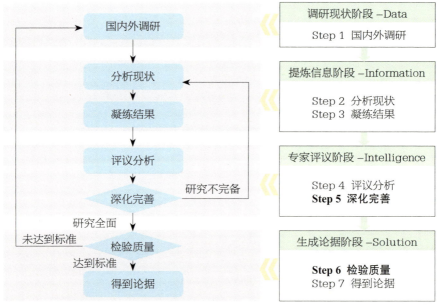

图3-11　小规模智库DIIS研究路线图

3.3.2.4　不同规模智库 DIIS 研究的关系

在实际研究中，不同规模智库问题研究之间有内在联系。本节从研究结果和研究过程两个角度对大规模、中规模和小规模智库 DIIS 研究的相互关系进行分析。

（1）研究结果

对于大规模智库问题，通常会将问题分解为多个研究组开展研究，每个研究组进一步将研究问题具体化，分解为多个子问题，由研究个体负责研究。因此，从研究结果来看，小规模智库 DIIS 研究可为中规模或大规模智库 DIIS 研究提供支撑，中规模智库 DIIS 研究可为大规模智库 DIIS 研究提供支撑（图 3-12）。

图3-12　不同规模智库DIIS的相互关系（研究结果角度）

（2）研究过程

从研究过程来看，大规模智库 DIIS 研究可以分解为相互联系的多个中规模智库问题，例如大规模智库 DIIS 研究的第二阶段（分析问题阶段）是将研究问题分解为多个子问题进行研究，这些子问题即可视为中规模智库问题，从而化繁为简，将大规模智库问题的研究具体化。相应地，中规模智库 DIIS 研究也可以分解为相互联系的多个小规模智库问题，例如中规模智库 DIIS 研究的第二阶段（解析要因阶段）是寻找问题的主要原因或突破口，可以分解为多个小规模智库问题，通过国内外调研，分析存在的差距和不足，从而找出问题的原因（图 3-13）。

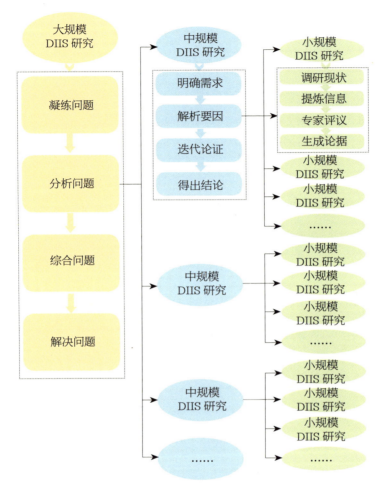

图3-13 不同规模智库DIIS的相互关系（研究过程角度）

3.4 智库DIIS研究平台

3.4.1 DIIS 研究平台

从 DIIS 研究流程中可以看出，流程中涉及 DIIS 的 Data、Information、Intelligence 和 Solution 四个环节，在研究时可以建立相应的 DIIS 研究平台，对 DIIS 四个环节研究涉及的方法、专家、案例等信息进行存储（图 3-14），便于研究者高效地开展智库研究，平台具体内容如下。

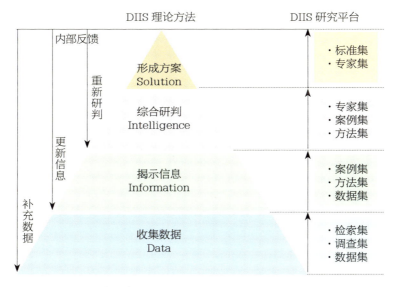

图3-14　DIIS研究平台

1）数据集：收集非标准化和非结构化的数据，充分整理和利用开源数据，考虑人机物三元融合，对数据分析方法进行创新，建设可视化数据平台。

2）调查集：通过问卷调查、面访调查、在线访谈调查等方式收集各领域数据，建设跟踪调查数据平台。

3）检索集：对已有数据集的数据信息进行整理和归纳，收集多学科和跨领域数据，建设综合检索数据平台。

4）方法集：系统梳理研究方法，对方法进行模板化归纳，并创新提出新方法和新模型，形成字典式索引方法平台。

5）案例集：梳理解决问题的已有研究案例成果，减少重复性研究工作，形成分类研究案例平台。

6）专家集：按学科和领域对专家的研究方向进行归类，确保专家意见的专业性及权威性，形成权威专家平台。

7）标准集：严格审查报告的质量，保证方案的通用性和科学性，形成智库报告的质量标准平台。

3.4.2 基于 DIIS 研究平台的机器学习库

人工智能技术快速发展，机器学习作为人工智能的核心，具有根据经验重新组织已有的知识结构从而不断改善自身的性能。因此，可利用机器学习及软件拓展 DIIS 研究平台的存储和训练功能，建立基于 DIIS 研究平台的机器学习库（图 3-15），形成从被动存储到主动提议的机器辅助型 DIIS 研究平台，为智库人员提供智能决策支撑。

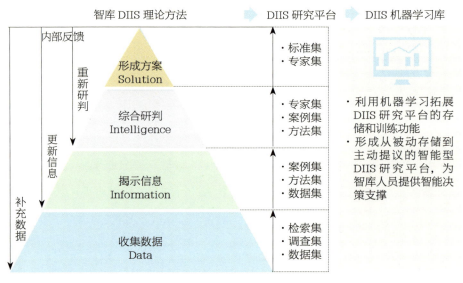

图3-15　基于DIIS研究平台的机器学习库

机器学习库在 DIIS 各环节的功能如下（图 3-16）。

1）机器学习—收集数据（data）：对收集数据研究平台中的数据集、调查集和检索集资料进行机器挖掘和判断，检验数据完整性，形成数据训练库，为智库研究人员主动提供研究建议。

2）机器学习—揭示信息（information）：对揭示信息研究平台中的数据集、方法集和案例集进行资料学习，对已有案例进行分析和反馈，形成智能推荐方法库，为智库研究人员提供合适的研究方法。

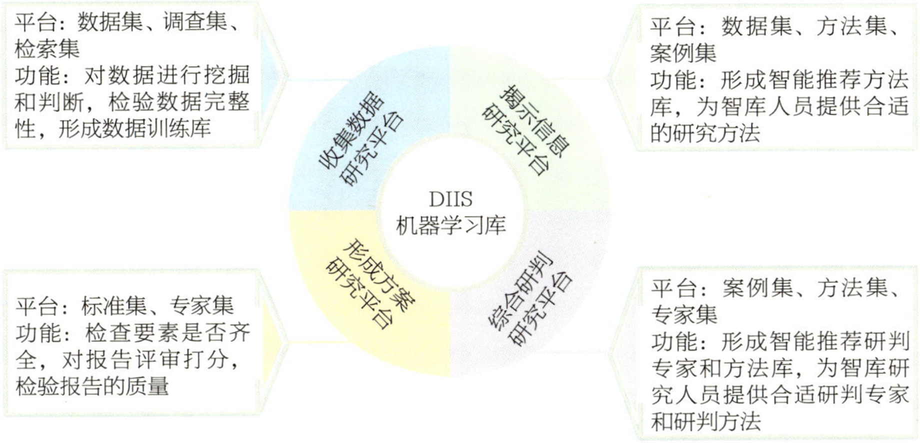

平台：数据集、调查集、检索集
功能：对数据进行挖掘和判断，检验数据完整性，形成数据训练库

平台：数据集、方法集、案例集
功能：形成智能推荐方法库，为智库人员提供合适的研究方法

平台：标准集、专家集
功能：检查要素是否齐全，对报告评审打分，检验报告的质量

平台：案例集、方法集、专家集
功能：形成智能推荐研判专家和方法库，为智库研究人员提供合适研判专家和研判方法

收集数据研究平台

揭示信息研究平台

形成方案研究平台

综合研判研究平台

DIIS
机器学习库

图3-16　机器学习库在DIIS各环节的功能

3）机器学习—综合研判（intelligence）：对综合研判研究平台中的案例集、方法集和专家集进行资料学习，对已有案例进行分析和反馈，形成智能推荐研判专家库和研判方法库，为智库研究人员提供合适的研判专家和研判方法。

4）机器学习—形成方案（solution）：对形成方案研究平台中的专家集和标准集进行资料学习，形成智能推荐评审专家库，对智库报告进行语义分析，检查智库报告的要素是否齐全，通过平台对报告进行打分，检验报告的质量。

3.5　智库DIIS写作规范

研究报告是智库问题研究的全面阐述和论证，反映了智库研究的主要成果。为保证智库研究的规范性与高质量，智库报告的撰写应遵循一定的写作规范。智库报告一般由封面、研究简介、说明、报告主体等组成，其中报告主体部分根据智库研究的规模不同遵循不同的写作规范。

3.5.1　大规模智库 DIIS 报告写作规范

大规模战略咨询问题的研究对象较为宏观，以全局为着眼点，需要对研究问题进行整体系统的分析，其智库 DIIS 报告一般应由 A—J 十个部分组成（表 3-5），包括：A 封面、B 研究简介、C 声明及授权、D 目录、E 图表及符号、F 报告主体（凝练问题、分析问题、综合问题、解决问题）、G 结论总结、H 研究建议、I 参考文献、J 附录。在实际研究过程中，可以依据不同类型的智库报告（例如调研类报告，战略研究类报告，政策建议类报告等）分别确定报告十个部分的写作要素。为便于大规模智库 DIIS 报告的撰写，下面给出各部分的内容和具体要求。

A　封面

A.1　研究题目

内容：以简明词语恰当和准确地反映研究最重要的特定内容。

要求：题目通常由名词性短语构成，应尽量避免使用不常用缩略词、首字母缩写字、字符、代号和公式等，当题目内容层次很多且难以简化时，可采用题目和副题目相结合的方法。

A.2　研究主题

说明：阐述报告的所属主题领域。

要求：列出五至十个研究报告涉及的研究关键领域，方便检索与分类。

A.3　所属名称

说明：撰写智库报告的单位、研究组或个体名称。

A.4　制定时间

说明：智库报告生成的时间。

A.5　发行范围

说明：明确是否公开发行。

A.6　保密等级

说明：明确发布等级（绝密级、机密级和秘密级等），明确查阅人范围。

B 研究简介

B.1 研究问题

说明：简要表述研究解决的问题。

要求：选取最具有代表性的研究问题，一般不超过五个。

B.2 研究摘要

说明：研究摘要是对研究内容的高度概括，应具有独立性和自含性，即不需要阅读报告的全文就能获得必要的信息。

要求：摘要应包括研究目的、理论与实际意义、主要研究内容等，其中重点突出研究成果和结论。摘要中不宜使用公式和非公知的符号或术语。

B.3 研究结果

说明：对整个报告的主要成果进行总结。

要求：结果应明确指出研究的创造性成果、创新点理论（含新见解、新观点）或问题研判结果。

C 声明及授权

说明：对智库报告权利的书面声明。

要求：一般包括权利归属、作品使用许可方式、责任追究等方面的内容。

D 目录

说明：报告中各节的顺序排列表。

要求：需有相应的起始页码。

E 图表及符号

说明：报告中涉及的图表及符号汇总。

要求：使用符号应符合国家的相关标准。

F 报告主体

F.1 凝练问题

F.1.1　问题特征

说明：明确研究问题的特点，如学科交叉性、相互关联性、政策实用性、社会影响性、创新性和不确定性等。

要求：范围不宜过大或过小，不能太笼统。

F.1.2　学科领域

说明：列出研究涉及的学科领域。

要求：依据研究背景，系统和全面地给出研究相关的学科领域，具体学科条目可参照《国家自然科学基金学科分类目录及代码表》。

F.1.3　数据来源

说明：何处取得的数据及数据的有效性。

要求：明确收集数据时所采用的数据集、调查集、检索集或具体数据资料来源以及相应的数据收集工具。

F.1.4　研究对象

说明：研究问题的主体。

要求：明确具体的研究对象，界定研究范围。

F.1.5　资源约束

说明：考虑资料、时间、经费、人力和理论基础等条件。

要求：结合实际给出研究时的资料、时间、经费、人力和理论基础等。

F.1.6　具体需求

说明：研究解决的现存问题或满足的需求。

要求：结合研究问题的实际背景分析需求情况。

F.1.7　研究问题

说明：明确待研究的问题。

要求：待研究问题要有科学性，立论根据要充实及合理。

F.1.8　分解问题

说明：对研究问题进行学科再分解，逐步分解为多个子问题。

要求：分解问题的颗粒度应适宜，分解不能过于宽泛或局限。

F.1.9 全面性检验

说明：检验分解后的子问题是否全面和科学。

要求：给出检验问题分解全面的科学论证依据。

F.1.10 研究子问题

说明：对分解后的子问题进行分析，明确其是否值得研究、是否已有相关研究或现有研究存在的不足，明确需要深入研究的子问题。

要求：选定的子问题要有科学性，立论根据要充实及合理。

F.1.11 研究目标

说明：通过研究要达成的预期效果。

要求：研究目标需清晰，针对某一特定且现存问题或需求进行研究。

F.1.12 研究路线

说明：结合研究实际，形成解决问题的基本技术路线。

要求：技术路线需合理有效且可循环论证。

F.2 分析问题

F.2.1 数据来源

说明：何处取得的数据及数据的有效性。

要求：明确收集子问题相关数据时所采用的数据集、调查集、检索集或具体数据资料来源以及相应的数据收集工具。

F.2.2 研究内容

说明：阐述各子问题研究的具体内容。

要求：结构合理，层次清楚，不应是分散而无联系的内容组合。

F.2.3 研究方案

说明：研究各子问题的具体措施。

要求：明确研究解决什么问题、如何解决以及解决后的效果。

F.2.4 研究工具

说明：研究各子问题时运用的工具。

要求：可根据 DIIS 研究平台的研究工具进行索引。

F.2.5 研究方法

说明：研究各子问题时运用的方法。

要求：根据 DIIS 研究平台的研究方法进行索引。

F.2.6 研判专家

说明：对各子问题进行研判的专家。

要求：给出专家的权威性说明，根据 DIIS 研究平台的专家集进行索引。

F.2.7 研判方案

说明：研判各子问题的具体措施。

要求：明确研判解决什么问题、如何解决以及解决后的效果。

F.2.8 研判工具

说明：研判各子问题时运用的工具。

要求：可根据 DIIS 研究平台的研究工具进行索引。

F.2.9 研判方法

说明：研判各子问题时运用的方法。

要求：根据 DIIS 研究平台的研究方法进行索引。

F.2.10 解决方案

说明：依据综合研判的结果，分别形成各子问题的解决方案。

要求：应明确指出子问题研究得到的研判结果。

F.3 综合问题

F.3.1 综合结果

说明：综合各子问题的研究结果，集成问题的研究结果。

要求：全面考虑各子问题研究结果给出问题的解决方案。

F.3.2 全面性检验

说明：检验待研究的问题是否全面解决。

要求：给出检验问题研究全面性的科学论证依据。

F.3.3 综合研判专家

说明：明确对问题进行综合研判的专家。

要求：给出专家的权威性说明，根据 DIIS 研究平台的专家集进行索引。

F.3.4 综合研判内容

说明：阐述综合研判的具体内容。

要求：应结构合理，层次清楚，不应是分散而无联系的内容组合。

F.3.5 综合研判方案

说明：综合研判问题的具体措施。

要求：明确综合研判解决什么问题、如何解决以及解决后的效果。

F.3.6 综合研判工具

说明：综合研判问题时运用的工具。

要求：可根据 DIIS 研究平台的研究工具进行索引。

F.3.7 综合研判方法

说明：综合研判问题时运用的方法。

要求：根据 DIIS 研究平台的研究方法进行索引。

F.4 解决问题

F.4.1 情景方案集

说明：利用情景假设构建未来各种可能场景及其条件。

要求：需给出不同场景和条件约束下的方案集，以应对环境和政策的不确定。

F.4.2 研究检验

说明：依据标准对研究的质量进行审核。

要求：给出研究检验通过的科学论证依据。

G 结论总结

说明：对整个研究主要成果的总结。

要求：明确指出研究的综合研判结论。

H 研究建议

说明：依据研究结论给出相应的对策与建议。

要求：研究建议应简明扼要且有相应的建议依据。

I 参考文献

说明：所有被引用文献均要列入参考文献中。

要求：参考文献须按顺序标注，按规定编排格式编写参考文献。

J 附录

说明：研究中涉及的图表、数据及其他需要说明的内容。

要求：图表编号应按顺序标明。

表3-5 大规模智库DIIS报告写作内容构成

编号	标题	子标题	报告要素		
			调研类报告	战略研究类报告	政策建议类报告
A	封面	A.1 研究题目	*	*	*
		A.2 研究主题	*	*	*
		A.3 所属名称	*	*	*
		A.4 制定时间	*	*	*
		A.5 发行范围			
		A.6 保密等级			
B	研究简介	B.1 研究问题	*	*	*
		B.2 研究摘要	*	*	*
		B.3 研究结果	*	*	*

注：* 表示不同类型智库报告应具备的写作内容。

编号	标题	子标题	报告要素		
			调研类报告	战略研究类报告	政策建议类报告
C	声明及授权	一			
D	目录	一			
E	图表及符号	一			
F	报告主体	F.1 凝练问题	F.1.1 问题特征	*	*	*
			F.1.2 学科领域	*	*	*
			F.1.3 数据来源	*	*	*
			F.1.4 研究对象	*	*	*
			F.1.5 资源约束		*	*
			F.1.6 具体需求		*	*
			F.1.7 研究问题	*	*	*
			F.1.8 分解问题	*	*	*
			F.1.9 全面性检验		*	*
			F.1.10 研究子问题	*	*	*
			F.1.11 研究目标	*	*	*
			F.1.12 研究路线	*	*	*
		F.2 分析问题	F.2.1 数据来源	*	*	*
			F.2.2 研究内容	*	*	*
			F.2.3 研究方案	*	*	*
			F.2.4 研究工具			*
			F.2.5 研究方法	*	*	*
			F.2.6 研判专家			*
			F.2.7 研判方案	*	*	*

编号	标题	子标题		报告要素	
			调研类报告	战略研究类报告	政策建议类报告
F	报告主体	F.2 分析问题	F.2.8 研判工具			
			F.2.9 研判方法	*	*	*
			F.2.10 解决方案	*	*	*
		F.3 综合问题	F.3.1 综合结果	*	*	*
			F.3.2 全面性检验	*	*	*
			F.3.3 综合研判专家	*	*	*
			F.3.4 综合研判内容	*	*	*
			F.3.5 综合研判方案	*	*	*
			F.3.6 综合研判工具			
			F.3.7 综合研判方法	*	*	*
		F.4 解决问题	F.4.1 情景方案集		*	*
			F.4.2 研究检验	*	*	*
G	结论总结	—		*	*	*
H	研究建议	—		*	*	
I	参考文献	—		*	*	*
J	附录	—				

3.5.2 中规模智库 DIIS 报告写作规范

中规模战略咨询问题具有相对明确的研究目标，其智库 DIIS 报告一般应由 A—J 十个部分组成（表3-6）。在实际研究过程中，可以依据不同类型的智库报告（例如调研类报告、战略研究类报告、政策建议类报告等）分别确定报告十个部分的写作要素。由于中规模智库 DIIS 报告的 A 封面、B

研究简介、C声明及授权、D目录、E图表及符号、G结论总结、H研究建议、I参考文献、J附录这九部分与大规模智库DIIS报告的要求相同，本节着重介绍中规模智库DIIS报告中F报告主体的内容和具体要求，包括明确需求、解析要因、迭代论证、得出结论四个部分。

F 报告主体

F.1 明确需求

F.1.1 数据信息

说明：与研究问题有关的数据信息，数据信息的获取方式及有效性。

要求：充分收集相关数据信息，明确收集数据信息时所采用的数据集、调查集、检索集或具体数据资料来源以及相应的数据收集工具。

F.1.2 利益诉求

说明：研究问题所涉及的利益相关方。

要求：结合研究问题的数据信息识别利益相关方。

F.1.3 研究对象

说明：研究问题的主体。

要求：进一步明确具体的研究对象，界定研究范围。

F.1.4 研究目标

说明：通过研究要达成的预期效果。

要求：研究目标需清晰，针对某一特定且现存问题或需求进行研究。

F.1.5 资源约束

说明：考虑资料、时间、经费、人力和理论基础等条件。

要求：结合实际给出研究时的资料、时间、经费、人力和理论基础等。

F.1.6 具体需求

说明：所需专家、所需研究方法和工具等各类需求。

要求：明确研究问题所需的专家、研究方法和工具等需求，并且明确各类需求的需求点（即确定近期需求、中期需求和远期需求）。

F.2 解析要因

F.2.1 问题规律

说明：研究问题本身的规律和特点。

要求：梳理研究问题的相关信息，明确研究问题的规律和特点。

F.2.2 主要原因

说明：阐述导致研究问题产生的主要原因。

要求：基于研究问题的规律，明确研究问题产生的主要原因。

F.2.3 研究背景

说明：研究问题的目前状况和未来发展走势。

要求：明确研究问题的以往研究情况和未来发展趋势。

F.2.4 存在挑战

说明：所研究的问题在未来发展中存在的挑战或障碍。

要求：明确研究问题面临的挑战或障碍。

F.2.5 关键因素

说明：阐述解决问题的关键因素。

要求：明确克服研究问题所面临的障碍需解决的关键问题。

F.2.6 研究工具

说明：研究问题时运用的工具。

要求：可根据 DIIS 研究平台的研究工具进行索引。

F.2.7 研究方法

说明：研究问题时运用的方法。

要求：可根据 DIIS 研究平台的研究方法进行索引。

F.2.8 初步方案

说明：依据研究结果，形成问题的初步解决方案。

要求：应明确指出问题研究得到的结果。

F.3 迭代论证

F.3.1 论证专家

说明：明确对问题进行论证的专家。

要求：给出专家的权威性说明，根据 DIIS 研究平台的专家集进行索引。

F.3.2 论证内容

说明：阐述多方论证的具体内容。

要求：应结构合理，层次清楚，不应是分散而无联系的内容组合。

F.3.3 论证方案

说明：论证研究结果的具体措施。

要求：明确论证的问题以及论证后相关意见的反馈与处理。

F.3.4 论证工具

说明：论证时运用的工具。

要求：可根据 DIIS 研究平台的研究工具进行索引。

F.3.5 论证方法

说明：论证时运用的方法。

要求：可根据 DIIS 研究平台的研究方法进行索引。

F.3.6 论证结果

说明：综合相关领域专家、科技战略专家、政策制定专家和相关研究部门人员的意见。

要求：邀请相关专家进行全面和反复的论证。

F.3.7 全面性检验

说明：检验待研究的问题是否全面解决。

要求：给出检验问题研究全面性的科学论证依据。

F.4 得出结论

F.4.1 研究检验

说明：依据标准对研究的质量进行审核。

要求：给出研究检验通过的科学论证依据。

F.4.2 得出结论

说明：生成研究问题的最终结论。

要求：研究结论需通过质量审核才可发布，确保结论的合理性和科学性。

表3-6 中规模智库DIIS报告内容构成

编号	标题	子标题	报告要素		
			调研类报告	战略研究类报告	政策建议类报告
A	封面	A.1 研究题目	*	*	*
		A.2 研究主题	*	*	*
		A.3 所属名称	*	*	*
		A.4 制定时间	*	*	*
		A.5 发行范围			
		A.6 保密等级			
B	研究简介	B.1 研究问题	*	*	*
		B.2 研究摘要	*	*	*
		B.3 研究结果	*	*	*
C	声明及授权	—			
D	目录	—			
E	图表及符号	—			

注：＊表示不同类型智库报告应具备的写作内容。

编号	标题	子标题		报告要素		
				调研类报告	战略研究类报告	政策建议类报告
F	报告主体	F.1 明确需求	F.1.1 数据信息	*	*	*
			F.1.2 利益诉求	*	*	*
			F.1.3 研究对象	*	*	*
			F.1.4 研究目标	*	*	*
			F.1.5 资源约束	*		*
			F.1.6 具体需求	*	*	*
		F.2 解析要因	F.2.1 问题规律		*	*
			F.2.2 主要原因		*	*
			F.2.3 研究背景	*	*	*
			F.2.4 存在挑战	*	*	*
			F.2.5 关键因素	*	*	*
			F.2.6 研究工具			
			F.2.7 研究方法	*	*	*
			F.2.8 初步方案	*	*	*
		F.3 迭代论证	F.3.1 论证专家	*	*	*
			F.3.2 论证内容	*	*	*
			F.3.3 论证方案	*	*	*
			F.3.4 论证工具			
			F.3.5 论证方法	*	*	*

编号	标题	子标题	报告要素		
			调研类报告	战略研究类报告	政策建议类报告
F	报告主体	F.3 迭代论证 F.3.6 论证结果	*	*	*
		F.3.7 全面性检验	*	*	*
		F.4 得出结论 F.4.1 研究检验	*	*	*
		F.4.2 得出结论	*	*	*
G	结论总结	—	*	*	*
H	研究建议	—	*	*	*
I	参考文献	—	*	*	*
J	附录	—			

3.5.3　小规模智库 DIIS 报告写作规范

小规模战略咨询问题的研究对象相对微观和具体，有着非常明确的研究需求，其智库 DIIS 报告一般应由 A—J 十个部分组成（表 3-7）。在实际研究过程中，可以依据不同类型的智库报告（例如调研类报告、战略研究类报告、政策建议类报告等）分别确定报告十个部分的写作要素。由于小规模智库 DIIS 报告的 A 封面、B 研究简介、C 声明及授权、D 目录、E 图表及符号、G 结论总结、H 研究建议、I 参考文献、J 附录这九部分与大规模智库 DIIS 报告的要求相同，本节着重介绍小规模智库 DIIS 报告中 F 报告主体的内容和具体要求，包括调研现状、提炼信息、专家评议、生成论据四个部分。

F 报告主体

F.1 调研现状

F.1.1 国内现状

说明：明确关于研究问题的国内现状。

要求：明确国内对于待研究问题的已有研究、主要成果、重要进展、政府的支持方向等，范围不宜过大或过小，不能太笼统。

F.1.2 国外现状

说明：明确关于研究问题的国外现状。

要求：明确待研究问题的研究进展、发展趋势、各个国家支持方向等，范围不宜过大或过小，不能太笼统。

F.1.3 数据来源

说明：国内外相关数据信息的获取方式及有效性。

要求：明确调研国内外现状时所采用的数据集、调查集、检索集或具体数据资料来源以及相应的数据收集工具。

F.2 提炼信息

F.2.1 研究评估

说明：评估研究对象的过去研究情况。

要求：对研究问题的国内研究情况进行全面评估。

F.2.2 存在差距

说明：分析研究对象与国外研究情况的差距。

要求：基于国外研究现状和过去研究情况，分析存在的差距。

F.2.3 弥补措施

说明：结合所研究对象发展面临的优势和劣势，提出有待提升的地方以弥补差距。

要求：逻辑合理，层次清楚，不应是分散而无联系的内容组合。

F.2.4　研究工具

说明：研究问题时运用的工具。

要求：可根据 DIIS 研究平台的研究工具进行索引。

F.2.5　研究方法

说明：研究问题时运用的方法。

要求：可根据 DIIS 研究平台的研究方法进行索引。

F.2.6　初步结果

说明：形成问题的初步研究结果。

要求：应明确指出问题研究得到的初步结果。

F.3　专家评议

F.3.1　评议专家

说明：明确对研究结果进行评议的专家。

要求：给出专家的权威性说明，根据 DIIS 研究平台的专家集进行索引。

F.3.2　评议内容

说明：阐述专家评议的具体内容。

要求：应结构合理，层次清楚，不应是分散而无联系的内容组合。

F.3.3　评议方案

说明：评议研究结果的具体措施。

要求：明确评议的问题以及评议意见的反馈与处理。

F.3.4　评议工具

说明：评议时运用的工具。

要求：可根据 DIIS 研究平台的研究工具进行索引。

F.3.5　评议方法

说明：评议时运用的方法。

要求：根据 DIIS 研究平台的研究方法进行索引。

F.3.6 评议结果

说明：相关领域专家对研究的评议结果。

要求：邀请相关领域专家进行全面和反复的评议。

F.3.7 全面性检验

说明：检验待研究的问题是否全面解决。

要求：给出检验问题研究全面性的科学论证依据。

F.4 生成论据

F.4.1 研究检验

说明：依据标准对研究的质量进行审核。

要求：给出研究检验通过的科学论证依据。

F.4.2 主要论据

说明：生成解决问题的支撑性论据。

要求：研究论据需通过质量审核才可发布，确保论据的合理性和科学性。

表3-7 小规模智库DIIS报告内容构成

编号	标题	子标题	报告要素		
			调研类报告	战略研究类报告	政策建议类报告
A	封面	A.1 研究题目	*	*	*
		A.2 研究主题	*	*	*
		A.3 所属名称	*	*	*
		A.4 制定时间	*	*	*
		A.5 发行范围			
		A.6 保密等级			
B	研究简介	B.1 研究问题	*	*	*
		B.2 研究摘要	*	*	*
		B.3 研究结果	*	*	*

注：＊表示不同类型智库报告应具备的写作内容。

编号	标题	子标题	报告要素		
			调研类报告	战略研究类报告	政策建议类报告
C	声明及授权	—			
D	目录	—			
E	图表及符号	—			
F	报告主体	F.1 调研现状 — F.1.1 国内现状	*	*	*
		F.1.2 国外现状	*	*	*
		F.1.3 数据来源	*	*	*
		F.2 提炼信息 — F.2.1 研究评估	*	*	*
		F.2.2 存在差距	*	*	*
		F.2.3 弥补措施		*	*
		F.2.4 研究工具			
		F.2.5 研究方法	*	*	*
		F.2.6 初步结果	*	*	*
		F.3 专家评议 — F.3.1 评议专家	*	*	*
		F.3.2 评议内容	*	*	*
		F.3.3 评议方案	*	*	*
		F.3.4 评议工具			
		F.3.5 评议方法	*	*	*
		F.3.6 评议结果	*	*	*
		F.3.7 全面性检验	*	*	*
		F.4 生成论据 — F.4.1 研究检验	*	*	*
		F.4.2 主要论据	*	*	*

编号	标题	子标题	报告要素		
			调研类报告	战略研究类报告	政策建议类报告
G	结论总结	—	*	*	*
H	研究建议	—	*	*	*
I	参考文献	—	*	*	*
J	附录	—			

3.6 智库DIIS质量标准

3.6.1 智库 DIIS 报告检验原则

为保证智库报告的高质量和科学性，通常需要经过严格的质量标准进行检验和审核，依据专家评审意见确定其是否达到标准。

（1）检验原理

智库报告的检验需遵循事实原理、需要原理和逻辑原理，具体如下。

1）理论与事实的关系 – 事实原理，研究与事实相符。

2）理论与主体的关系 – 需要原理，研究满足主体利益需要。

3）理论内部要素关系 – 逻辑原理，研究过程无矛盾、自洽和相容。

（2）检验标准

智库报告在 DIIS 四个环节应符合 DIIS 证据导向和科学导向下的各项标准（表 3–8），各项标准的具体内涵可参见 3.2.2 节。

表3-8　DIIS检验标准

DIIS 研究流程	检验标准（证据导向）	检验标准（科学导向）
收集数据 （data）	可靠、真实、一致	准确、合理、完备
揭示信息 （information）	客观、关联、时效	全面、适用、合理
综合研判 （intelligence）	专业、综合	系统、独立、公平
形成方案 （solution）	可行、严谨、可靠	思想、前瞻、科学

（3）检验方法

在检验时可以采用实践检验方法（战略、规划试点、实施的实际效果跟踪调研）和逻辑检验方法（数值模拟、专家论证）对智库报告进行循环论证与检验。

3.6.2　智库 DIIS 报告审核标准

依据智库 DIIS 报告写作规范生成智库报告后，应对智库报告进行综合评审，确定报告是否需要修改或是否可以发表。在评审智库报告时，结合 3.6.1 节检验原则，组织相关专家对智库报告进行打分评审。具体而言，评审过程分为以下两个环节。

（1）专家打分环节

智库报告的评审分为研究价值、研究内容、报告规范三部分，共涉及 22 项指标。第一部分研究价值主要考察智库报告研究的意义、研究的对象等 6 项指标，占比 30%；第二部分研究内容主要考察智库报告在 DIIS 四个环节的具体内容，此部分涉及 13 项指标，占比 60%；第三部分报告规范主要考察智库报告的写作是否符合规范，此部分涉及 3 项指标，占比 10%。三部分的具体内容详见表 3-9—表 3-11，三张表共同构成评分表（详细版）。此外，智库报告的评审可依据评分表（精简版）进行打分（表3-12）。评审专家可结合自身偏好选择详细版或精简版评分表对智库报告进行评审。

表3-9　研究价值评分表（占比：30%）

评审指标	比例（%）	评审参考标准				得分（百分制）
		I 级 [（90，100]分]	II 级 [（75，90]分]	III 级 [（60，75]分]	IV 级 [（0，60]分]	
研究意义（1.1）	4	研究具有重要意义及实用价值，紧密结合现存的具体问题和需求	研究具有较大意义及实用价值，较好地结合现存的具体问题和需求	研究具有一定意义及实用价值，基本结合现存的具体问题和需求	研究意义及实用价值不大，未能结合现存的具体问题和需求	
研究对象（1.2）	7	研究的服务对象和资源约束明确，有具体的受益者	研究的服务对象和资源约束比较明确，有较为具体的受益者	研究的服务对象、资源约束和受益者基本明确	研究的服务对象、资源约束和受益者模糊	
研究问题（1.3）	6	研究问题特征、涉及学科领域及拟解决的关键问题明确，立论依据合理，研究思路清晰	研究问题特征、涉及学科领域及拟解决的关键问题比较明确，立论依据比较合理，研究思路比较清晰	研究问题特征、涉及学科领域及拟解决的关键问题基本明确，立论依据基本合理，思路基本清晰	研究问题特征、涉及学科领域及拟解决的关键问题模糊，缺乏立论依据，研究思路模糊	
研究目的（1.4）	3	研究目的明确，对科学技术创新和学科发展有很大促进作用	研究目的比较明确，对科学技术创新和学科发展有较大促进作用	研究目的基本明确，对科学技术创新和学科发展有一定的促进作用	研究目的很不明确，对科学技术创新和学科发展的促进作用很小	
研究必要（1.5）	4	完全没有与当前研究相关的课题和成果，避免了与已有研究的重复	几乎没有与当前研究相关的课题和成果，基本避免了与已有研究的重复	存在与当前研究相关的课题和成果，但研究有所不同	存在与当前研究相关的课题和成果，研究大部分相同	

评审指标	比例（%）	评审参考标准				得分（百分制）
		I级 [（90，100）分]	II级 [（75，90）分]	III级 [（60，75）分]	IV级 [（0，60）分]	
研究创新（1.6）	6	研究思想先进，具有很大的创新性	研究思想比较先进，具有较大的创新性	研究思想先进性一般，具有一定的创新性	研究思想缺乏先进性和创新性	
总分		计算公式=（1.1）项得分＊4%+（1.2）项得分＊7%+（1.3）项得分＊6%+（1.4）项得分＊3%+（1.5）项得分＊4%+（1.6）项得分＊6%				

表3-10　研究内容评分表（占比：60%）

评审指标		比例（%）	评审参考标准				得分（百分制）
			I级 [（90，100）分]	II级 [（75，90）分]	III级 [（60，75）分]	IV级 [（0，60）分]	
收集数据	数据来源（2.1）	6	数据来源明确，量化依据和主观数据采集证据充分合理，具有很强时效性	数据来源比较明确，量化依据和主观数据采集证据比较充分合理，具有较强时效性	数据来源基本明确，量化依据和主观数据采集证据基本合理，时效性一般	数据来源模糊，量化依据和主观数据采集证据缺乏合理性，缺乏时效性	
	数据筛选（2.2）	5	数据抽样方法合理，储存、提取、使用规范，符合逻辑	数据抽样方法比较合理，储存、提取、使用比较规范，比较符合逻辑	数据抽样方法基本合理，储存、提取、使用基本规范，基本符合逻辑	数据抽样方法缺乏合理性，储存、提取、使用缺乏规范性，缺乏逻辑	
	数据信息（2.3）	4	数据信息完全可求证，数据全面完整	数据信息大部分可求证，数据比较完整，补足依据充分	数据信息小部分可求证，数据基本完整，补足依据基本充分	数据信息基本不可求证，数据不完整，补足依据不充分	

续表

评审指标		比例（%）	评审参考标准				得分（百分制）
			I级 [（90,100]分]	II级 [（75,90]分]	III级 [（60,75]分]	IV级 [（0,60]分]	
揭示信息	研究设计（2.4）	4	综合多学科信息全面研究问题，研究可以很好地解决问题，衡量进展的关键指标明确	研究问题比较全面，研究可以较好地解决问题，衡量进展的关键指标比较明确	研究问题全面性一般，研究基本可以解决问题，衡量进展的关键指标基本明确	研究问题不全面，研究未能解决问题，衡量进展的关键指标不明确	
	研究方法（2.5）	6	采用新方法或新工具研究问题，研究方法及工具合理和科学，所选方法及工具的依据明确	研究方法及工具比较合理和科学，所选方法及工具的依据比较明确	研究方法及工具基本合理和科学，所选方法及工具的依据基本明确	研究方法及工具缺乏合理性及科学性，所选方法及工具缺乏依据	
	研究过程（2.6）	5	研究过程不掺杂主观意志，研究方案科学，证据充分，可循环论证，与已有研究的关系明确	研究过程不掺杂主观意志，研究方案比较科学，证据比较充分，可循环论证，与已有研究的关系比较明确	研究过程基本不掺杂主观意志，研究方案科学性一般，证据基本充分，基本不能循环论证，与已有研究的关系基本明确	研究过程掺杂主观意志，研究方案缺乏科学性，证据缺乏，不能循环论证，未明确与已有研究的关系	
综合研判	研判专家（2.7）	5	研判专家学术造诣极高，十分熟悉学科的国内外发展动向	研判专家学术造诣高，熟悉学科的国内外发展动向	研判专家学术造诣比较高，比较熟悉学科的国内外发展动向	研判专家学术造诣一般，不太熟悉学科的国内外发展动向	
	研判依据（2.8）	4	研判独立，公正合理，事实根据和理论根据充分	研判比较独立，比较公正合理，事实根据和理论根据比较充分	研判基本独立，基本公正合理，事实根据和理论根据基本充分	研判缺乏独立性，缺乏公正性和合理性，事实根据和理论根据不充分	

评审指标		比例（%）	评审参考标准				得分（百分制）
			I 级 [（90，100]分]	II 级 [（75，90]分]	III 级 [（60，75]分]	IV 级 [（0，60]分]	
综合研判	研判方法（2.9）	3	采用新方法或新工具进行研判，研判方法及工具合理和科学，所选方法及工具的依据明确	研判方法及工具比较合理和科学，所选方法及工具的依据比较明确	研判方法及工具基本合理和科学，所选方法及工具的依据基本明确	研判方法及工具缺乏合理性及科学性，所选方法及工具缺乏依据	
	研判过程（2.10）	3	研判方案结构合理，层次清楚，对利益相关者进行合理的分析	研判方案结构比较合理，层次比较清楚，对利益相关者进行比较合理的分析	研判方案结构基本合理，层次基本清楚，基本合理地分析利益相关者	研判方案结构缺乏合理性，层次模糊，缺乏对利益相关者的分析	
	研究结论（2.11）	5	注重实际问题，思维严谨，符合逻辑，研究结论有充分的证据支撑	比较注重实际问题，思维比较严谨，比较符合逻辑，研究结论有比较充分的证据支撑	基本结合实际问题，思维基本严谨，基本符合逻辑，研究结论有一定的证据支撑	未能结合实际问题，思维缺乏严谨性，缺乏逻辑，研究结论缺乏证据支撑	
形成方案	研究建议（2.12）	6	满足实际需求，研究建议符合逻辑和依据，研究建议有完整的应用说明	比较满足实际需求，研究建议比较符合逻辑和依据，研究建议有比较完整的应用说明	基本满足实际需求，研究建议基本符合逻辑和依据，研究建议有基本的应用说明	未能满足实际需求，研究建议缺乏逻辑和依据，缺乏研究建议的应用说明	
	情景分析（2.13）	4	解决方案全面地考虑不确定因素，给出多情形下的解决方案及准确性的置信水平	解决方案比较全面地考虑不确定因素，给出多情形下的解决方案	解决方案基本考虑不确定因素，未给出多情形下的解决方案	解决方案未考虑不确定因素，未给出多情形下的解决方案	

评审指标	比例（%）	评审参考标准				得分（百分制）
		I 级 [（90，100）分]	II 级 [（75，90）分]	III 级 [（60，75）分]	IV 级 [（0，60）分]	
总分		计算公式＝（2.1）项得分＊6%＋（2.2）项得分＊5%＋（2.3）项得分＊4%＋（2.4）项得分＊4%＋（2.5）项得分＊6%＋（2.6）项得分＊5%＋（2.7）项得分＊5%＋（2.8）项得分＊4%＋（2.9）项得分＊3%＋（2.10）项得分＊3%＋（2.11）项得分＊5%＋（2.12）项得分＊6%＋（2.13）项得分＊4%				

表3-11　报告规范评分表（占比：10%）

评审指标	比例（%）	评审参考标准				得分（百分制）
		I 级 [（90，100]分]	II 级 [（75，90]分]	III 级 [（60，75]分]	IV 级 [（0，60]分]	
语言表达（3.1）	5	表述清楚简洁，内涵明确，易于受众理解	表述比较清楚简洁，内涵比较明确，比较易于受众理解	表述基本清楚，内涵基本明确，基本能使受众理解	表述笼统，内涵模糊，不易于受众理解	
写作能力（3.2）	3	条理清晰，思维严谨，层次分明	条理比较清晰，思维比较严谨，层次比较分明	条理基本清晰，思维基本严谨，层次基本分明	缺乏条理，思维缺乏严谨性，层次模糊	
写作内容（3.3）	2	格式规整，公式、符号、图表等符合规范，内容全面，要点齐全	格式比较规整，公式、符号、图表等比较符合规范，内容比较全面，要点比较齐全	格式基本规整，公式、符号、图表等基本符合规范，内容基本全面，要点基本齐全	格式、公式、符号、图表等缺乏规范性，内容不全面，要点不齐全	
总分		计算公式＝（3.1）项得分＊5%＋（3.2）项得分＊3%＋（3.3）项得分＊2%				

表3-12　智库报告评分表（精简版）

评审指标	比例（%）	评审参考标准				得分（百分制）
		I级[（90，100]分]	II级[（75，90]分]	III级[（60，75]分]	IV级[（0，60]分]	
①研究价值	30	研究具有重要意义，服务对象和资源约束明确，研究问题特征明确，立论依据合理，研究思想先进创新，对科技发展有很大促进作用，无相关研究	研究具有较大意义，服务对象和资源约束比较明确，研究问题特征比较明确，立论依据比较合理，研究思想比较先进创新，对科技发展有较大促进作用，基本无相关研究	研究具有一定意义，服务对象和资源约束基本明确，研究问题特征一般明确，立论依据基本合理，研究思想一般先进，对科技发展有一定的促进作用，有相关研究，但研究有所不同	研究意义不大，服务对象和资源约束模糊，研究问题特征模糊，缺乏立论依据，研究思想缺乏先进性，对科技发展的促进作用很小，重复相关研究	
②研究内容	60	数据来源明确，依据合理，数据完整；研究方法明确和科学，可循环论证；研判独立，公正合理；研究结论证据充分；形成方案考虑多种情形，可以很好地解决问题和满足需求	数据来源比较明确，依据比较合理，数据比较完整；研究方法比较明确和科学，可循环论证；研判比较独立，比较公正合理；研究结论证据比较充分；形成方案考虑多种情形，可以较好地解决问题和满足需求	数据来源基本明确，依据基本合理，数据基本完整；研究方法基本明确和科学，基本不能循环论证；研判基本独立，基本公正合理；研究结论证据基本充分；形成方案未考虑多种情形，基本可以解决问题和满足需求	数据来源模糊，缺乏合理性，数据不完整，研究方法不明确，缺乏科学性，不能循环论证；研判缺乏独立性，缺乏公正性和合理性；研究结论证据不充分；形成方案未考虑多种情形，未能解决问题	
③报告规范	10	语言表述清楚，内涵明确，逻辑严密，条理清晰，格式规整，公式、符号、图表等符合规范，要点齐全	语言表述比较清楚，内涵比较明确，逻辑比较严密，条理比较清晰，格式比较规整，公式、符号、图表等比较符合规范，要点比较齐全	语言表述基本清楚，内涵基本明确，逻辑基本严密，条理基本清晰，格式基本规整，公式、符号、图表等基本符合规范，要点基本齐全	语言表述笼统，内涵模糊，缺乏逻辑和条理，格式缺乏规整性，公式、符号、图表等缺乏规范性，要点缺乏	

（2）得分汇总环节

根据各专家对智库报告的打分结果，依据各专家对研究问题的熟悉程度，汇总智库报告得分，得到智库报告评审结果。评审结果分为 A、B、C、D、E 五个等级（表3-13），具体如下。

A 级 [（90，100］分]：

智库报告创新性成果突出，应用价值大，报告规范，可以通过；

B 级 [（80，90］分]：

达到智库报告的要求，报告稍加修改即可通过；

C 级 [（70，80］分]：

基本达到智库报告要求，但需对报告进行较大修改后方可通过；

D 级 [（60，70］分]：

与智库报告要求有一定距离，需对报告进行重大修改后重新评审；

E 级 [（0，60］分]：

未达到智库报告的要求，不予通过。

表3-13　专家评审意见汇总表

评价项目	比例（%）	专家评审结果				
		专家1	专家2	专家3	专家4	专家5
① 研究价值	30					
② 研究内容	60					
③ 报告规范	10					
专家打分结果						

评价项目	比例（%）	专家评审结果				
		专家1	专家2	专家3	专家4	专家5
专家对问题的熟悉程度（总和为1）						
智库报告总分						
智库报告级别	□A级 □B级 □C级 □D级 □E级					
说明	（1）计算说明 专家打分结果＝①项得分*30%+②项得分*60%+③项得分*10% 总分＝∑各专家对问题的熟悉程度*各专家打分结果 （2）智库报告总分与级别评价说明 A级[（90，100]分]：智库报告的创新性成果突出，应用价值大，报告规范，可以通过 B级[80，90]分]：达到智库报告的要求，报告稍加修改即可通过 C级[70，80]分]：基本达到智库报告的要求，但需对报告进行较大修改后方可通过 D级[60，70]分]：与智库报告的要求有一定距离，需对报告进行重大修改后重新评审 E级[0，60]分]：没有达到智库报告的要求，不予通过					

第3篇

智库

DIIS

主题

研究方法

体系

第4章 科技路线图DIIS方法

路线图（roadmap）最早出现在美国的汽车行业，起初应用于技术领域，用来识别那些可能成功的技术。从 20 世纪 70 年代开始，摩托罗拉、康宁等大型企业开始用路线图进行产品规划，在行业内产生了深远的影响。随后，美国各公司、行业，国家实验室，政府部门等开始绘制各种路线图，路线图的应用从技术领域逐步扩展到科学领域。

科技路线图（science and technology roadmap）作为一种战略规划预见方法得到了广泛的应用。科技路线图从产品技术路线图拓展到学科领域路线图和综合科技路线图，并逐步应用于科研机构发展规划、学科发展预见和国家科技发展的远景规划中。科技路线图已在科技发达国家或地区广泛使用，很多发达国家或地区都将科技路线图用于科学研究和技术发展的规划和预测，以及国家或区域战略政策的制定。例如，美国的半导体国家技术路线图、美国能源部的环境管理科技路线图，韩国的国家 R&D 事业总体路线图，欧盟的大装置发展科学路线图，加拿大的基于生物的基础原料、燃料及工业产品的科技创新路线图，英国的空间研究战略计划和关于中子源研究十年发展战略的科技路线图，澳大利亚的二氧化碳捕获和储存——研究发展与示范技术路线图，日本的微电子研发路线图，韩国的燃料电池和氢的科技路线图等。

2007 年，中国科学院启动并组织开展了"中国至 2050 年重要领域科技发展路线图战略研究"，汇集中国科学院 300 多位高水平科技、管理和情报专家，其中近 60 名院士，涉及中国科学院 80 多个研究所，研究出版了总报告及 18 个领域的科技路线图报告，系统描绘了中国至 2050 年各领域科技发展的蓝图，受到国内外广泛关注，许多观点和研究成果为政府决策部门、研究机构、企业和社会组织所采纳。

本章首先对科技路线图问题进行概述，剖析科技路线图的概念、要素与主要特征，总结科技路线图制定的几种模式，分析科技路线图的关键问题；其次系统阐述科技路线图 DIIS 研究框架体系和研究流程；再次根据 DIIS 分析框架，分别描述了科技路线图的支撑平台；最后结合国内外多个科技路线图的研制过程，对 DIIS 理论方法进行代入分析。

4.1　科技路线图概述

4.1.1　科技路线图的问题描述

（1）科技路线图的概念

科技路线图是技术路线图在科学研究和技术开发中的应用。美国能源部在其科技路线图指南中提到：科技路线图是一种经训练的、具有一致结果的分析、解决方法和决策制定的方法论。它组织起一个或几个团队通过一个既定的综合性的开发活动去确定某个问题需求及其解决方案。这一过程中将技术与项目及计划的愿景、任务和目标有机地联系起来。美国海军研究办公室 Kostoff 和 Schaller 认为：科技路线图是一种使决策者在未来科技发展远景上达成一致的工具，其过程就是确认、评估和选择各种战略上的可能性，使这种可能性可以实现已有的科技目标（Kostoff and Schaller，2001）。技术路线图是为了满足产品的开发需求而进行备选技术的识别、选择和开发的技术规划，可以用于探寻和确认技术资源、组织目标和不断变化的外在环境三者的联系，是支撑技术管理和规划的有效工具。欧洲委员会联合研究中心、西班牙未来技术研究所和德国弗朗霍夫协会系统与创新研究所共同研究发布的《为政策情报的科技路线图：未来规划的经验》报告认为：科技路线图是一种规划方法，与技术预测和技术预见方法相比，其特点是图形化表示，包括"节点"和"连接"（Da

Costa et al., 2005）。

路线图的形式有多种多样，按应用层次可分为规划路线图和项目路线图；按内容和应用范围可分为科学与技术路线图、政府和行业路线图、组织和企业路线图；按对象的规模可以分为科学研究路线图、跨行业路线图、行业路线图、技术路线图、产品路线图、产品技术路线图等；按应用目的可以分为综合规划路线图、战略规划路线图、知识资产路线图、竞争战略 / 能力路线图、产品 / 服务路线图等。另外，路线图可以采用多种形式表达，比较常见的有文本型路线图、单层式路线图、多层式路线图、条形图式路线图、表格型路线图、图形式路线图、图画式路线图、流程图式路线图等。

（2）技术预见、科学展望和科技路线图

技术预见（technology foresight）是由以德尔菲调查为核心的技术预测活动演变而来，是"对科学、技术、经济、环境和社会的远期未来进行有步骤的探索过程，其目的是选定可能产生最大经济和社会效益的战略研究领域和通用新技术"。一般来说，技术预见包括四个部分：① 情景分析。② 重要、新兴科学技术领域研究。③ 热点专题研究。④ 大规模德尔菲调查。

科学展望（science vision）是指在总结和分析某一特定科研领域现状的基础上，预测和确定科学研究未来发展方向的过程。从已有的科学展望成果来看，其工作方法以定性的专家调查法或定量的数据分析法为主。例如：欧洲的天文学科学展望（A Science Vision for European Astronomy）主要以专家调查法完成；美国国家航空航天局的 2030 地球科学展望（Earth Science Vision 2030）主要以数据模型的方式完成。

科技路线图与技术预见有很多相同之处，两者都采用了专家法作为基本的研究方法，也同样着眼于未来的需求。但科技路线图研究比技术预见的范围更为宽泛，指从科技情报分析到科技预测预见，最终绘制成科技路线图的全过程。科技路线图是在技术预见基础上的深化和拓展，它包含了满足未来发展需求的科学和技术，以及实现这些目标所选择的路径，描绘环境变化、研究需求、科技发展方向、创新轨迹、技术演进等诸多要素，并用图形化的方式呈现。以科技路线图为基础的科技规划，科技目标更加清晰，与市场的结合更加紧密，选择的方向、项目间内在联系更强且更加系统，实现目标的途径更加明确，规划的操作性更强。

科学展望可以为科技路线图和技术预见提供一个较为清晰的科学研究发展的远景和需求，同时，科技路线图可以将科学展望进一步具体化，找出满足科学需求的具体方法和途径。

总体上看，科技路线图研究工作是对科技领域未来发展的规划，制定科技路线图是一种帮助决策者确定未来科技发展目标及其实现途径的方法，其过程包括提出科技需求、确定科技任务，评估并选择可以实现的技术及其实施方案，以实现特定的科技目标。科技路线图立足于特定的科学技术领域，指向领域的未来远景，它可以识别领域的结构、发展趋势，甚至是潜在的科学断层，而这些通常是重要的科技创新之处。

4.1.2 科技路线图的要素与主要特征

（1）科技路线图的要素

科技路线图是基于时间的规划图，描述从现在到未来某个时间点过程中的各个目标或各种需要解决的问题。它是一个过程图，并非某个时间点的现状图。科技路线图由科学需求、科学任务、技术选择、研发计划和资源保障五大要素组成。① 科学需求主要是指科研随着时间的变化情况，即目前的需求是什么，未来将会怎样。② 科学任务是指要满足科学需求或实现科学需求的目标需完成的研究任务。③ 技术选择是指要完成满足需求的研究任务需要的技术支持，并分析技术的需求等级、现有技术储备以及需要开发的技术，并做出选择。④ 研发计划是指为所选关键科技研发制定可行的项目开发计划。⑤ 资源保障是指在完成科技目标过程中需要的资源支持，通常包括人财物和管理等。

在图形化表示过程中，科技路线图包括节点和连接线。节点表示需要完成某个目标的确定时间；连接线可以分为横向与纵向两种，横向连接线上表示时间先后，纵向连接线表示要素之间的支持或推动关系。在绘制科技路线图时，需要确定图中的节点并明确它们的属性，同时用连接线将节点链接起来并明确它们间的关系。

（2）科技路线图的主要特征

从上述科技路线图的要素可以看出，科技路线图的制定最重要的是对现状的评估以及展望未来的科技发展趋势，其涉及科技与经济社会的交汇融合，属于多主体、多属性、多阶段性的研究问题，其特征可以总结为复杂性、系统性、情景可变性、多阶段性、多学科交叉性、政策实用性和可视化等。

1）复杂性。科技路线图的制定是一个系统工程，其中涉及多个利益相关主体，以及各主体间的多种关系，这些利益相关主体包括政府、高校、科研机构、企业、非营利机构以及社会公众等。

2）系统性。科技路线图的制定不仅是涵盖科学、技术、经济、社会乃至环境等多个子系统在内的综合性系统，而且还需要考虑多个子系统之间的关联关系；同时，科技路线图的制定要综合考虑多种因素以及多种因素的关系。

3）情景可变性。情景可变性也指研究问题的不确定性。科技路线图研究的是面向未来的主题和活动，因此，所面临的情景具有可变性，在科技路线图所涉及的系统中，一个因素或者两个因素之间关系的变化都有可能导致未来情景的变化，从而导致路线图结果的变化。

4）多阶段性。科技路线图是一个过程图，包含多个时间节点，科技路线图本身就带有多阶段性的特征；此外，科技路线图制定过程可以分为预测过程、选择过程、抉择过程以及路线图绘制过程，其中预测过程对应于DIIS分析框架中的数据阶段；选择过程是对数据进行分析提炼信息的过程，对应于 DIIS 分析框架中的信息阶段；抉择过程对应于 DIIS 分析框架中的综合研判阶段；路线图绘制则对应于 DIIS 分析框架中的给出解决方案阶段，最终给出路线图研究报告。

5）多学科交叉性。正是因为科技路线图涉及主体的多样性、研究问题的复杂性，以及面对情景的多变性，因此，科技路线图研究过程中所需要的信息量和知识量非常广泛，是多学科交叉的综合性研究。

6）政策实用性。科技路线图研究的目的性很强，主要是服务国家或机构的战略规划工作，因此，在科技路线图活动初期就非常强调政策实用性，并依据科技路线图结果指导科技战略和规划的制定。

7）可视化。科技路线图还具有可视化的特征，科技路线图是在科学展望、技术预见以及科技目标实现路径分析的基础上，进行可视化的描述与分析，最终形成一个便于规划和决策的路线图图形。

4.1.3　科技路线图制定的主要模式

综观国际上已有科技路线图的制定模式，可以分为以下三种类型（图 4–1）。

（1）自上而下模式

自上而下模式是根据战略需求驱动的路线图制定模式，是从未来科技领域的远景出发，逐步地制定战略主题、战略目标和多年度项目计划，并确定预算、年度目标和评估标准。典型案例有美国能源部制定的环境管理路线图。

（2）自下而上模式

自下而上模式是面向未来科技需求，通过分析现实的科技能力和水平，提出未来发展的科技目标。典型案例有国际半导体技术路线图。

（3）双向结合的综合模式

双向结合的综合模式是战略需求驱动与未来科技需求相结合的模式。一般从分析产业、社会需求出发，规划出远景目标，然后依据未来科技需求确

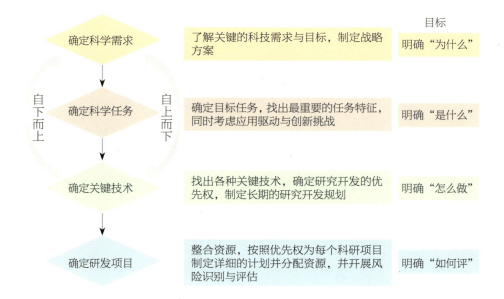

图4-1　科技路线图的制定模式

立未来科技发展的方向和具体战略规划与关键技术。典型案例有韩国国家技术路线图、日本国家技术战略路线图等。

4.1.4　科技路线图的关键问题

科技路线图的研制是一种面向未来和前瞻的综合性、系统性和持续性的活动，其研究问题具有强交叉性、强关联性以及高度复杂性，因此，其制定方法遵循大规模智库研究问题的 DIIS 方法（潘教峰等，2019），即凝练问题（收集数据）、分析问题（揭示信息）、综合问题（综合研判）、解决问题（形成方案）四个阶段，根据 DIIS 的不同阶段，可以将科技路线图的关键问题解析为：① 凝练问题阶段。确定科技路线图的领域、规划时间范围、方法等问题；根据领域或战略目标将科技路线图的任务分解。② 分析问题阶段。国内外科技发展战略、规划、政策、举措、体制机制等相关部署；国内外科技发展态势、趋势分析与预测；我国未来科技发展战略目标和社会经济发展目标分析；我国科技发展差距分析。③ 综合问题阶段。对多方面资料和信息进行综合分析，形成国内外科技发展战略、规划、政策的比较分析，进而形成领域技术发展的社会、经济、环境、资源等综合因素分析；基于问题导向的关键技术识别与发展路径选择，形成领域方向技术发展的排序。④ 解决问题阶段。形成基于多样化目标和有限资源条件下分阶段的科技路线图分析（包括发展目标、技术演化路径、时间节点等），以及领域方向布局的建议、战略科技问题的国家部署和体制机制、资源配置等方面的政策建议。具体见图 4-2。

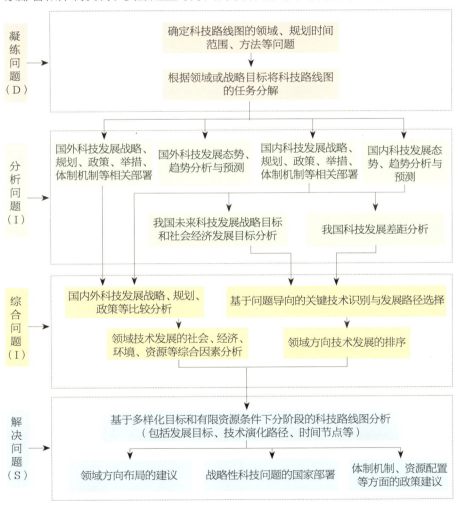

图4-2 科技路线图的关键问题分析

4.2 科技路线图DIIS研究体系

4.2.1 科技路线图 DIIS 分析框架

依据科技路线图的DIIS分析框架,在凝练问题(收集数据)—分析问题(揭示信息)—综合问题(综合研判)—解决问题(形成方案)四个阶段,科技路线图的研究将产生不同的产出,并且上一阶段的产出将为下一阶段的研究奠定基础。具体而言,可以将科技路线图制定的过程归纳如下(图4-3)。

1)凝练问题阶段。在明确和剖析科学需求的基础上,确定路线图的范围、界限和时间,将整体的科技路线图分解成不同领域的子问题,并根据各个子问题,通过监测、检索、提取数据等多种数据获取方法,构建开展科技路线图工作的数据集、信息集、战略政策资料集等基础资料。

2)分析问题阶段。通过文本调研与分析、文献计量、专利计量、数据挖掘、文本挖掘、聚类分析、社会网络分析等方法,形成科技发展现状、态势、趋势、热点等分析和预测结果,形成科技发展战略、规划、政策、举措、机构等监测分析报告,确定科学任务、识别机遇和风险。

3)综合问题阶段。通过技术曲线分析、情景分析、德尔菲法等方法形成技术列表,识别通用技术和关键技术排序,评估现有科技能力,以及科技专家和政策专家的判断,确定存在的技术差距,确定技术发展目标以及相应的技术对策。

4)解决问题阶段。综合上述的研究结果,形成技术发展优先度和路径、制定科技路线图以及提出政策建议。

4.2.2 科技路线图的专家组织

科技路线图整个过程将设立不同的研究组,主要包括总体组、各领域专家组、数据分析组、情景分析组、社会经济需求调查分析组,分别从事路线图制定的若干关键问题研究工作,每个研究组中都会涉及不同类型的专家。

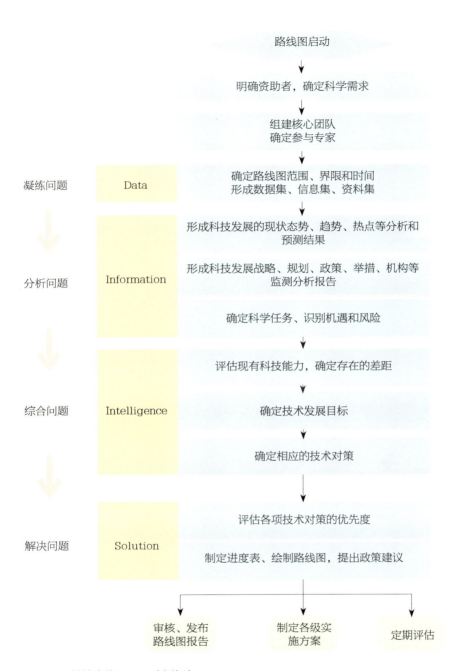

図4-3 科技路線図DIIS分析框架

总体组一般是由科技路线图的主导者、战略专家、管理专家和政策专家组成，制定科技路线图的总体方案，参与科技路线图的全过程，并在科技路线图的问题凝练、综合研判和提出解决方案阶段发挥重要作用。总体组一般下设工作组，协助组织协调各研究组，开展德尔菲调查，并进行初步分析。

专家组主要由各领域的一线专家、战略专家、政策专家、相关领域情报专家组成，专家领域应涵盖路线图涉及的领域方向。在科技路线图制定过程中，各领域专家组在总体组指导下，具体对各领域的问题凝练、分析问题、综合研判和提出解决方案发挥重要作用。

数据分析组主要包括情报专家、科学计量专家、数据专家等，是通过文献计量、情报监测、大数据等方法对国内外各领域的科技发展态势和趋势进行定量化分析和跟踪监测，为后期的关键技术选择和技术差距分析提供证据和依据。

情景分析组主要包括领域专家和战略专家，是对未来社会经济发展的各种情景进行分析和研究，最终根据现有知识提出未来可能的几种情景。

社会经济需求调查分析组主要包括政策专家，通过社会调查等方法为科技路线图制定中的综合研判提供依据。

每个研究组下面可能根据需要设立工作小组，负责具体的研究工作，例如各领域专家组可设立初步凝练问题、综合分析的工作小组，数据分析组将根据不同的情报方法、数据来源设立科学计量小组、情报监测小组、非结构化数据小组等。

4.2.3 科技路线图 DIIS 研究流程

基于大规模智库研究问题的 DIIS 方法（潘教峰等，2019），本节将从凝练问题、分析问题、综合问题和解决问题四个环节分析科技路线图研究制定的流程，每个阶段将从科技路线图的关键问题、主要目标、主要任务、参与人员、主要方法和工具以及主要产出六个方面进行阐述。

4.2.3.1　科技路线图凝练问题阶段

（1）关键问题

在科技路线图问题凝练阶段的关键问题包括确定科技路线图的范围、界限和时间，根据领域或战略目标将科技路线图问题分解成多个子问题并进行验证，提出科技路线图的组织及整体技术路线。

（2）主要目标

本阶段的主要目标是：明确科技路线图的目标和需求，完成科技路线图的任务分解和检验过程，明确科技路线图研究活动的路线图，为下一步分析问题做准备。

（3）主要任务

Step 1 界定问题：界定科技路线图的需求特征，进行跨学科与多领域的研究。

Step 2 分解问题：将科技路线图总问题分解为多个子问题，主要是根据科学技术的子领域进行分解，每个子领域的研究都要进行相关领域的引文分析、领域情报监测、国内外科技发展态势分析和趋势发展分析、情景分析、未来社会愿景分析。

Step 3 检验问题：检验各个子问题的全面性和科学性。

Step 4 确定问题及技术路线：确定子问题和技术路线。

（4）参与人员

科技路线图的总体组协调，战略专家、管理专家、政策专家、领域专家、情报专家参加。

（5）主要方法和工具

科技路线图问题凝练阶段主要用到的方法有问题分解方法、头脑风暴法、专家研讨法等。

（6）主要产出

科技路线图开展的总体技术路线、整体的组织方式以及子问题的组织方式和各子问题的负责人。

4.2.3.2　科技路线图分析问题阶段

（1）关键问题

科技路线图分析问题阶段的关键问题包括国内外科技发展战略、规划、政策、举措、体制机制等相关部署，国内外科技发展态势、趋势分析与预测，确定科学问题，识别机遇与风险，分析国内外战略目标和社会发展目标，以及我国科技发展差距等。

（2）主要目标

本阶段的主要目标是形成国内外科技发展战略、规划、政策和决策等调研报告，国内外科技发展态势、趋势分析与预测报告等，以及为科技路线图关键技术识别和优先选择提供的基础信息和重要支撑。

（3）主要任务

Step 5 研究子问题：本阶段主要任务是围绕各个研究子问题开展深入分析与研究，例如政策情报分析、领域情报监测、构建科技路线图的基础数据库，开展国内外科技发展态势分析和趋势发展分析；进行情景分析研究，开展未来愿景分析研讨会等。

（4）参与人员

本阶段参与人员主要包括领域专家、计量专家、情报专家、数据专家、政策专家等。

（5）主要方法和工具

本阶段的主要方法包括数据检索方法、科学计量方法、科技情报监测分析方法等，相关工具包括科学和文献数据库、专利数据库、情报监测平台、科学计量分析工具等。

（6）主要产出

本阶段的主要产出包括领域态势分析报告、领域情报监测报告、国外科技战略发展目标分析报告、国外科技领域战略与政策分析报告、情景分析报告、未来愿景分析报告、社会调查报告等。

4.2.3.3 科技路线图综合问题阶段

（1）关键问题

本阶段的关键问题是根据第二阶段各个子问题的研究成果，通过集成研讨等方式形成各种可能情景下的科技对策和综合备选方案。

（2）主要目标

本阶段的主要目标是在子问题的研究基础上，进行综合集成分析，并形成综合研判的科技路线图研究结果。

（3）主要任务

Step 6 集成研究问题：根据领域态势分析报告，领域情报监测报告，国外科技战略发展目标分析报告，国外科技领域战略与政策分析报告、情景分析报告、未来愿景分析报告、社会调查报告得到一个初步的综合研究报告，评估各项技术对策的优先度及时间。

Step 7 检验研究：在对各个子问题的综合和初步提出解决方案的过程中，检验前期所做的情报工作、情景分析以及社会调查是否充分，如果不能支持科技路线图结果，则需要进一步做深入的调研和分析，如果能得到较为理想的科技路线图结果，则进入综合研判阶段。

Step 8 综合研判：通过集成研讨以及博弈分析和关联性分析，多轮集成专家意见对科技路线图问题进行综合研判，绘制路线图，完成综合研究报告。

（4）参与人员

本阶段的主要工作是综合集成，因此将涉及不同研究子问题中的相关研究人员，包括情报人员、社会分析人员、情景分析人员、未来愿景分析人员以及领域专家、政策专家、战略专家等。

（5）主要方法和工具

本阶段的研究方法主要包括愿景分析、情景分析、德尔菲法、集成研讨等方法。

（6）主要产出

经过专家反复研讨后，针对不同的研究子问题进行综合分析之后形成的综合研究报告。

4.2.3.4　科技路线图解决问题阶段

（1）关键问题

在考虑各种目标和约束的前提下，形成针对不同目标或约束的方案集，包括科技发展的优先度、路径和时间节点，提出相应的政策建议，完成报告终稿，提交委托方。

（2）主要目标

根据所提出的未来情景，绘制不同情景下的科技路线图，形成规范的科技路线图研究报告和政策建议。

（3）主要任务

Step 9 形成多情景方案：重新审视科技路线图的最初需求和目标，看研究成果和政策建议是否达到了研究的目标设定；根据不同情况下的资源约束，提出基于不同资源约束前提下的解决方案。

Step 10 检验报告：根据 3.6 节中的质量标准对报告进行检验，若达到标准，进入下一步，生成报告；否则，重新检查各个环节，找到问题所在，并修正问题。

Step 11 生成报告：根据规范化格式生成最终报告，并签发。

（4）参与人员

本阶段主要参与的人员包括总体组、管理专家、政策专家、战略专家以及科技路线图的委托方，或者政府部门相关人员。

（5）主要方法和工具

本阶段的主要研究方法包括最优化研究方法、决策方法以及报告质量评估与检测方法等。

（6）主要产出

本阶段主要的产出包括各种方案集以及规范化的研究报告。

4.3 科技路线图DIIS支撑平台

根据科技路线图研制过程中的 DIIS 方法，可以将具体的方法整合到信息支撑平台、方法支撑平台和专家支撑平台三个大的模块，每个模块中会用到 DIIS 理论方法和工具集中的多种数据、方法、模型或工具。

4.3.1 科技路线图信息支撑平台

科技路线图的信息支撑平台包括科技路线图所需要的以及制定过程中所产生的各类信息集，为科技路线图的顺利开展提供有力的保障。在科技路线图制定过程中，需要各种数据支撑，主要数据类型包括：科技文献数据、专利数据、经济数据、社会数据、相关领域数据和其他数据。这些数据包括了结构化数据和非结构化数据，获取方式也不尽相同，可以通过数据检索获得，例如文献、专利等结构化数据；也有通过社会调查、网络爬取获得的非结构化数据。这些数据通过整理后进入"科技路线图信息支撑平台"中的子模块中。具体如图 4-4 所示。

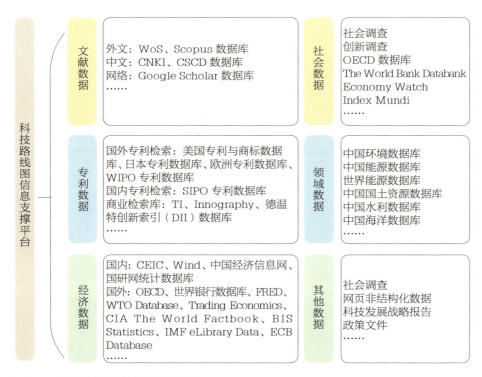

图4-4 科技路线图的信息支撑平台

4.3.2 科技路线图方法支撑平台

科技路线图主要是通过科学调查和统计分析，集聚领域内最权威专家的集体智慧，综合集成战略规划、未来学、情报学、经济学、社会学等领域的研究方法手段，运用科学的方法选择出未来优先发展的技术领域及其优先度，并利用技术路线图方法绘制科技路线图。表 4-1 基于 DIIS 理论方法的分析手段，总结了科技路线图研究中的模型或方法（详细介绍请参阅本书第 5 篇智库 DIIS 常用研究方法工具）。

表4-1 科技路线图各阶段的DIIS理论方法

DIIS 环节	阶段	研究目的 / 产出	模型 / 方法集
数据处理（D）	科技路线图准备阶段	形成用于科技路线图的数据集、信息集、资料集等	文本分类法、文本聚类法、人名消歧分析法、网络数据采集、面访调查等
信息揭示（I）	关键技术识别和技术发展趋势分析阶段	揭示科技发展态势、趋势、热点、预测结果等，技术发展情景分析	引文分析法、共现分析法、聚类分析法、回归分析法、灰色预测法、SWOT法、类比学习法、专利地图法、价值链分析法、S型曲线法、最小二乘法、回溯分析法、案例研究法等
综合研判（I）	技术对策形成阶段	评估现有科技能力，确定技术存在的差距，确定技术发展目标和技术对策	德尔菲法、证据推理法、技术路线图法、科学图谱法、趋势外推法、博弈法、拉开档次法、集值迭代法等
形成方案（S）	科技路线图绘制及报告形成阶段	评估各项技术对策优先度，制定进度表，绘制路线图，提出政策意见	专家评议法、情景分析法、因果分析法、多属性决策法等

4.3.3　科技路线图专家支撑平台

科技路线图具备复杂性、系统性、多学科交叉性以及政策实用性强等特征，因此，所涉及的专家包括科技领域专家、战略专家、政策专家、数据专家、情报专家等（图4-5）。这些专家在科技路线图制定过程中相互交流，参与单阶段或多阶段的科技路线图工作，共同推进科技路线图工作的完成。

领域专家主要是指科技路线图活动中可能涉及领域的专业人士，可能是从事某个领域的研究人员，也可能是在某一领域相关产业中工作的专业人士，主要负责对相关领域的技术发展趋势和未来发展方向进行把握，参与科技路线图制定过程中的德尔菲法和专家研判过程，并对所提出的解决方案给予解释和审核。

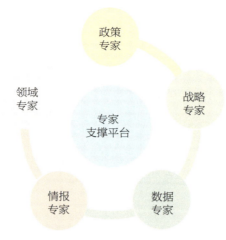

图4-5　科技路线图的专家支撑平台

战略专家是指具有战略思想和战略眼光，从事战略研究和战略规划制定等工作的专家，战略专家处于科技路线图的总体组中，负责科技路线图的全过程，并在问题凝练、综合研判和形成方案环节发挥重要作用。

政策专家是指政策研究的专家和政策制定的专家，包括高校、科研机构、智库等机构中从事科技政策、公共政策研究的专家，以及长期工作在政策制定相关部门的专业人士等。政策专家主要在科技路线图的初期凝练问题阶段和后期的综合研判和形成方案环节发挥重要作用。

数据专家是指搜集、检索、整理、分析数据的专业人员。

情报专家是指在数据基础上形成现状结论、态势趋势的专业人员，数据专家和情报专家主要从事分析问题阶段的工作，并为后期的综合研判和提出解决方案提供数据和信息支撑。

4.4　科技路线图DIIS实践案例

本节选择日本国家技术战略路线图、韩国技术路线图、国际半导体路线图、美国爱达荷（Idaho）环境科技路线图、国际能源署能源科技路线图、无人机系统路线图以及中国科学院至 2050 年重要领域科技发展路线图战略研究等典型案例，其分别代表了国家层面、领域层面、产品层面以及科研机构层面的科技路线图制定。通过分析可以发现，国内外典型的科技路线图研究和制定实践大都可以用 DIIS 理论方法体系进行归纳，整个过程基本遵循大规模智库问题的 DIIS 理论方法的研究思路，即凝练问题（收集数据）—分析问题（揭示信息）—综合问题（综合研判）—解决问题（形成方案）的流程。

4.4.1 日本国家技术战略路线图

为实现日本产业处于世界领先地位并能持续自主地创新发展，2005 年开始，日本开始国家技术战略路线图编制工作（拓晓瑞，2014）。日本国家技术战略路线图研制的目标包括：调整产业技术的相关政策，向民间企业研发者提供重要的技术信息，增进国民的理解。日本国家技术战略路线图内容涉及信息通信、生命科学、能源与环境、纳米与材料、制造领域六个大领域的 25 个子领域，包括半导体、存储记忆、再生医疗等。

日本国家技术战略路线图由日本经济产业省下属的新能源产业技术综合开发机构牵头，针对每个子领域制定相应的技术战略路线图，其研制流程遵循大规模智库问题的 DIIS 理论方法研究思路（图 4-6），具体分析如下。

1）凝练问题—收集数据（D）。针对每个领域，新能源产业技术综合开发机构组织建立相应的任务组，任务组成员来自大学、民间企业、经济产业省、新能源产业技术综合开发机构、产业技术综合研究所、情报专家等。任务组首先对各个领域的科技路线图的需求特征进行描述，并将其分解为多个研究子问题，检验各个子问题的全面性和科学性；同时，收集每个领域的发展现状和趋势的相关资料和数据，形成相应的数据集和资料集。

2）分析问题—揭示信息（I）。围绕各个研究子问题开展深入分析与研究，通过计量分析、领域分析等方法，领域专家对每个领域的发展趋势和技术实现进行初步评估。

3）综合问题—综合研判（I）。在上述基础上，为了获得更为专业的信息，技术战略路线图还进行了广泛的意见征求，并组织产业技术分科会研究开发委员会进行了多轮的讨论，形成初步技术路线图。

4）解决问题—形成方案（S）。日本的技术战略路线图设定滚动修订机制，根据最新的技术动向，确定技术战略路线图，并利用技术战略路线图管理研究开发，进行内容充实，通过实践活动将路线图研究成果回报社会。

图4-6　日本国家技术战略路线图DIIS流程

4.4.2　韩国技术路线图

韩国学者 Lee Sungjoo 等在 2007 年提出了针对 R&D 规划的技术路线

图——技术战略（TechStrategy）方法（Lee et al., 2007）。技术战略方法明确描述流程中各个阶段的投入、产出和具体方法，针对R&D规划可以应用于各个层面的路线图方法指导。

技术战略方法包括启动阶段、目标选择、技术需求评估、技术开发计划、技术路线图执行以及后续行动六个阶段，其流程遵循大规模智库问题的DIIS理论方法研究思路（图4-7），具体分析如下。

1）凝练问题—收集数据（D）。本阶段包括技术路线图启动阶段、目标确定阶段。技术路线图启动阶段是指组织路线图团队，设计路线图报告框架，并完成路线图日程安排；目标确定阶段需要收集消费者需求，建立基本的技术路线图分析和制定的数据集。

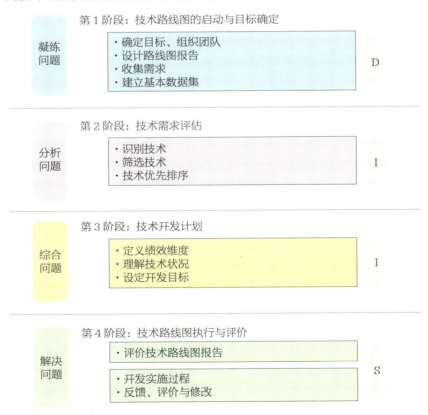

图4-7　韩国技术路线图DIIS流程

2）分析问题—揭示信息（I）。本阶段包括技术战略制定过程中的技术需求评估，即选定项目的特定技术需求，包括识别技术、筛选技术、技术优先排序。

3）综合问题—综合研判（I）。本阶段包括形成技术开发计划阶段，主要是通过专家评判的方法定义绩效维度、理解技术状况、设定技术目标等。

4）解决问题—形成方案（S）。在前几阶段的基础上，形成技术路线图，并按照技术路线图执行，在执行过程中不断反馈、评价和修改。

4.4.3 国际半导体技术路线图

国际半导体技术路线图（International Technology Roadmap for Semiconductors， ITRS）始于美国，美国半导体行业协会先后于 1992、1994、1997 年制定了三个版本的美国国家半导体技术路线图（National Technology Roadmap for Semiconductors）。1998 年，美国半导体行业协会联合欧盟、日本、韩国、中国台湾的相关行业协会参与 1998 年路线图的更新工作，并开始共同制定首个国际半导体行业路线图，该路线图于 1999 年发布。自此，每逢奇数年就会对国际半导体技术路线图进行更新，而每逢偶数年则会对国际半导体技术路线图进行全面修订。国际半导体技术路线图的总体目标是呈现整个行业对未来 15 年该行业研发需求的共识，为企业、大学、政府和其他科研赞助人或资助者提供参考。国际半导体技术路线图已经提高了各个层面上的研发投资决策质量，并帮助引导研究力量投入到那些最需要科研突破的领域。

国际半导体技术路线图有许多半导体产业专家组成工作小组，每年进行数次讨论，并提出一些报告与文档，以期集成电路与其应用的相关产业能更有效地健全发展，其研制流程同样遵循大规模智库问题的 DIIS 理论方法研究思路（图 4-8），具体阐述如下。

1）凝练问题—收集数据（D）。ITRS 成立国际路线图委员会，最初建立 11 个国际技术工作组，2013 年增至 17 个。国际路线图委员会对国际半导体技术路线图进行总体协调，每个地区（欧洲、日本、韩国、中国台湾和美国）会选派 2—4 名成员进入国际路线图委员会，代表各自地区收集汇集半导体研究和产业的信息，并与国际技术工作组进行充分讨论。

2）分析问题—揭示信息（I）。国际路线图委员会根据要求将国际技术工作组分为两类，一类叫焦点工作组，一类叫横向工作组，国际技术工作组中的专家通过对数据和领域资料进行分析，形成单个技术的初步路线图。

3）综合问题—综合研判（I）。基于各个国际技术工作组形成的技术路线图，国际路线图委员会主持和召开国际半导体技术路线图的多次研讨会，

图 4-8　国际半导体技术路线图DIIS流程

对各国际技术工作组提供指导和协调，并对各国际技术工作组完成的技术路线图进行汇总、综合分析，编辑出版国际半导体技术路线图。

4）解决问题—形成方案（S）。国际路线图委员会根据半导体产业发展状况对国际半导体技术路线图进行评估、修订和更新，国际半导体技术路线图为半导体产业界提供了广泛认同的、对未来十年内的研发需求的最佳预测以及可能的解决方案，对整个半导体产业需要开发怎样的技术起到了导向作用。

4.4.4　美国爱达荷环境技术路线图

美国爱达荷国家环境与工程实验室在项目研究中应用了一种典型的技术路线图方法，这一方法是由美国能源部环境管理办公室提出的，旨在为美国环境管理路线图的绘制提供指导。

该方法在路线图的绘制过程中成立若干个工作组，每个工作组包含不同学科背景的专家，这些专家通过公开的方式进行对话和交流。该方法包括四个阶段：技术路线图的启动、技术需求评估、技术对策制定及技术路线图的实施与评价，其流程遵循大规模智库问题的 DIIS 理论方法研究思路（图 4-9），具体分析如下。

1）凝练问题—收集数据（D）。指技术路线图的启动阶段，确定参与者和领导者，通过前期分析和数据积累，明确提出需求并定义技术路线图的范围和边界以及路线图过程的项目和"产品"，明确技术路线图的参与者，形成相应的数据集。

2）分析问题—揭示信息（I）。指技术需求评估阶段，本阶段需要利用一定的分析方法，在前期的数据积累基础上，设计系统流程和功能，预测技术需求以及技术风险和机会，明确路线图开发的目标，认清目前的能力与目标之间的差距。

3）综合问题—综合研判（I）。指制定技术对策阶段，依据数据揭示出来的信息，利用德尔菲等专家分析方法，确定技术方案，对需求和对策优先级进行排序，并制定整体时间计划和技术方案。

4）解决问题—形成方案（S）。指技术路线图实施与评估阶段，形成并评估科技路线图报告，提出针对需求的具体对策，对路线图报告进行发布、执行和阶段评估。

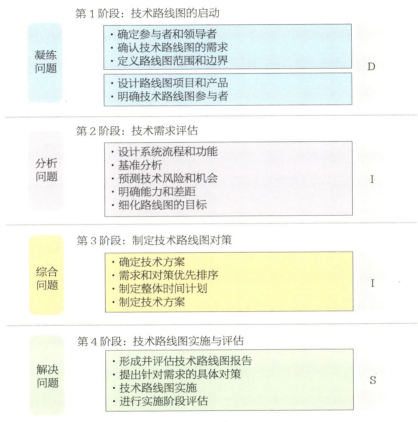

图4-9　美国爱达荷环境科技路线图DIIS流程

4.4.5　国际能源署能源科技路线图

为保障全球能源安全，督促成员国的政治声明落实到具体的行动上，国际能源署开展了一系列全球范围内致力于低碳能源技术的路线图研究和制定，确定了低碳能源的里程碑、技术发展的优先序、政策和管制框架、投资需求以及公共参与等。这些路线图可以分为区域层面、国家层面和产业层面。

国际能源署能源科技路线图的研制环节包括专家研讨、数据收集与分析、规划与筹备阶段、愿景设想、路线图开发阶段以及路线图实施和调整阶段，其流程如图4-10所示，同样遵循大规模智库问题的DIIS理论方法研究思路，具体分析如下。

1）凝练问题—收集数据（D）。在路线图制定初期，需要建立能源、环境以及经济的数据集，确定国家的基线，这些数据为后面的愿景设想和路线图开发提供了重要支撑。

2）分析问题—揭示信息（I）。本阶段主要利用所有的数据集对能源发展、环境以及经济形势进行分析，并确定技术需求和技术差距。

图4-10　国际能源署能源科技路线图DIIS流程

3）综合问题—综合研判（I）。本阶段主要通过专家研讨的方式，根据设定的情景、识别优先技术、制定相关政策和时间线等。

4）解决问题—形成方案（S）。本阶段主要是确定路线图文本，发布战略；与主要的利益相关方联合开展评估，根据评估结果更新路线图等。

4.4.6　无人机系统路线图

无人机系统路线图是由美国国防部负责采购和维持的国防部长和负责网络和信息集成的助理国防部长共同牵头组织的一个跨机构团队研制的。2001年发布第一份《无人飞行器系统路线图（2000–2025）》（Office of the Secretary of Defense，2001），随后每两年发布一次无人机或无人系统路线图，目的是预测未来25年无人机或无人系统发展的前景，并帮助美国国防部四年一度的无人机开发和采购战略提供决策支撑，主要解决如下问题：军方的哪些潜在需求可以通过无人机来实现？为了满足上述的军方需求，需要什么样的平台、传感器、通信和信息处理技术？这些技术什么时候能满足军方的上述需求（Office of the Secretary of Defense，2005）？

无人机系统路线图的研制从识别技术需求和技术攻击角度进行分析，每份报告明确提出了整个国防部无人机系统技术的不断开发、生产、测试、培训、作战和维护的前景及战略，其研制过程遵循大规模智库问题的DIIS理论方法研究思路（图4–11），具体分析如下。

1）凝练问题—收集数据（D）。无人机系统路线图研究组从综合作战需求角度识别无人机系统的需求，将这些需求与未来无人机系统在平台、传感器、通信和信息处理方面的能力相匹配，并将这些识别数据形成综合分析集。

2）分析问题—揭示信息（I）。研究组根据相关信息，提出未来25年的一系列技术预测趋势，并识别哪些技术能促进无人机系统平台、传感器、通信和信息处理能力提升。同时，识别技术能满足无人机系统能力需求的时间线。

第1阶段：需求分析与数据集建立

凝练问题

- 综合作战角度识别无人机系统需求
- 与现有能力相匹配
- 识别数据形成综合分析集

D

第2阶段：技术能力与需求时间线分析

分析问题

- 提出技术预测趋势
- 识别技术处理能力
- 识别技术需求时间线

I

第3阶段：综合规划

综合问题

- 识别需求与能力之间的鸿沟
- 形成综合规划报告和路线图

I

第4阶段：提出解决方案

解决问题

- 评估纳入无人机系统的技术
- 评估新功能和新程序
- 识别关键技术并给予支持

S

图4-11　无人机系统路线图DIIS流程

3）综合问题—综合研判（I）。通过研讨，研究组整合上述无人机能力需求和技术的发展趋势，形成分析无人机系统发展机遇的综合规划报告和路线图。

4）解决问题—形成方案（S）。上述的路线图将为无人机系统发展提供如下解决方案：第一，评估计划纳入无人机系统的技术，明确该技术是否能支撑无人机系统的能力需求；第二，确定在未来一段时间内无人机系统引入新功能或启动新程序的可行性；第三，识别关键技术并给予支持，目的是在未来能将无人系统相关的技术纳入"国防技术目标""联合作战科学与技术规划"和"国防技术领域规划"（United States Department of Defense，2011）。

4.4.7　中国至 2050 年重要领域科技发展路线图

2007 年下半年开始，为适应新的发展环境，前瞻思考世界科技发展的大趋势、现代化建设和科学发展对科技创新提出的新要求，围绕中国 21 世纪中叶基本实现现代化目标，中国科学院启动并组织开展了"中国至 2050 年重要领域科技发展路线图战略研究"，分 18 个领域进行，包括：能源、水资源、矿产资源、海洋、油气资源、人口健康、农业、生态与环境、生物质资源、区域发展、空间、信息、先进制造、先进材料、纳米、大科学装置、重大交叉前沿、国家与公共安全。该项战略研究是从宏观和中观层面开展的科技路线图的研制工作，主要工作包括各领域的科技态势分析、基于专家的技术预见分析以及科技路线图绘制等（中国科学院，2009）。通过分析中国科学院组织开展的至 2050 年 18 个重要领域科技发展路线图的研制过程，可以发现其过程遵循大规模智库问题的 DIIS 理论方法研究思路（图 4-12），具体分析如下。

1）凝练问题—收集数据（D）。在路线图战略研究启动期，第一，确定研究的领域，也就是面向 2050 年国家现代化建设目标迫切需要哪些重要领域的支撑，为此，确定了能源、信息等 18 个重要领域开展路线图战略研究；第二，建立科技发展路线图战略研究的组织体系，成立战略总体组、总报告起草组和 18 个重要领域科技发展路线图研究组，研究组包括了战略科技专家、一线中青年专家、情报专家和管理专家等，并选择具有战略眼光、强烈的责任心和组织协调能力的战略科学家作为领域研究组负责人，把握好研究的整体和方向。第三，总报告起草组制定工作方案，用系统的观点分析问题，分解为相互联系的子问题，明确 18 个重要领域科技发展路线图编制的基本要求，包括：描绘相关领域的需求、目标、任务、途径，重点刻画核心科学问题和关键技术问题，总体上体现方向性、战略性、一定的可操作性，提出路线图研究的基本框架等。第四，情报专家在此过程中，重点收集相关领域国内外的发展现状、论文数据和专利数据，构建专业领域的分析数据集。

2）分析问题—揭示信息（I）。在分析问题阶段，组织相关方向的专家进行分析，形成客观认知。总报告起草组重点面向 2050 年中国实现现代化的宏伟愿景，从历史和未来走向的视角，分析科技发展的演进和规律，阐释科技对现代化建设的决定性作用，做出"当今世界正处在科技创新突破和新科技革命前夜"的战略判断，提出"中国必须为新科技革命的到来做好准备"。各领域研究组分析世界科技发展的趋势、相关领域科技战略部署、中国 2050 年基本实现现代化对相关领域科技发展的战略需求。在此过程中，各领域的文献情报专家，采用数据挖掘与分析等战略情报工具，揭示领域发展的态势，提高研究效率和系统性，为领域专家进行研判提供基础信息。参加研究的科技管理专家着重开展国家战略需求和可行性研究。

3）综合问题—综合研判（I）。综合问题阶段是在凝练问题和分析问题的前提下，利用 DIIS 的专家支撑平台进行综合研判。具体而言，战略总体组和总报告起草组与各领域研究组的战略科技专家，经过多次的集中讨论和专家研判，最大限度地凝练共识，形成新认知新观点，研判了新一轮科技革命发生的先兆与可能方向，分析了中国现代化进程对科技创新的需求，提出了以科技创新为支撑的八大经济社会基础和战略体系的整体构想，以及各领域科技突破的方向、目标和重点，并绘制了各领域至 2020 年、2030 年（2035年）和 2050 年科技发展路线图。

4）解决问题—形成方案（S）。在上述研究分析的基础上，总报告研究认为实现中国至 2050 年重要领域科技发展路线图的核心是解决那些影响中国现代化进程的战略性重大科技问题，并凝练出了 22 个战略性科技问题；提出了必须坚持对外开放、以人为本、立足国情、深化改革、统筹协调，走中国特色的科技创新道路的政策建议。各领域研究组在总报告的指导下，形成了各领域科技发展路线图战略研究报告。最终出版《创新 2050：科学技术与中国的未来》系列战略报告，为中国各领域长期发展规划制定和重大科技计划的部署提供指导和支撑。通过路线图战略研究，形成了一套中国制定各领域发展路线图研究的研究方法、组织方法和一支持续开展战略研究的专家队伍。

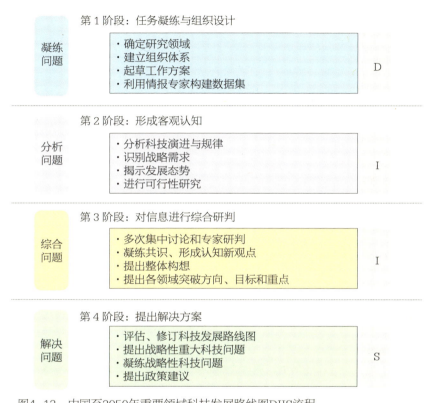

图4-12　中国至2050年重要领域科技发展路线图DIIS流程

第5章　科技评估DIIS方法

随着新一轮科技革命和产业变革的加速演进，科技管理决策问题的复杂性和不确定性加大，科技评估的前瞻分析、技术研判、诊断分析和价值导向等作用亟待发挥。如何抓住新一轮科技革命和产业变革的机遇，建设科学合理的科技评估方法体系，是我国推进创新驱动发展、建设世界科技强国需要考虑的重要问题，需要科技智库持续深入地开展科技评估研究，为我国科技创新发展提供决策支撑。下面以中国科学院研究所的综合质量评估为例，分析科技评估的研究流程（专栏5-1）。

专栏 5-1　科技评估实践案例——中国科学院研究所综合质量评估（2005 年）

综合质量评估是一个复杂的系统工作，需要科学合理、切实有力的组织实施。为了进一步推动研究所的改革发展，2005 年中国科学院通过科学的评估方法对下属各创新单位进行全方位、多角度、系统性、整体性的评估。从 DIIS 理论方法角度可以发现，中国科学院通过收集数据（data）、揭示信息（information）、综合研判（intelligence）和形成方案（solution）四个环节形成综合质量评估报告，具体如下。

1）收集数据（data）环节。通过监测研究所的年度定量定性数据，对全院研究所若干指标进行数据收集（包括自评估、同行评议、历年评估结果、交流评议、现场评估）和计量，为研究所分类评估提供基础性数据支撑。

2）揭示信息（information）环节。通过数据挖掘和综合分析，从研

究所绩效视角揭示研究所科技活动和产出及影响层面的成效，揭示研究所在科技活动若干关键点和关键环节上的重要信息。

3）综合研判（intelligence）环节。将定量定性分析相结合，将数据分析与各领域权威专家的知识和专业研判结合，形成各研究所综合质量的总体判断并进行分档。

4）形成方案（solution）环节。面向中国科学院创新工程期间提升创新能力的实际需求，以促进研究所竞争发展为导向，形成《中国科学院研究所综合质量评估报告》（2006年），提出相应的政策建议。

从上述实践案例可以发现，《中国科学院研究所综合质量评估报告》（2006年）遵循的正是智库问题的DIIS研究体系。因此，本章首先对科技评估问题进行概述；其次结合科技评估规律形成DIIS下的科技评估研究体系，并对科技评估DIIS的四个研究环节分别给出具体介绍；再次给出科技评估DIIS支撑平台；最后以德国、日本、美国和英国的国际评估实践为例，阐述科技评估DIIS理论方法在实际中的应用。

5.1　科技评估概述

科技评估通常根据科技决策者、资助者及相关利益群体的需求，确定价值标准，用科学方法收集和处理科技评估对象的相关信息，是判断价值实现程度的过程。因此，科技评估在智库研究中扮演着双重角色：一方面，科技评估是智库研究的重要任务，无论是研判科技发展大势和方向，还是从科技作用和影响的角度研究改革发展中的重大问题，科技智库都要开展科技评估，为提出科学建议提供基础；另一方面，科技评估是智库研究质量的重要保障，例如，在实践中世界知名智库都有对自身研究工作进行评估的程序和制度安排，以此确保智库研究成果的质量。

5.1.1 科技评估问题描述

早期的科技评估是科学共同体对研究成果的认定，主要包括通过科学出版物确立优先权、通过同行评议判断研究结果的真伪和质量。随着科技在经济社会发展中的作用日益增强，科技评估的目的、内涵等不断延伸，由科技评估过程可以发现（图5-1），科技评估具有多样性，从而决定了评估内容的多样化，因此在开展评估前需要对科技评估问题进行界定，即界定科技评估的对象、目的、时期、组织和内容（表5-1）。

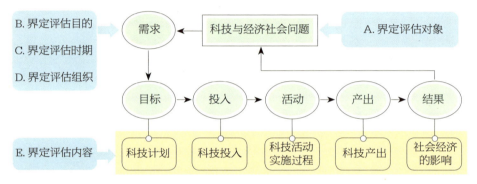

图5-1 科技评估过程及问题界定

表5-1 科技评估问题界定

界定角度	涉及内容
A. 评估对象	① 科技人才评估
	② 科研机构评估
	③ 科研规划评估
	④ 科研项目评估
	⑤ 科学领域学科评估
	⑥ 科技政策评估
	⑦ 国家科技创新能力评估
B. 评估目的	① 为科技资源配置提供决策支撑

界定角度	涉及内容
B. 评估目的	② 为科技政策调整提供依据
	③ 分析和判断科技竞争能力
	④ 提升科技活动管理效益
	⑤ 分析科技投入效果
C. 评估时期	① 前期评估：对即将进行的科技活动进行评估
	② 中期评估：对科研目标完成情况进行监测评估
	③ 后期评估：对科技活动的最终结果做出价值判断
D. 评估组织	① 内部评估：评估者来自于组织或环境内部
	② 外部评估：评估者来自于组织或环境外部
E. 评估内容	① 科技计划
	② 科技投入
	③ 科技活动实施过程
	④ 科技产出
	⑤ 社会经济的影响

5.1.2 科技评估发展阶段及主要特征

（1）科技评估的发展阶段

随着科技创新逐渐成为引领经济社会发展的主导力量，世界各国都高度重视科技创新，把提高科技创新能力作为国家战略，纷纷大幅增加对科技的投入，也更加关注科技创新的质量和效益。科技评估作为科研管理的重要工具和手段，其重要性更加突出，作用更加显著。从科技史及其社会背景来看，科技评估的发展历程大致可以分为以下三个阶段。

第一阶段：自由式科技评估时期

15 世纪初期到 20 世纪前半叶，科学研究的组织形式主要为科学家个人研究或科学家之间相对松散的联合，科学研究主要目的是通过提供公共知识产品而服务于人类文明进步与发展，从而增加人类知识。此阶段科学评估主要通过科学共同体内部进行同行评议。

第二阶段：自发式管理评估时期

第二次世界大战后，随着科技的迅猛发展及其对国防、经济、社会等领域越来越深入而广泛的影响，政府与公众对科技活动的资助越来越大。科学研究的任务不仅是为了增加人类知识的存量，而是日益表现为服务于国家利益。因此，科学研究已不仅是科学共同体内部的问题，而是需要与政府部门、社会各界发生更为广泛的联系。此阶段的科技评估主要是对科技政策与措施的预测、分析与评价等。

第三阶段：制度化评估时期

20世纪末期，随着信息技术的飞速发展，政府要求对科研投入的预算进行严格管理，并以强有力的手段对科学研究的过程与结果进行绩效评估，以提高研究的质量、效率与效益，科技评估也进入了国家和政府层面的法制化评估阶段。此阶段的科技评估主要是对科技活动进行经常性、制度化的监测以及采用系统的评估方法。

综上，科技评估自15世纪初期以来，经历了自由式科技评估、第二次世界大战后自发式管理评估和20世纪末期以来的制度化评估三个阶段，科学研究的发展变化不断对科技评估提出新的要求，也不断丰富着科技评估的发展进程。

（2）科技评估的主要特征

纵观科技评估的演进，现阶段的科技评估不仅具有智库问题的基本特征，而且还具有如下主要特征。

1）科技评估具有特殊性。科技评估遵循评估活动的一般规律，又由于科技活动的性质而具有特殊性，具体表现在科技活动的结果难以预测，科技活动的成果难以定量评估，科学研究成果所产生的作用和影响难以定量评估。

2）科技评估在科研绩效管理中的作用日益突出。科技评估与战略规划、资源配置、过程控制共同构成绩效管理的重要环节，并对其他各环节发挥着越来越重要的支撑作用。

3）科技评估向全过程多方位评估拓展。科技评估已从传统的单一产出评估，拓展到科技规划、科技投入、组织实施、科技产出等科技活动各个环节，目标—过程—结果三位一体的评估成为科技评估的新模式。科技政策评估、创新能力评估、科技活动效率评估成为国际科技评估新的关注点。

4）科技评估更加注重诊断分析。随着科技管理所面临的问题越来越复杂，科技评估更加注重根据评估结果实现对科学研究过程的诊断、分析，从而确定科学研究过程中存在的薄弱环节，提出相应的改进措施和方法。

5）科技评估更加注重定量与定性评估的有机结合。早期科技评估主要采用以同行评议为主的定性评估。随着科技活动的规模日益增大、科技评估对象的日益多样，以及政府和公众对科技评估客观性与可比较性要求的日益增强，基于数学工具、信息处理、现代科技管理技术的定量评估在科技评估中占有越来越重要的位置。目前，科技评估更加倾向于将两种方法有机结合，在评估手段上，注重在定量评估的基础上进行定性评估，在定性评估基础上进行定量处理，从而实现对评估对象的多角度全方位分析。

5.1.3　科技评估国际模式

随着科技活动的规模日益增大，各国的重要科研机构对科技评估越来越重视，并积极探索科技评估的有效方法，形成了各具特色的科技评估模式（表5-2），具体如下。

表5-2 科技评估模式

模式	英美模式	德法模式
代表国家	英国、美国	德国、法国
经费来源	项目竞争	以政府预算为主
科研体系	基础研究主要集中在高等院校，科研机构只占较小部分	基础研究主要集中在国家资助的科研机构和科研中心
评估目的	将科学技术作为生产力进行管理，科技评估服务于竞争发展的要求	基于科学技术的文化特质，科技评估以保证研究质量为主要目的
模式特点	以项目评估为基础、以绩效评估为导向	以对研究机构和科学家创新成就认可为主，注重领域方向和科学家水平

（1）英美模式（代表国家有英国和美国）

美国作为英国移民的后代，两国在政治体制和社会文化等方面都具有很多相似之处，在科技管理宏观层面上有着十分相近的设置。美国政府部门和大型科研团体对其下属研究机构的资源配置主要基于项目竞争，且其基础研究主要集中在高等院校，科研机构只占较小部分。随着新公共管理思潮和科技评估的兴起与普及，面对日益激烈的国际科技竞争形势，美英两国对科技活动的管理逐渐加强，将科学技术作为生产力进行管理，并把科技评估作为科研管理的重要工作手段。

（2）德法模式（代表国家有德国和法国）

不同于美国和英国，德国和法国的基础研究主要在国家资助的科研机构和科研中心，其经费以政府预算为主，并保持相对稳定。科研机构一般实施自治管理，有相当大的自主权，学术带头人也有较大的学术自主权，研究环境相对宽松。德国和法国的科技评估更多基于科学技术的文化特质，受传统科学研究理念影响，科技评估以保证研究质量为主要目的，更注重领域方向和科学家的水平。法国相比德国更加注重科学研究的自由和宽松的环境，科研人员享受政府公务员待遇，评估的结果不影响科研人员的任留。因此，德国和法国的科技评估结果通常不直接与项目部署、人员薪酬、经费配置挂钩，主要体现在对研究机构和科学家创新成就的认可。

5.1.4　科技评估关键问题

在处理科技评估问题时，基于评估问题的特点，结合评估目标、对象、资源约束及具体需求，形成评估结果。然而，由于科技评估问题的特殊性，评估过程中存在必须解决的问题（即评估的关键问题），只有对这些关键问题进行正确处理后，才能形成高质量的评估结果。下面对评估过程中涉及的关键问题总结如下。

（1）科技评估需求

任何科技评估活动都会涉及很多利益相关者，涉及政府官员、科研项目资助者、项目委托人、科研机构管理者、科研人员、社会公众以及其他相关人员。上述评估利益相关者对于科技评估的信息需求往往是不同的，而科技评估必然是在某些价值标准下对评估对象进行价值判断，但不同类型信息需求者的价值标准是不同的，所以评估结果所提供的信息往往只能满足部分利益相关者的需求。因此，在科技评估开展前应明确评估活动需要满足的信息需求以及如何满足更多利益相关者的信息需求。

（2）科技评估问题的界定

随着科技在经济社会发展中的作用日益增强，科技评估的内涵等不断扩大，因此在进行科技评估时，需要首先明确科技评估的对象、目的、时期、组织和内容等要素（表5-1），从而合理界定科技评估问题，采取有效方法进行评估。

（3）科技评估问题的不确定因素

由于科学技术研究成果难以定量化，并且存在一定的不确定性，难以预测，需要充分考虑可能的不确定环境，分析每种不确定环境下的评估结果。

（4）科技评估问题的分解

科技评估问题所需的信息量和知识量非常广泛，是涉及多学科交叉的综合性研究工作，因此，需要对科技评估问题进行分解，将其分解为多个具体的、缩小范围的、可解决的子问题。在分解过程中，要注意子问题所需要的条件及限制因素，子问题需要与整体问题的方向一致，并保证整体问题的有效解决。

（5）科技评估指标体系的构建

科技评估常常需要评估者在多个维度的指标体系下对评估对象进行价值判断。这些指标体系及其属性集合构成多层次、多维度评估指标体系。不同的评估指标体系采用的评估方法也不相同，因此合理设计评估指标体系也是科技评估的关键问题。

（6）科技评估信息的获取

现实中，由于科技评估活动的特殊性，评估指标信息较难量化，且其数据收集需要大量的资源。因此，如何有效合理地获取数据并保证数据的质量也是科技评估的关键问题。

（7）科技评估价值标准的确定

由于科技活动的复杂性，评估标准随着利益群体的不同而变化。例如，科学研究者的评估标准是科技活动的质量、先进性等，更注重科学本身价值；政府或社会公众的评估标准更为实际，倾向于评估研究的经济社会影响、投入产出效率等。因此，需要结合不同类型的评估对象与目的，根据决策者或利益相关者的需求确定相应的评估标准。

（8）科技评估方法的选择

在科技评估实践中，选择合适和有效的评估方法是最重要的问题。在科技评估时需要定性与定量方法相结合，并根据不同评估对象和特点选择合适的评估方法。

（9）专家评估意见的集成

在科技评估过程中，需要参考多位专家的综合评估意见，对评估对象做出最终价值判断。如何合理确定每位专家意见所占的比例，如何选取合适的集成方法来综合专家意见，也是科技评估需要解决的关键问题。

（10）科技评估结果的情景分析

科技管理决策所面临的问题越来越复杂，科技评估所处的环境具有一定程度的不确定性。因此，需要给出不同环境和条件约束下的评估结果供决策者进行选择，从而实现对科学研究过程的合理分析和改进。

5.2 科技评估DIIS研究体系

5.2.1 科技评估 DIIS 研究框架

基于 DIIS 理论方法，从科技评估问题出发，结合评估问题特点，在问题导向、证据导向和科学导向下进行跨学科和多领域的研究，评估过程中遵循凝练评估问题—分析评估问题—综合评估问题—解决评估问题四个阶段的流程，其从整体上分别对应 DIIS 研究的四个环节（图 5–2），具体如下。

（1）凝练评估问题

围绕科技评估问题收集相关数据，综合各学科知识对问题进行关联性分析，明确科技评估问题的特征，并将其分解为多个子问题，此阶段对应 DIIS 的 Data 环节。

（2）分析评估问题

对问题的相关数据进行整理分析，对分解后的子问题进行深入研究，形成客观评估认知和初步评估意见，此阶段对应 DIIS 的 Information 环节。

（3）综合评估问题

系统整合集成各子问题的客观评估信息和初步评估意见，综合专家意见进行研判，此阶段对应 DIIS 的 Intelligence 环节。

（4）解决评估问题

依据专家的综合研判结果，给出评估结论和不同约束条件下的政策建议，此阶段对应 DIIS 的 Solution 环节。

图5-2　科技评估DIIS研究框架

5.2.2　科技评估 DIIS 研究流程

在实际中，遵循 DIIS 研究流程进行科技评估，形成科学合理的评估结果，为决策者提供决策支撑。本节基于科技评估的 DIIS 研究框架，结合科技评估中的关键问题，形成科技评估 DIIS 研究流程。

5.2.2.1　科技评估凝练问题阶段

在凝练评估问题阶段，结合评估需求明确问题的特征，遵循界定问题—分解问题—检验问题—确定问题及技术路线的研究思路。凝练问题阶段从整体来看对应 DIIS 的 Data 环节，具体环节如下。

（1）界定问题

① 评估信息获取。掌握科技活动的规律，了解各学科之间的差异，围绕科技评估问题收集相关数据。② 确定科技评估需求。依据评估信息，确定科技评估需要满足的利益相关者信息需求。③ 不确定性分析。充分考虑评估的不确定性环境，研究每种不确定情景下的科技评估。④ 科技评估问题界定。考虑各学科间的联系对科技评估问题进行跨学科与多领域的研究，明确科技评估的对象、目的、时期、组织和内容等要素，合理界定科技评估问题。

（2）分解问题

将科技评估问题分解为多个具体的、缩小范围的、可解决的子问题，找准问题研究的关键点。

（3）检验问题

检验科技评估问题的分解是否全面和科学，若问题已分解全面，则可进入下一流程；若问题尚未完全分解，则需对问题补充信息并重新分解。

（4）确定问题及技术路线

① 构建科技评估指标体系。根据评估目的和对象等构建多层次、多维度的评估指标体系。② 确定科技评估标准和方法。基于不同类型的评估对象与目的，结合决策者或利益相关者的需求确定相应的评估标准和选择合适的评估方法。③ 形成科技评估技术路线。明确需深入评估的问题，依据评估问题特征形成科技评估技术路线。

5.2.2.2 科技评估分析问题阶段

在分析问题阶段，对分解后的科技评估子问题遴选各领域专家分别进行研究，遵循收集评估指标数据—评估研究对象—专家综合研判—形成子问题评估结果的研究思路。分析问题阶段从整体来看对应 DIIS 的 Information 环节，具体如下。

（1）收集评估指标数据

收集和整理科技评估指标体系中各子问题涉及的相关数据，为研究各项子问题涉及的学科领域选择相应的专家。

（2）评估研究对象

整理分析各子问题的相关数据，依据科技评估指标体系和指标权重初步形成客观评估认知。

（3）专家综合研判

综合评估相关学科领域的专家意见，进行利益相关者分析，对各子问题进行综合研判。

（4）形成子问题评估结果

依据综合研判意见，初步形成各子问题的评估结果。

5.2.2.3　科技评估综合问题阶段

在综合问题阶段，系统整合各子问题的初步评估结果，遵循集成研究问题—检验研究—综合研判的研究思路。此阶段整体对应 DIIS 的 Intelligence 环节，具体环节如下。

（1）集成研究问题

① 综合各子问题专家意见。对各子问题在上阶段的研判意见进行集成。② 综合各子问题评估结果。对各子问题在上阶段的评估结果进行集成。

（2）检验研究

根据集成的评估结果检验评估是否全面，若评估已全面，则可进入下一流程；若评估问题未能完全解决，则需补充新的知识进行重新评估，循环凝练问题阶段和分析问题阶段的研究。

（3）综合研判

结合多位专家的综合评估意见，进行利益相关者分析，对评估对象做出最终价值判断。

5.2.2.4　科技评估解决问题阶段

在解决问题阶段，依据前三个阶段的研究形成评估报告，遵循形成多情景方案—检验质量—生成报告的研究思路。此阶段整体对应 DIIS 的 Solution 环节，具体环节如下。

（1）形成多情景方案

基于专家的综合评估结果，利用情景假设得到未来各种可能场景及其条件下的评估结果，给出不同场景和条件约束下的方案集，依据评估标准形成初步报告。

（2）检验质量

依据标准对科技评估报告的质量进行审核，若达到质量标准，则生成最终的科技评估报告；若未达到标准，则循环论证上述研究过程。

（3）生成报告

依据规范化格式给出问题的评估结果，生成检验后的最终科技评估报告。

5.2.2.5　科技评估 DIIS 研究流程图

在实际科技评估过程中，需结合科技评估问题的特征进行关联性分析，综合多学科和跨领域的信息，推进不完备知识下的科技评估方法体系建设，实现全面系统的循环反馈与论证，不断地补充新知识，形成不同条件约束下的评估结果。基于上述四个阶段的分析，科技评估 DIIS 研究流程如图 5-3 所示。

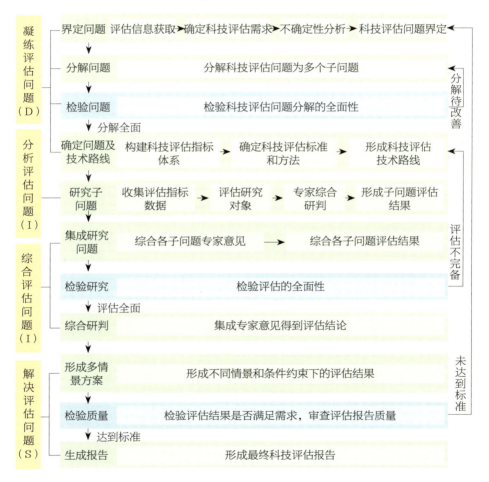

图5-3　科技评估DIIS研究流程

5.2.3 科技评估 DIIS 研究功能

根据科技评估 DIIS 研究流程，可将科技评估在科技决策咨询中的作用界定为价值导向与判断功能、衡量比较功能、诊断分析功能、前瞻预测功能、证据形成功能和质量控制功能（图5-4），各功能的内容及作用环节具体如下。

（1）价值导向与判断功能

基于 DIIS 理论方法的科技评估从评估目的出发，对科技评估问题的价值导向和价值判断进行界定，该功能贯穿于科技评估 DIIS 研究的各个环节。

（2）衡量比较功能

基于 DIIS 理论方法的科技评估通过对被评对象进行系统分析比较，回答政府和科研机构普遍关心的问题，即与竞争对手的成就相比是否更出色、与目标相比是否进步或脱轨，该功能贯穿于科技评估 DIIS 研究的揭示信息和综合研判两个环节。

（3）诊断分析功能

基于 DIIS 理论方法的科技评估是循环论证的过程，通过评估可对科技活动的各个层面进行深入的客观分析和研究，从而对科技活动中出现的问题进行诊断和剖析，该功能贯穿于科技评估 DIIS 研究的揭示信息和综合研判两个环节。

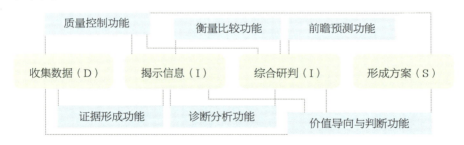

图5-4 科技评估DIIS研究功能

（4）前瞻预测功能

基于 DIIS 理论方法的科技评估是对被评对象的发展态势进行逻辑推演

的过程，可结合目标要求和未来情景来构建，从而预测科技未来发展的前景和方向，该功能作用于科技评估 DIIS 研究的综合研判环节。

（5）证据形成功能

基于 DIIS 理论方法的科技评估从证据角度出发，通过科学的研究方法综合集成专家的判断形成整体认知，形成有说服力的客观事实、科学证据和数据支撑，该功能贯穿于科技评估 DIIS 研究的收集数据和揭示信息两个环节。

（6）质量控制功能

基于 DIIS 理论方法的科技评估是在对被评对象态势研判和数据收集基础上形成的客观认知，并引入专家学者智慧进行研判，得到新认识和新框架，形成评估意见，全过程严格控制科技评估质量，该功能贯穿于科技评估 DIIS 研究的各个环节。

5.3 科技评估DIIS支撑平台

在科技评估过程中，需要相应的智能平台支撑科技评估问题的研究。因此，基于科技评估的关键问题，结合科技评估 DIIS 研究框架，给出科技评估的 DIIS 智能支撑平台（图 5-5），即科技评估方法支撑平台、科技评估指标体系支撑平台、科技评估指标权重支撑平台、科技评估信息支撑平台和科技评估专家支撑平台，保证科技评估结果的质量和可靠性。

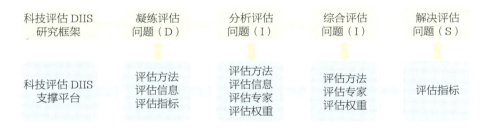

图5-5　科技评估DIIS智能支撑平台

5.3.1　科技评估方法支撑平台

针对科技评估中涉及的方法（如专家评议法、标杆评比法和社会网络分析法等），按 DIIS 四个环节进行总结归纳（表 5-3，方法详细介绍请参阅本书第 5 篇智库 DIIS 常用研究方法工具），形成科技评估方法智能支撑平台，便于评估者快捷选取合适的评估方法。

表5-3　科技评估DIIS各环节常用方法

DIIS 环节		科技评估常用方法
收集数据环节（D）	检索类数据	文献、专利、经济数据库检索等
	调查类数据	问卷调查、面访调查、在线访谈调查等
	网站类数据	网络数据采集法等
揭示信息环节（I）		数据包络分析法、主成分分析法、因子分析法、集对分析法、案例研究法、回溯分析法、效用函数法、层次分析法等
综合研判环节（I）		记分卡法、证据推理法、多目标决策法、经济计量法、德尔菲法、博弈法等
解决方案环节（S）		模糊综合评价法、标杆评比法、情景分析法、社会网络分析法、因果分析法、专家评议法等

5.3.2　科技评估指标体系支撑平台

针对科技评估指标的选取，基于科技评估指标体系设计原则与思路形成智能支撑平台，便于评估者构建科学合理的评估指标体系。支撑平台中科技评估指标体系的设计原则和构建思路具体如下。

（1）科技评估指标体系设计原则

科技评估中涉及的指标较多，且各指标间关系复杂，需要遵循一定的原则，设计结构清晰和层次分明的科技评估指标体系，便于科技评估方法的实施。科技评估指标体系设计应遵循以下原则。

1）指导性原则。科技评估活动的目的是为了促进科技活动创新能力的提升，因此所选的科技评估指标应能引导科技活动的方向，促进科技、社会和经济的全局发展。

2）针对性原则。科技评估指标体系的设计应以科技评估需求为目标，保证全面、系统、客观地反映评估对象的信息，形成具有精确性和可信性的评估结果，为评估对象的判定提供依据。

3）可比性原则。指标的可比性是指标公正合理的重要体现，指标的可比性较差，就会降低评估的说服力和使用价值。例如，基础学科和应用学科在学术水平（发表论文的级别和数量）和经济效益上是有差别的，因此在指标的设计上应有所区别。

4）合理性原则。科技评估指标体系的设计应符合科技活动的客观规律，指标层次的划分应准确恰当，同层级的指标应相互独立，选取的指标应体现科技活动的特征，尽量使用精简的指标反映科技评估对象。

5）可量化原则。科技评估所选的指标应是便于量化的，并且数据来源应可靠和权威，应避免选择主观性过强的指标，对于不可量化或者信息缺乏的情况应充分考虑和适当避免，保证科技评估活动的客观性和权威性。

（2）科技评估指标体系构建思路

随着科技在经济社会发展中的作用日益增强，科技评估的内涵不断延伸，科技评估从不同目标出发其评估内容有所不同，采用的评估方法也不相同。因此，评估人员在设计指标体系时，需首先考虑评估目标和需求。具体而言，科技评估指标体系可根据以下思路进行构建。

1）确定评估总体目标。评估目标是决策者希望达到的状态，为科技研究活动人员提供努力的方向，可依据未来 10—15 年的科技战略规划确定。

2）目标分解。根据总体目标设立具体和可测量的子目标，由子目标确定相应的科技评估内容。

3）海选指标。根据已确定的子目标分别收集相应的评估指标。

4）精简指标。依据科技评估指标体系设计原则，利用聚类分析等方法对指标进行筛选，得到可操作性强的科技评估指标。

5）建立科技评估指标体系。依据总体目标、子目标和筛选后的指标确定多层评估指标体系（图5-6）。

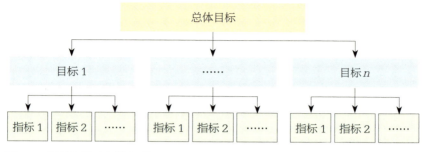

图5-6　科技评估多层指标体系

6）确定指标标准。针对利益相关者的评估需求，给出精简后各指标的具体评估标准。不同指标的评估标准应有所不同，例如在评估某科研机构时，指标的设置要突出效率、成果质量和影响力，投入经费一定的情况下产出的质量和影响力越大，则该机构的评估结果越好。

5.3.3　科技评估指标权重支撑平台

在确定科技评估指标体系后，还需确定各个指标的重要程度，即指标的权重，形成科技评估指标权重智能支撑平台（如表5-4所示，方法详细介绍请参阅本书第5篇智库DIIS常用研究方法工具），帮助评估者选择合适的指标权重确定方法。

表5-4　科技评估指标赋权方法

方法类型	常用方法
主观赋权法	德尔菲法、序关系法等
客观赋权法	熵权法、离差最大化法、均方差法、变异系数法、协方差分析法等
组合赋权法	层次分析法等

5.3.4　科技评估信息支撑平台

对于科技评估问题需要收集的数据和科技评估过程中产生的各类数据，形成科技评估信息智能支撑平台，为科技评估活动的顺利开展提供支撑。具体而言，科技评估信息支撑平台包含以下数据。

（1）检索类数据

通过已有数据库检索得到的科技活动数据。如文献类数据库（CNKI、Web of Science等数据库）、经济类数据库（OECD数据库、世界银行数据库等）、专利类数据库（世界知识产权组织数据库、欧洲专利数据库等）、专业类数据库（能源、矿产、环境、水利、海洋等专业领域数据库）。

（2）调查类数据

通过实际调查得到的科技活动数据，如问卷调查、面访调查、在线访谈调查等。

（3）网站类数据

由网络爬虫等网站数据收集方法得到的科技活动数据。

（4）其他数据

科技评估过程中产生的各类数据、非标准化和非结构化的科技活动数据。

5.3.5　科技评估专家支撑平台

由于评估专家在评估过程处于主体和中心地位，评估专家的能力和专业素质从根本上影响评估结果的质量和可信度。在科技评估过程中，需选择合适的评估专家进行评估，通过科技评估专家支撑平台可以帮助评估者快速选定合适的评估专家。具体而言，科技评估专家支撑平台包含以下两类专家的信息。

（1）专业领域评估专家

专业领域评估专家是指从事某一领域科技活动的专家，此类专家对科学研究的前沿性和科学发展的价值有着较为准确的判断，能把握科技发展趋势以及社会经济的需求。

（2）科研管理评估专家

科研管理评估专家是指从事科研管理工作和熟悉科技活动自身规律的专家，此类专家既对科研组织的研究方向和学科战略布局有着较为准确的把握，又对现实科研管理问题较为了解，能对科研组织的管理现状给出准确的判断。

5.4　科技评估DIIS实践案例

本节以德国、日本、美国和英国的国际科技评估实践为例，分析科技评估DIIS研究在实际评估中的应用。通过分析可以发现，国际典型的科技评估实践均可纳入智库DIIS理论方法体系的研究中，整体科技评估过程遵循收集数据（D）—揭示信息（I）—综合研判（I）—形成方案（S）的研究思路，但由于评估问题定位和目标的差异性，其科技评估在DIIS各环节的侧重有所不同。

5.4.1　德国马普学会研究所评估实践

德国马普学会主要开展德国大学和其他科研机构难以承担的自然科学、社会科学与人文艺术领域的基础研究，同时为马普学会以外的科研人员提供仪器设备、文献资源等。该学会在评估时聚焦于基础前沿研究，注重研究成果的质量，并充分重视研究人员的选择，给予研究人员充分的自由。

马普学会的评估机制分为事前评估、事后评估与国家系统评估三部分。以事后评估中每两年一次的研究所评估为例，其旨在判断研究所的研究工作是否处于国际最前沿，以确保研究所高水平的科学研究质量。评估由外聘的学术咨询委员会以同行评议的方式开展，委员会中97%的专家来自马普之外的科研组织，大约70%的专家来自海外。评估主要针对研究所在国内与国际上的地位、研究成果与绩效、经费安排的合理性、与研究所内外部的合作和对青年科学家的支持等进行评估，并提出未来发展的建议和努力的方向。

从马普学会的评估过程可以发现，其评估可从 DIIS 视角下进行分析，遵循智库 DIIS 研究思路，具体如下。

1）收集数据（D）。收集各个学科的相关数据，包括产出和影响方面，为各领域分类评估提供基础性数据支撑。

2）揭示信息（I）。通过文献计量数据分析，从学术产出质量和影响的维度揭示研究所各领域科学前沿和产出影响，揭示不同领域科技活动若干关键点和关键环节上的重要信息。

3）综合研判（I）。将数据分析与各领域权威专家的知识和研判结合，重在分析研究所在国内外的地位以及对青年科学家的支持，提出研究所各领域诊断评估意见。

4）形成方案（S）。面向马普研究所的未来发展需求，在评估结果的基础上形成研究所发展建议和努力方向。

5.4.2 德国弗朗霍夫协会研究所评估实践

德国弗朗霍夫协会是为中小企业、政府部门、国防安全等提供合同科研服务的非营利性机构，主要研究领域包括微电子、制造、信息与通信、材料与零部件、生命科学以及工艺与光子学等。该协会致力于将科学转化为实际应用，面向市场和企业提供研发服务，并且在国际范围内促进与开展应用研究，服务于企业与社会，帮助客户提高其在德国甚至是欧洲区域内的市场竞争力，推动德国工业社会经济向前发展。

弗朗霍夫协会的研究所评估是将用户评估和传统的同行评议相结合的评估方法，旨在提升协会服务企业的能力，保持其前瞻性技术研发的领先地位。评估专家由同行专家和用户专家共同构成。评估主要考察研究所的科技竞争力以及完成战略计划的情况，特别关注研究所获得的年度总经费中外争经费是否达到 70% 的比例和用户对研究成果的满意度等，并将研究所获取企业经费占总经费的比例作为一项重要政策指标，直接影响每年对研究所的拨款，从而引导研究所为企业服务，将服务企业与探索技术前沿相互结合。

从弗朗霍夫协会的评估过程可以发现，其评估可从 DIIS 视角下进行分析，遵循智库 DIIS 研究思路，具体如下。

1）收集数据（D）。收集研究所实际项目产生的相关数据，包括服务满意度数据以及外争经费数据，为研究所评估提供基础性数据支撑。

2）揭示信息（I）。通过数据的综合分析，从外争经费和用户满意度等方面揭示研究所各领域科技活动和产出及影响，揭示重要信息。

3）综合研判（I）。将数据分析与专家的知识和研判相结合，重在分析科技竞争力和战略计划完成情况；特别关注外争经费的比例、用户满意度等，提出研究所各领域诊断评估意见。

4）形成方案（S）。根据研究所发展需要，在评估结果的基础上形成研究所年度拨款的决策支撑。

5.4.3　日本产业技术综合研究所评估实践

日本产业技术综合研究所主要开展社会可持续发展所需的关键科学与技术相关研究，从事能够促进安全和提高人类生活质量的相关研究开发，包括生命科学与技术、信息技术与电子、纳米技术与材料、环境与能源、地质勘探与应用地球科学以及计量与测量技术六个领域，通过产业技术的创新转变日本的产业结构和增强产业竞争力，发展先进工业技术。日本产业技术综合研究所的科技活动集中在工业尖端、基础科学和长期政策研究，覆盖了从基础研究到产品开发的全过程，各研究单元在全过程的特定环节开展科研活动，并以领域为单位，刻画各领域从基础研究到对产业形成影响的路线图。

日本产业技术综合研究所的评估由外部专家和内部管理专家通过基础监测数据进行评估，外部专家负责评估研究所路线图的推进情况，以及取得的阶段性产出情况，内部专家负责评估研究单元内的管理情况，对研究所能否保障路线图顺利实施进行评估，并对研究所可能存在的管理风险进行揭示与分析，其评估结果可以作为研究所进行资源配置和结构调整的依据。

从日本产业技术综合研究所的评估过程可以发现，其评估可从 DIIS 视角下进行分析，遵循智库 DIIS 研究思路，具体如下。

1）收集数据（D）。收集研究所服务企业研发和生产的相关数据，包括基础研发数据、产业竞争力数据等，为评估提供基础数据支撑。

2）揭示信息（I）。通过多角度数据分析，发掘其在提升日本产业竞争力方面的重要信息及其影响。

3）综合研判（I）。将数据分析与专家的知识和专业研判相结合，重在分析研究所从基础研究到产业形成的各个环节的情况并进行研判，刻画相应的各领域路线图。

4）形成方案（S）。根据日本先进工业的发展需要，在评估结果的基础上形成各领域资源配置和结构调整的依据。

5.4.4　美国能源部国家实验室评估实践

美国能源部从事与能源科技相关的基础研究，包括建造和运行大科学装置和设施，以国家战略需求为导向，通过研究开发和长期的高风险研究，确保能源供给，降低国家对进口能源的依赖。美国能源部通常基于多学科和大科学装置开展研究工作，具有明确的战略目标导向。

美国能源部的绩效评估是基于目标的完成情况进行评估，先由实验室根据已有事实和数据对绩效指标进行自评，再由专家组对其自评估报告及其提供的证据进行评估，强调以事实与数据为基础的专家评议，参与评估的专家包括同行专家和管理专家，体现出很强的咨询与诊断色彩。美国能源部实验室绩效目标分为科学与技术绩效和管理与运营绩效两大类，采用可量化的标准对绩效目标的绩效水平进行锚定，绩效结果与资源配置挂钩。评估结果直接影响实验室的年度拨款，旨在培养和激励科研人员，使得美国能源部的前瞻性技术研发处于领先地位。

从美国能源部的评估过程可以发现，其评估可从 DIIS 视角下进行分析，遵循智库 DIIS 研究思路，具体如下。

1）收集数据（D）。收集美国能源部下属国家实验室实际项目产生的相关数据，包括各关键指标的目标完成的数据，为实验室评估提供基础性数据支撑。

2）揭示信息（I）。通过数据的综合分析，从满足国家实际需求和国家安全的角度揭示实验室关键绩效目标的完成情况，揭示重要信息。

3）综合研判（I）。将数据分析与各领域权威专家的知识和专业研判结合，重在分析实验室科研活动的绩效以及管理活动的有效性。

4）形成方案（S）。根据实验室发展需要，形成评估报告，评估结果为实验室下一年度拨款提供支撑。

5.4.5　美国国家科学基金会研究成果评估实践

美国国家科学基金会是最具代表性和影响力的国家级政府科学基金资助机构之一，主要面向科学和工程学的基础研究项目和教育研究项目，旨在推动科学的进步，促进国民健康和繁荣，保障国防安全。美国国家科学基金会每年都要从其资助项目的研究成果中遴选出最有显示度的亮点成果，作为绩效评估报告的重要部分报送国会，同时通过亮点成果向社会公众展示其资助成效。

从美国国家科学基金会的评估过程可以发现，其评估可从 DIIS 视角下进行分析，遵循智库 DIIS 研究思路，具体如下。

1）收集数据（D）。收集美国国家科学基金会各研究课题的相关数据，包括项目的研究价值、潜在的影响和意义、产生的突破性研究成果以及社会经济效益等，为研究成果评估提供基础性数据支撑。

2）揭示信息（I）。通过对成果信息的综合分析，找出与美国国家科学基金会战略目标最相关且最重要的研究成果。

3）综合研判（I）。在科学处、科学局、机构三个层面，将数据分析与不同外部专家的知识相结合，对照美国国家科学基金会的战略目标研判成果的突破性程度。

4）形成方案（S）。根据研判结果，筛选最有显示度的亮点成果，最终纳入美国国家科学基金会年度绩效报告，并对外公布亮点成果，向社会公众展示其资助成效。

5.4.6　英国高等院校研究质量评估实践

英国的研究工作主要集中在高等院校，其经费主要由高等教育基金会提供。为了合理分配政府下拨的基础性研究经费，高等教育基金会从1986年开始推行研究质量评估制度，该制度采用专家评议方式，以学科为单元，对高等院校专业研究质量分别进行评估和等级排名，评估结果直接影响到高等院校从政府获得的基金数量、社会和国际的地位、生源的数量和质量等。目前，研究质量评估已成为英国政府监控和提高高等院校科研的有力手段，有利于促使高等院校形成良好的内部竞争机制。

研究质量评估设多个学科和领域，每个小的学科领域设有一个专家组，专家主要来自学术界、工业界和商业界，国外专家占三分之一。专家组的主席由拨款机构任命，成员由高等院校、专业组织、学科协会和其他相关团体提名，在主席的推荐下选择。研究质量评估主要运用文献计量学数据和指标对研究产出的质量进行评估，并重视高等院校科技活动对经济和社会的广泛影响。

从英国高等院校研究质量评估的过程可以发现，其评估可从DIIS视角下进行分析，遵循智库DIIS研究思路，具体如下。

1）收集数据（D）。收集高等院校被评估专业的整体情况，包括科研人员概况、科研成果、科研队伍整体情况、科研环境等，为评估提供基础数据支撑。

2）揭示信息（I）。通过多角度数据分析，揭示高等院校科技活动的产出及对经济和社会的影响等重要信息。

3）综合研判（I）。根据各高等院校提交的材料，将数据分析与专家知识相结合，运用专家各自的学科专长，形成总体研判意见，并根据评估标准对各校排序。

4）形成方案（S）。根据评估的排序结果，高等教育基金会将科研基金拨给受资助的高等院校，评估排名越靠前，基金资助越多。

第6章　第三方评估DIIS方法

第三方评估起源于 20 世纪 20 年代的欧美发达国家，其实质是由政府以外的民间组织来评估政府绩效。20 世纪以来，布鲁金斯学会、兰德公司等一批民间智库和非政府组织迅速发展壮大，成为在公共政策研究领域的活跃力量。70 年代末、80 年代初，欧美发达国家掀起了以政府绩效评估为主要特点的政府改革浪潮，第三方评估的作用更加得到重视。如今，第三方评估已经成为欧美发达国家广泛采用的政策评估模式。在我国，改革开放之后，随着公共政策领域研究的深入，第三方评估的概念也被引入，由于受到传统体制的影响，我国公共政策的研究、制定和评估在相当长时间内是依靠政府部门内部的研究机构进行的，政策评估在多数情况下也是"自己评估自己"。进入 21 世纪后，各级政府在发挥第三方评估作用方面的探索逐步加快，包括研究机构、高等院校、民间组织在内的第三方评估机构较快成长起来。第三方评估逐步对国家重大决策起到监督和咨询作用，正在成为智库服务国家改革和创新发展的切入点，成为建设新型智库的关键要素。

本章首先对第三方评估问题进行概述，剖析第三方评估问题的定义、目的、主体及其基本特征，给出不同分类方式下的主要评估模式，分析第三方评估的关键问题；其次系统阐述第三方评估 DIIS 研究体系构建和分析其DIIS 研究的基本框架和研究流程；再次给出第三方评估的 DIIS 研究支撑平台；最后结合国务院 2014 年、2015 年委托中国科学院开展的两次第三方评估任务的实践案例，对智库问题的 DIIS 理论方法进行代入分析。

6.1 第三方评估概述

6.1.1 第三方评估问题描述

（1）第三方评估定义

第三方评估，是指由行政机构直接委托独立于政策制定者与执行者之外的机构或团体，对国家重大政策制定、政策措施落实成效等进行专门评估。由于外部评估者相对独立，一定程度上保证了评估结论的客观公正性，有助于提高政府效能和公信力。第三方评估已经成为提升政府科学决策能力的关键环节，也是促进实施有效监督的根本性突破，是一种更加客观和开放的社会监督，既包括与政策既定目标的对比监督，也包括对政策实施的未来趋势是否合理进行判断，能够及时发现问题、找到差距，有利于提出整改方案，提升政府科学决策与治理的能力和效率。

（2）第三方评估目的

第三方评估的目的在于通过一种外部制衡机制，利用不具有利益关系且独立于重大行政决策制定方、执行方与决策实施对象之外的第三方主体，遵循法定程序，使用先进技术手段，对政策的内容、实施过程、实施结果进行评估，为政府的重大决策提供理论依据支撑和意见建议，从专家学者的角度分析政策的合理性和可行性，从中立的第三方角度反馈政策措施落实的真实情况，为民众监督政府施政提供有效手段，从而推动政府治理创新。通过引入第三方评估，可以发现一些政府内部监督碰触不到、不敢公开的问题，让监督更加客观、独立、公正，从而有助于提高政策执行力，对重大行政决策及时进行调整，完善行政决策问责机制，建立政府与社会信息互通机制。

（3）第三方评估主体

第三方评估的主体包括研究机构、高等院校、党校、专业评估组织、中介组织、舆论界、社会组织和公众。多数第三方评估依托的是科研单位和高等院校，这些由专业人士组成的机构，具有人才、理论和学术优势，在评价主体的选择与培训、评价指标的制定、评价数据的处理、评价结果的判断等方面拥有相应的理论基础和专业化工具，能对各领域的信息进行理论和现实的分析与综合，提出针对性的意见和建议，有利于促进政府采取评估收益最大化的手段，整合各类资源，使评价活动向高效、低成本方向发展成为可能。另外，民间组织、大众媒体等作为第三方参与到政府的绩效评估中，能够增强政府绩效的真实性和有效性，是对政府绩效评估的有益补充，是政府获得合法性的根本要求。

6.1.2 第三方评估的主要特征

由于评估主体是介于政府和服务主体之外的第三方，第三方评估具备独立性、客观性、科学性、公正性和专业性等主要特征（图6-1）。

图6-1 第三方评估特征

（1）独立性

第三方评估最主要的优势在于其独立性。由于第三方评估机构既非政策的制定者、执行者，又非政策的受益者，因此评估机构相对独立，在反映问题时顾虑少，受到的干扰少，能够更加客观地对政策执行是否到位、是否取得了实际的成效进行评估，找出存在的实际问题，了解政策对象的真实需求，有利于政府掌握真实的情况。

（2）客观性

独立于政府之外的第三方评估立场更加公正、客观，评估的结果具有可信度。作为政府服务的直接消费者，第三方评估也代表着公众的愿望与诉求，并监督政府的行为，这有助于保障评估结果的客观性和真实性。

（3）科学性

第三方评估的科学性主要体现在评估过程的严谨、评估数据的真实和评估结论的可靠。通过问卷调查、座谈访谈、随机抽样、数据挖掘、统计分析等科学评估方法，保证了评估全过程的严密可靠，评估结论来源于客观事实，有充分的说服力。

（4）公正性

第三方评估主体能够正确看待评估的价值，理解评估的重要性，对评估结果有强烈的责任感，做出客观真实的判断，这种判断基于调查和分析之上，体现了理性和成熟。

（5）专业性

第三方评估一般是技术性很强的专业工作。评估目的明确后，需要建构评估指标体系、确定评估标准，还要制定评估实施方案，每一个环节都有很高的专业技术含量。由于第三方评估机构往往是科研机构、高等院校、专业公司，它们在各自行业领域拥有丰富的专业知识，评估专家具备较高的专业水平，能够充分掌握评估对象的信息，及时捕获有效评估数据，从而提高评估效率，提升评估结果的可信度。

6.1.3 第三方评估的主要模式

按照不同的分类方式，第三方评估会有多种不同的模式。比如，按照任务来源方向，第三方评估可分为自上而下评估模式和自下而上评估模式；按照第三方权利来源方式，可分为委托第三方评估、独立第三方评估；按照评估内容的时间节点，可以分为源头治理评估、过程评估和结果评估；按照第三方组织成分，可以分为科研机构评估模式、高等院校评估模式、专业公司评估模式和民众参与评估模式。本节对后两种分类方式进行详细阐述。

（1）源头治理评估、过程评估和结果评估

1）源头治理评估。源头治理，是从产生问题的根本原因入手，深入分析研究问题的本质和成因，提出解决方案，加以实施后对评估问题达到根治的效果。政府绩效第三方评估中，常常以定量指标衡量已有政绩，评估对象是政府已经做出的努力与成绩，而对于政府本该做却没有做的源头治理工作往往予以忽视。加强源头治理评估，可以对一些重大事故的发生起到预防、预警作用，大大降低发生概率，及时有效控制事态。

2）过程评估。传统政府绩效第三方评估青睐于结果的评估，过程评估往往不受重视。事实上，绩效评估领域的前沿发展也表明需要有过程评估。其中，基于过程的质量控制是一种新型的、有效的绩效管理方法。过程评估是对政府服务过程、服务态度、服务效率等过程性内容进行全面评估。政府服务过程中的质量、效率、成本等都是重要的评估对象，针对政府在改善质量、提高效率、降低成本等方面所做的工作，不仅要评估政府出台的政策文件，而且更要评价政府的实际行动与措施。通过深度的多角度评价，全面评估政府行为，确保政府过程评估的科学性。

3）结果评估。效果评估是政府绩效评估的重要内容，第三方评估单位可以通过构建合理的绩效评估指标体系，借助所掌握的各领域政府信息，对政府政绩进行全面、综合的评价。评估指标的设计会借助科学、均衡的指标，对政府绩效做出客观、合理的评价。评估中不仅侧重对经济成果的评价，而且还会考虑文化、环境、公共服务、社会保障、医疗卫生、教育、就业、住房等涉及公众生活方方面面的领域。通过客观、全面、科学的结果评估，可为改进政府工作提供可靠依据。

（2）科研机构评估模式、高等院校评估模式、专业公司评估模式和民众参与评估模式

1）科研机构评估模式。科研院所是为解决自然科学、社会科学、人文科学领域科学及实践问题而开展研究的机构。它们在各自研究领域，拥有长期知识积累，掌握信息及时、全面，人才储备丰厚。科研机构评估模式具有专业性强、专长优势明显的特点。对于专业化程度高、评估内容复杂的评估任务，可优先遴选领域方向对口的科研机构开展第三方评估。本章前面提到的2014年国务院第三方评估属于科研机构评估模式。

2）高等院校评估模式。高等院校，尤其是综合类高校具有多学科、多层次的学科结构特点，这种特点是适应相互渗透、相互交叉，又高度分化、高度综合的第三方评估任务。2015年，国务院委托北京大学开展"金融支持实体经济"相关政策措施落实情况第三方评估就属于高等院校评估模式。此外，高等院校参与第三方评估，使高校学生尽早接触智库研究，有助于培养新型智库人才，为国家智库建设输送新鲜血液。

3）专业公司评估模式。专业公司是指长期从事战略研究管理，在完成具体目标时对不确定因素能够做出一系列准确判断和预测的战略咨询公司。从目前发展状况来看，国内战略咨询公司数量有限，国际知名战略咨询公司有麦肯锡、贝恩咨询、波士顿等。

4）民众参与评估模式。民众参与评估模式是普通民众随机或自由参与评议政府工作的模式。这种模式具有随机性强、评估过程简单、见效快的优点，更能反映政策措施对国计民生的影响。依据民众参与途径的不同，在具体形式上还可分为三种：一种是政府调查机构随机抽访的市民作为"第三方"；另一种是在政府机关工作地随机寻问办事市民作为"第三方"；第三种是网上评议，网民自觉接受政府网上的问卷调查，而不是网民的自

由发帖评议。

6.1.4　第三方评估的关键问题

（1）第三方评估的质量控制

为了保障第三方评估的顺利开展，保证高质量完成评估报告，必须对评估的每一个环节实行严格的质量控制，并贯穿于评估的全过程，包括评估方案的设计、对调查员进行培训以及数据资料整理分析阶段的质量控制。

1）评估方案设计、论证和预评估。评估方案遵循科学、合理和可行的原则，在深刻领会相关政策的基础上，紧紧围绕评估目的，认真筛选评估指标，定性分析与定量分析相结合。对评估方案进行反复论证，形成初稿后多次征求专家咨询组意见并进行相应的修改。评估方案设计过程中还应开展预调查，检查评估方案和调查表的科学性、合理性和可行性，并在预调查过程中对调查表进行相应的修改和完善。

2）评估参与人员培训。调查前重视开展调研参与人员的培训工作，培训内容包括调研目标、内容、调查设计及指标解释，在培训中深入细致地讲解各项调研指标的准确含义，强化工作人员的责任意识。

3）数据资料整理分析。要重视对调研数据的筛选、整理和归类，规范评估信息的采集、加工、整理、上传过程，把收集的数据、结果、开展评估的资料以及有关项目统计指标和数据，汇成第三方评估的信息数据库，为开展评估工作时对材料的搜集和查询提供方便。

（2）第三方评估方案的编制原则

一套科学、完整、有针对性的第三方评估方案，将指导评估活动沿着正确的方向前进，也将对委托方和评估方就评估中的重要问题事先予以明确，减少评估活动中的分歧和矛盾，保证评估活动顺利展开。评估方案的编制应遵循以下原则。

1）准确把握评估目的和评估对象。委托方委托评估机构进行某项评估时，要明确评估目的，并提供评估对象的有关文件和资料。评估机构要对评估目的和评估对象进行认真研究，以确定评估的边界、类型和评估方法等重要问题。

2）认真研究评估需求分析。评估需求分析由评估机构开展，通过对委托者所需要回答和所关注的问题进行分析，从而确定评估活动的主要目标、任务和服务对象，并明确评估要点。评估需求分析应注意原则性和客观性，准确地反映出委托者和期望用户对评估的需求，使评估活动达到委托目的。

3）设计评估框架。评估框架是指评估的结构，它以评估的主要内容为支撑。评估框架从宏观上和整体上对评估活动中起支撑作用并对关键问题加以规定，对今后的评估活动有非常具体的指导意义。评估框架主要由评估对象、评估重点、评估标准、评估指标和评估前提建设条件构成。

4）确定信息数据采集范围和方法。信息数据采集是评估活动的关键环节之一。评估中的许多重要问题都要靠信息去说明、判断。信息采集的原则是根据评估目的、内容和所要回答的问题，确定信息采集的范围和方法。对采集到的大量信息要按真实性、准确性、适用性、时效性的原则进行检验，选择出少而精具有参考价值的信息。

5）确定评估方法。评估方法是完成评估业务的重要手段。评估方法从广义上说，评估准备、评估设计、信息索取、评估分析与综合、撰写评估报告等都属于评估方法。从狭义上讲，主要是指评估分析与综合的方法。本章所讲的评估方法为狭义上的概念，即在评估活动中综合、分析、判断的方法。评估方法选择的原则是根据评估目的和评估对象的特点，选择成熟、公认的、定性与定量相结合的方法。

6）选择评估人员。第三方评估方案的实施主要是评估者。评估人员的水平高低，决定了评估质量。所以，要根据评估对象的特点，评估项目大小和评估目的，选择合适的评估人员。首先，要确立评估领导小组，组长要有较强的职业判断能力，应熟悉评估的理论方法、规范标准，要具备较强的组织和协调能力，有良好的口头和文字表达能力。其次，要确定评估专家组，专家组成员在该领域具有深厚学术造诣和广泛影响力，尽量保证专家在该领域的各个方向上做到全覆盖，同时注意回避原则。最后，要设立工作组和协调组，为第三方评估任务做好支撑服务。

6.2 第三方评估DIIS研究体系

6.2.1 第三方评估 DIIS 研究框架

第三方评估是一项集综合性、复杂性、政策性、时效性、系统性和可持续性于一身的专门评估。一项完整的评估工作具有诸多阶段，依然遵循凝练问题—分析问题—综合问题—解决问题四个阶段的流程。从 DIIS 研究体系出发，结合第三方评估问题的特点，分析评估的完整流程，形成第三方评估的DIIS 研究体系（图 6-2）。

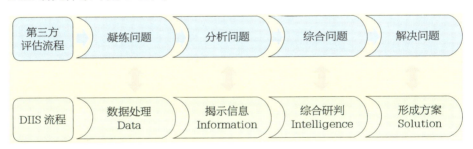

图6-2 第三方评估DIIS研究体系

1）凝练问题阶段。凝练问题阶段主要包括五个工作环节：① 研究部署评估工作，包括召开专题研究会议，逐步明确评估事宜，建立评估领导小组、专家小组、支持小组，必要时，还可召开评估动员会。② 通过集体研究、专家论证、领导审定等多个步骤，研究拟订评估方案，包括评估方案的起草、修订等环节。③ 根据评估方案内容对参与人员进行培训，重点解读评估模型、标准和指标，强调评估纪律，明确注意事项。④ 调研准备，与被评估单位沟通，提前安排调研工作。⑤ 赴被评估单位开展调研，通过查阅相关资料、召开座谈会、进行个别访谈、发放调查问卷、实地考察等多种方式，获取评估所需信息资料。

2）分析问题阶段。分析问题阶段的主要任务是获取比较充分的第一手信息资料，一般包含如下程序：① 初步汇总整理信息资料，对于数据资料不全或不符合要求的，列出后请评估单位补充，或再进行补充调查。② 汇总整理信息资料，首先对信息资料进行分类，然后进行编号和储存，以便查找，最后整理调查问卷。③ 分析研究信息资料，包含确定研究重点和分工、对文字文献资料进行定性分析、对统计数据进行定量分析、对调查问卷获取的信息进行统计分析、讨论阶段性分析研究成果、汇总分析研究结果等内容。

3）综合问题阶段。综合问题阶段包含四个工作流程：① 提出初步评估意见。② 邀请专家对初步评估意见进行研判。③ 就专家研判后形成的评估意见与委托方沟通或通报。④ 在前面基础上形成最终评估意见。

4）解决问题阶段。解决问题阶段包含以下六个环节：① 确定评估报告提纲。② 起草评估报告。③ 形成报告初稿。④ 征求意见。⑤ 形成评估报告定稿。⑥ 报送评估报告。此外，还应做好后续结项工作，整理保存信息资料，进行财务结算，对评估工作做出总结。

6.2.2　第三方评估 DIIS 研究流程

6.2.2.1　第三方评估凝练问题阶段

在凝练第三方评估问题阶段，结合委托方需求，分为评估工作部署和评估方案制定两个方面。凝练问题阶段从整体来看对应 DIIS 的 Data 阶段（图 6-3）。具体环节如下。

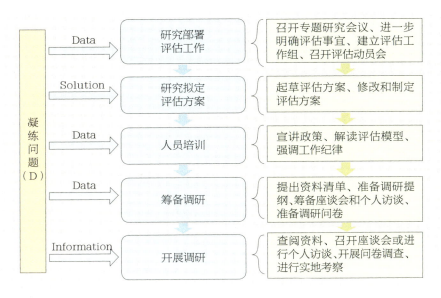

图6-3　第三方评估DIIS研究——凝练问题阶段流程

（1）研究部署评估工作

1）召开专题研究会议。第三方评估单位接到评估任务后，领导班子要召开会议，分析明确评估任务和要求，确定领导人员，成立评估工作领导小组。领导小组由评估单位一名或数名班子成员和具体承担评估任务的业务部门主要负责人组成。可根据需要设立顾问组，由对被评估事项充分了解且与被评估事项无利害关系的专家组成。评估意见和评估报告征求意见阶段参与讨论和评议。

2）进一步明确评估事宜。评估单位要明确评估工作联络人员，负责及时主动与委托单位联系，进一步明确评估目的、任务和要求。

3）建立评估工作组。抽调精干人员组成评估工作组，负责评估工作的组织实施。评估工作组原则上包括三个小组：① 评估专家小组，抽调本单位具有相关领域专业知识的专家组成评估专家小组，必要时也可聘请部分外部专家。根据工作需要，评估专家小组可再细分为若干专家工作团队。② 综合协调小组，由承担评估任务的业务部门负责人和工作人员组成综合协调小组，主要负责落实评估领导小组的决定和意见，对评估工作的组织实施进行综合协调，与评估事项相关部门和单位等进行沟通联系。③ 评估支撑小组，由承担评估任务的业务部门人员组成支撑小组，主要负责评估的辅助性、支持性工作，如信息资料的收集、处理、汇总等。根据实际工作需要可适当增加相应工作小组。

值得注意的是，在组建队伍时，与第三方评估事项有利害关系的人员不得作为评估专家和工作人员参与评估工作。必要时评估人员须签署无利害关系承诺书。

4）召开评估动员会。召开全体评估人员工作动员会议，说明评估任务的意义、目的和要求，统一全体评估人员的认识。对评估中涉及的政策、评估重点等进行必要的讲解，使评估人员做好各方面准备。同时明确工作纪律，特别是严格保密纪律。

（2）研究拟定评估方案

评估工作组成立后，要通过集体研究、专家论证、领导审定等多个步骤，拟定合理可行的评估方案。

1）起草评估方案。① 收集整理基础材料和信息。评估工作组通过查阅相关法律法规、政策文件、档案材料、统计资料、研究报告等，了解与拟评估事项相关的基本信息。② 确定评估对象。根据评估任务的不同，综合考虑多方面因素，如地区分布、人口规模、经济发展水平等，选定不同层级的政府、部门和单位作为评估对象。③ 构建评估模型。根据评估任务要求和评估事项的特点，建立相应的评估模型。④ 确立评估标准和指标。根据评估目的和评估模型，确立相应的评估标准。政策实施前的评估标准主要有合法性、合理性、可行性以及政策风险等；政策实施后的评估标准主要包括政策执行情况、政策效率、效益、公平性以及外部影响等。根据评估模型和评估标准，设计定量定性相结合、多层级指标构成的评估指标体系。评估指标要有针对性、简明性、信息易得性。⑤ 确定获取评估所需信息的方法和渠道。获取所需信息资料的方法主要有三种：一是访谈，包括集体访谈（座谈会）和个别访谈。要确定访谈的对象、规模和形式等。二是问卷调查，包括书面问卷和在线填写问卷。要根据评估信息需求设计问卷，确定填写问卷人员的规模、类别和抽样确定登载问卷的网站、填答问卷的条件和要求，以及通知潜在调查对象的方式方法。为确保通过问卷调查获得的信息符合评估要求，在正式开展问卷调查前，可在小范围进行试调查，并根据试用情况修改完善问卷。三是实地考察，包括走访基层群众、考察有关企业等。⑥ 制定评估进度计划。根据委托方的任务要求，确定评估工作进度表，确保按时高质量完成委托任务。

2）修改和确定评估方案。① 征求相关单位和专家意见。可通过座谈会、个别访谈等方式，就拟采用的评估方案，向委托单位、部分被评估单位、外部专家等征求意见。② 修改完善评估方案。根据相关单位和专家的意见，对评估方案进行修改和完善。③ 审定评估方案。评估领导小组审议确定评估方案。

（3）人员培训

确定评估方案后，及时组织进行人员培训，除宣讲相关政策、评估重点和总体安排外，应重点解读评估模型、标准和指标，介绍评估过程和要求，强调评估纪律，明确注意事项。

（4）筹备调研

评估工作组与被评估单位联系，商定赴被评估单位的行程安排，向被评估单位提出需要准备的资料清单，明确相关要求和提交资料的时间。如拟通过召开座谈会、个别访谈等方式获取信息资料，应事先准备好访谈提纲，并提前发给被评估单位。应明确提出拟邀请参加座谈会或进行个别访谈的人员要求，如人数、类别等。如拟通过问卷调查获取信息，应事先印制好调查问卷，并将问卷的调查对象、发放范围、调查人数等要求提前告知被评估单位，请其协助做好准备工作。

（5）开展调研

到被评估单位，通过查阅相关资料、召开座谈会、进行个别访谈、发放调查问卷、实地考察等多种方式，获取评估所需信息资料。

1）查阅资料。查阅被评估单位提供的相关文字资料，如政策文件、会议纪要、工作总结等。

2）召开座谈会或进行个人访谈。请被评估单位按照要求组织相关人员参加由评估工作组主持的专题座谈会。召开座谈会或进行个人访谈时，为使参会人员或访谈对象消除顾虑，应请被评估单位人员回避。应安排专人做好记录，座谈会或访谈结束后，及时整理座谈会纪要或访谈记录。

3）开展问卷调查。如需要通过抽样确定具体调查对象，应采用科学可行的方法，在当地有关部门的配合下，抽样确定问卷填答人员。对于现场填写、现场回收的问卷，要做好登记工作。对于不是现场回收的问卷，要说明调查意义、填写要求、回收联系人、回收时间、地点等。对回收的问卷应由专人负责登记与保管。如果回收的有效问卷比例过低，应根据整体抽样原则与方法，选取合适地点进行补充调查。

4）进行实地考察。评估工作组到评估事项实施区域，现场观看了解、亲身感受有关情况，获取评估第一手信息资料。

6.2.2.2 第三方评估分析问题阶段

在分析问题阶段，采取多种形式对被评估单位进行调查研究，并完成信息资料的初步整理。分析问题阶段从整体来看对应 DIIS 的 Information 阶段。为科学、客观、公正地进行评估，必须获取比较充分的第一手信息资料。一般来说，可采用如下程序和方法获取评估所需信息资料。具体环节如下（图6-4）。

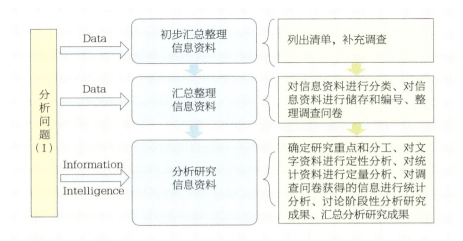

图6-4 第三方评估DIIS研究——分析问题阶段流程

（1）初步汇总整理信息资料

评估工作组对被评估单位报送的资料以及调查获取的信息资料等进行初步整理，对相关数据进行摘录、汇编。对于数据资料不全或不符合要求的，评估工作组列出需补充的资料内容，请被评估单位补充上报，或者再进行补充调查。

（2）汇总整理信息资料

为科学、高效利用获取的信息资料进行评估，要对前期获取的信息资料进行汇总和整理。前期获取的信息资料一般分为两大类：① 文字文献资料，包括座谈会纪要、访谈记录、文件材料等。② 统计数据资料，包括统计数据和回收的问卷。要指派专门人员对信息资料进行汇总，然后分类整理。

1）对信息资料进行分类。所获取的信息资料，可按所涉主题进行分类，或按评估对象分类，也可按获取信息资料的时间分类。具体采用何种分类标准，取决于评估任务的性质和要求。

2）对信息资料进行编号和储存。为便于查找，要按一定的逻辑顺序对信息资料进行编号，妥善存放。所有的信息资料要有备份，单独存放。对于统计数据，要在分类基础上录入计算机，作为电子文档保存。

3）整理调查问卷。在分类基础上，仔细检查回收的调查问卷。废弃无效问卷，对有效问卷，要按照统计规范进行编码，录入计算机系统。如果是通过网上填写的问卷，须由专业人员汇总整理填报的信息。

（3）分析研究信息资料

1）确定研究重点和分工。召集全体评估人员，交流调研中获得的信息和发现的问题，根据评估任务要求，讨论是否需要调整原定评估方案，确定需要分析研究哪些主要问题。对评估人员进行分工，明确每个人或每个小组重点分析研究的问题。

2）对文字文献资料进行定性分析。评估人员采用定性方法分析研究文字文献资料。

3）对统计数据进行定量分析。评估人员采用定量方法分析有关统计数据。

4）对调查问卷获取的信息进行统计分析。采用合适的统计分析方法，对通过调查问卷获取的数据信息进行分析。如果本单位缺乏相应的设备和技术能力，可委托专业机构协助进行分析，评估人员须向被委托机构详细说明数据分析要求。在此过程中，评估人员要与被委托机构相关人员保持密切联系，加强指导和沟通，确保数据分析内容符合评估要求。

5）讨论阶段性分析研究结果。在分析研究信息资料过程中，不定期地召集全体或部分评估人员，交流讨论阶段性分析研究结果，以便及时发现和纠正分析研究中存在的问题，深化对有关问题的研究。

6）汇总分析研究结果。评估人员或评估小组（或者受委托的专业数据分析机构）提交各自承担部分的分析研究结果，全体评估人员进行交流讨论。按照评估方案确定的任务、目标和具体指标，有序整理和保存分析研究结果。

6.2.2.3　第三方评估综合问题阶段

在综合问题阶段，按照汇总整理信息资料、分析研究信息资料和形成评

估意见三个步骤进行。综合问题阶段从整体来看对应 DIIS 的 Intelligence
阶段（图 6-5）。具体环节如下。

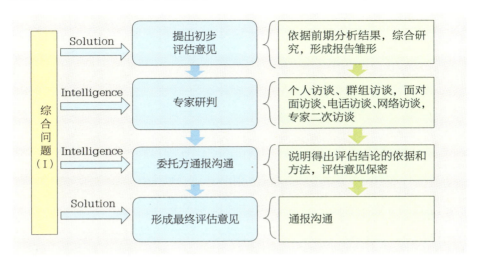

图6-5 第三方评估DIIS研究——综合问题阶段流程

（1）提出初步评估意见

评估人员依据前期分析研究结果，发挥专业特长和经验，采用第三方评
估的 DIIS 研究方法，进行综合研究，提出初步评估意见，为后续专家研判提
供报告雏形。

（2）专家研判

根据评估专家数量和评估任务时间节点安排，采用个人访谈或群组访谈
方式，采取面对面访谈、电话访谈和网络访谈等模式，让专家自由发表看法，
对评估结果进行研判。综合所有专家意见后，对于需要展开或进一步深入了
解的专家观点，可进行二次专家访谈。

（3）委托方通报沟通

为了使最终评估结论能够充分回答委托方提出的评估问题，确保评估结
论的全面性与准确性，在形成初步评估意见后，应向委托方或评估对象通报

全部或部分初步评估意见，说明得出评估结论的依据和方法，征求他们的意见。在此阶段，评估意见尚不能公开，专家和评估人员需要注意保密。

（4）形成最终评估意见

在吸收相关专家或人员合理意见的基础上，经与委托方通报沟通，形成最终评估意见。

6.2.2.4　第三方评估解决问题阶段

在解决问题阶段，根据前三个阶段的研究形成评估报告，遵循确定评估报告提纲、起草评估报告、形成报告初稿、征求意见、形成评估报告定稿、报送评估报告六个环节。具体内容如下（图6-6）。

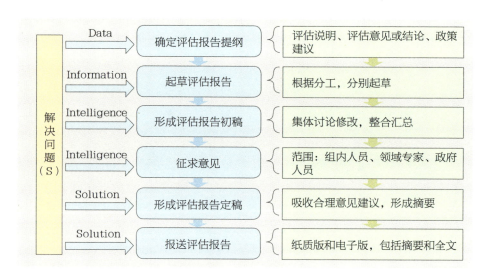

图6-6　第三方评估DIIS研究——解决问题阶段流程

（1）确定评估报告提纲

起草组根据评估任务、目标和已形成的评估意见，讨论确定评估报告的写作提纲。评估报告一般应包括评估说明、评估意见或结论、政策建议等部分。其中，评估说明部分须包括评估范围和对象、评估过程、评估方法、评估人员等内容；评估意见或结论须包括评估所涉事项的正、反两个方面，如利与弊、支持意见与反对意见、成效与问题、积极作用与消极影响等。除综合性评估报告外，还可以就一些专题进行分析评估，形成子报告。起草组经充分讨论后确定评估报告写作提纲，然后进行分工，明确各部分内容的起草人。

（2）起草评估报告

起草组成员按照任务分工，分别负责起草相应部分。在起草过程中，成员之间要加强沟通，随时就有关观点和内容展开讨论。

（3）形成评估报告初稿

将不同人员起草的部分汇成一体，起草组集体讨论和修改，形成评估报告初稿。

（4）征求意见

先在评估组内部征求意见，即向参加评估工作但没有参与报告起草的人员征求意见。根据征求意见对报告修改后，再向少数相关领域的专家和政府人员小范围征求意见。

（5）形成评估报告定稿

根据征求意见情况，吸收合理意见和建议，修改评估报告。经过反复讨论修改后，形成最终的评估报告。为方便阅读，可附简短的报告摘要。

（6）报送评估报告

根据委托方要求，报送报告纸质版和电子版，包括摘要和全文。

6.2.2.5　第三方评估流程图

根据第三方评估 DIIS 的四个阶段，结合中国科学院 2014 年、2015 年分别承担的国务院第三方评估任务，总结形成了第三方评估工作流程图（图 6-7）。

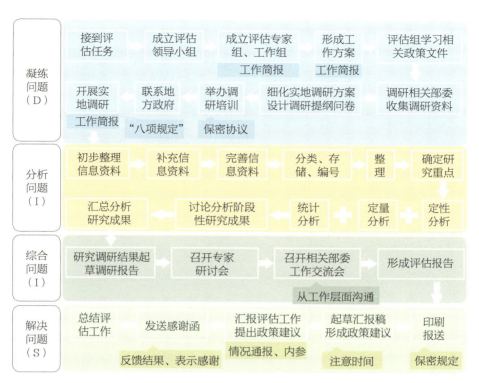

凝练 问题 （D）	接到评 估任务	成立评估 领导小组	成立评估专家 组、工作组 工作简报	形成工 作方案 工作简报	评估组学习相 关政策文件
	开展实 地调研 工作简报	联系地 方政府 "八项规定"	举办调 研培训 保密协议	细化实地调研方案 设计调研提纲问卷	调研相关部委 收集调研资料
分析 问题 （I）	初步整理 信息资料	补充信 息资料	完善信 息资料	分类、存 储、编号	整理	确定研 究重点
	汇总分析 研究成果	讨论分析阶段 性研究成果	统计 分析	定量 分析	定性 分析
综合 问题 （I）	研究调研结果起 草调研报告	召开专家 研讨会	召开相关部委 工作交流会 从工作层面沟通	形成评估报告
解决 问题 （S）	总结评 估工作	发送感谢函 反馈结果、表示感谢	汇报评估工作 提出政策建议 情况通报、内参	起草汇报稿 形成政策建议 注意时间	印刷 报送 保密规定

图6-7　第三方评估DIIS研究流程

6.3　第三方评估DIIS支撑平台

开展第三方评估，相应的 DIIS 支撑平台是必不可少的。基于第三方评估的关键问题，结合第三方评估 DIIS 框架，给出第三方评估的 DIIS 支撑平台，即第三方评估 DIIS 研究方法平台（方法详细介绍请参阅本书第 9 章常用研究方法工具）、第三方评估指标体系支撑平台、第三方评估专家支撑平台和第三方评估信息支撑平台，保证第三方评估结果的质量和可靠性。

6.3.1　第三方评估 DIIS 研究方法平台

（1）专家评议法

在第三方评估中，专家评议法是一种依赖评议专家知识、能力和经验进行主观判断的方法。其特点是相对快速、直接，在本质上是问卷调查、同行评议等一系列社会学研究方法的集成。专家评议方法借助专家自身知识和能力，由专家在阅读相关调研资料后，将自己的看法、观点和建议，用口头或者书面、定性或者定量的方式表达出来，给出最终价值判断供评估组参考。专家评议法的优点是能够集思广益，能够形成多元化的观点，也会针对一些具体问题提出观点。缺点在于由于专家的知识结构、认知水平等因素的限制，专家的选择对评估结果会产生一定影响；另外，受我国学术环境的影响，专家判断结果往往具有模糊性。

（2）问卷调查法

问卷调查法是一种从同行专家、管理者、决策者及利益相关方收集关于评价对象信息，并进行分析研究的社会学研究方法，一般采用匿名方式。基于受访者对评价对象有较为深刻的认识或了解，且愿意花时间填写问卷来提供自己真实的想法和信息这一基本假设，评估方可以根据调查的需求和目的，设计出一组问题向受访者收集信息。问卷调查法的优点是能够较为有效和经济地收集所需信息并通过抽样获得具有个性化的样本，增加对评价结果进行统计推断的准确性。问题在于建立在问卷基础上的描述性统计具有主观性，可收集信息的信度和效度难以保证。

（3）成本效益分析法

成本效益分析法是指对政策手段实施的投入成本和政策效果的产出进行比较，从而决定是否实施该政策及如何实施的评价方法，当负面成本大于正面收益时，该政策就因违背成本收益原则而被舍弃。成本收益法对于支撑政府决策的意义在于，不仅拟采用的政策行为需要依据大量而充分的信息支持，而且只有在公共利益大于社会成本时，才能施政。更为重要的是，政府决策应该站在为社会带来最高净利益的目标下，选择社会成本最少的方式来达成目标。

6.3.2 第三方评估 DIIS 指标体系平台

（1）指标选取原则

1）全面系统性原则。指标的选取应该注重全面性，必须能够全面反映评估对象的基本因素指标，指标同时也应该注重特殊性、导向性、完备性和高度的概括性。

2）代表性原则。指标体系的构建，最重要的就是选取能够反映相关问题的指标，相同类型的指标选取最具代表性的一个或几个指标，避免冗余。

3）一致性原则。"第三方"评估资质指标体系的构建必须适应于不同第三方评估主体，各项指标的内涵、统计口径和适应范围对不同类别必须一致，具有可比性。

4）独立性原则。指标体系中各指标之间不应有很强的相关性，不应出现过多的信息包容、涵盖而使指标内涵重叠。

5）可操作性原则。在设计指标体系时，要根据数据收集的难易程度对某些指标进行取舍，对那些通过各个方面的努力仍无法得到数据的指标，在指标体系中尽量少用或者采用近似指标代替，保证评价的客观。

（2）指标体系构建思路

以政府绩效评估为例，构建三个层次的第三方评估指标体系：在第一层次，将全部政府绩效划分为对外管理职能绩效和内部管理职能绩效两大类别，形成一级指标体系。在第二层次，将政府对外管理职能划分为经济发展、市场监管、社会管理、公共服务和平衡发展五项基本职能，并与政府职能的差异性和特殊性相结合，确定少量的区域性特色职能指标；同时，将政府内部管理职能划分为依法行政、行政产出比、行政廉洁、行政成本、政务公开五项基本职能，形成二级指标体系。在此之下，形成由多个具体评估指标组成的三级政府绩效结构和指标体系。

（3）指标权重设定

除了具体指标的选取，评估指标权重的设定方式也是第三方评估技术路线的基本构成要素。一般而言，在对评估指标运用排序赋值法的基础上，对各级指标的权重设定采取专家德尔菲法、专家评议法、问卷调研法等相互印证，最终确定各级指标权重，进行综合加权得分，从而形成第三方评估的基本技术路线。

6.3.3　第三方评估 DIIS 信息支撑平台

第三方评估信息的获取应遵循针对性、系统性、预见性、科学性、计划性、及时性、完整性等基本原则。评估信息内容和评估信息源不同（表6-1），其获取途径与方法也各不相同。第三方评估信息获取常用的方法和策略如下。

（1）逻辑关系法

根据评估内容和评估对象进行推理分析，依据评估目标和评估环节的逻辑关系或先后过程获取必要的评估信息，并对在程序中后续其他程序或环节有重大影响的关键过程或环节进行重点采集，通过这些信息判断评估对象的整体情况。

（2）分类获取法

在第三方评估过程中，评估信息的获取首先要对所需要获取的评估信息进行分类，然后由不同的评估主体分类进行专项采集。实行评估信息的分类获取，能够比较全面、系统、完整、详细地获取评估所需要的信息。信息分类必须科学，根据评估对象和评估过程的特点，以及它们之间的内在逻辑关系进行分类，避免遗漏和重复采集。

（3）评估主体咨询法

咨询是获取评估信息的最常用方法之一。咨询的对象一般是第三方评估的主体，包括评估管理者、组织者、实施者、参与者和利益相关方。涉及的人员有政府官员、政策制定者、专家学者、管理人员、监管人员等，不同类型的人员掌握的信息不同，因此通过咨询法获得的信息也不尽相同。信息获取人员必须具有较高的水平，才能对获取的信息进行比较并有效鉴别，得到真实可靠的信息。

（4）对比法

对比法也是获取评估信息常用的方法。主要通过评估对象的自评和评估目标或标准进行比较、评估对象的实际情况与预期目标比较、评估对象之间的比较、评估对象自身现在和过去的比较、对照从不同渠道得来被评估对象的信息等方式，来获取所需的评估信息。

以上评估方法各具特点，它们之间不是孤立的，而是相互联系的，共同组成了一套方法体系。在评估过程中，可以以一种方法为主、其他方法为辅，也可以根据实际情况多法并用。

评估信息类型和内容十分丰富，信息来源的渠道和途径也极为广泛。因此，在评估信息获取过程中，信息获取的渠道和途径不能太单一，应该多样化。通过多种渠道和途径收集信息，对不同来源的数据进行比较核实，找出可信度比较高的信息，尽量消除因信息失真造成的误差。

表6-1　评估信息采集的主要渠道与途径

	信息内容	主要特点和困难
现有信息采集整理	公开发布的数据及相关报告	节约时间、成本。对信息可信度的判断比较困难
抽样调查	调查问卷设计发放、数据统计	可以在需要的范围内推断总体。时间长、工作量大
单独访谈	个人的信息、意见、观点和感受	直接针对重要或有争议的问题。可能存在个人偏见
群体座谈	集体的信息、意见、观点和感受	易于发现共性意见。不会涉及敏感问题
实地调研	重要情况核实，现场考察	可获得第一手信息。不能简单推断总体，费时费力
网络采集	各类信息	快捷，及时，信息量大。信息整理加工烦琐，可信度需要判断
正规取证	各种具有法律效应的证明材料	信息具有权威性。程序复杂费时

6.3.4　第三方评估 DIIS 专家支撑平台

专家研判是第三方评估 DIIS 方法的核心环节，评估专家的遴选和研判方式的选择会在很大程度上决定评估结果的科学性和可信度。因此，选择高水平、覆盖面广的评估专家就尤为重要。第三方评估专家支撑平台包含政策专家、战略专家、情报专家、领域专家和管理专家，在专家遴选上应遵循如下原则。

（1）学术权威性

第三方评估主体中，科研院所和高等院校居多的原因，正是其具有较高的学术权威，能够客观地发表第三方观点。评估专家选择的首要原则是学术权威性，即评估专家在某个研究领域曾经做出过或正在做有价值的研究工作，具有高的学术水平和学术名望。学术权威性有三个内涵：一是评估专家具有广博的专业知识；二是评估专家具有旺盛的创造力和较高的学术水平；三是评估专家对本领域的国际前沿和国内的研究工作状况具有足够的了解。三个内涵相辅相成，缺一不可，共同构成了学术权威性的范畴。

（2）来源广泛性

评估专家都有自己的工作单位和所属部门，因此一般或多或少地都带有一些部门色彩，专家本身也存在认知偏差等个人因素。为了消除这些因素可能对评估造成的影响，评估专家应该具有比较广泛的来源，不仅包含评估内容所涉及的各个领域，而且还要尽可能地平衡每个类型的专家数量，做到不缺位、不偏颇。

（3）结构合理性

评估专家应该具有合理的年龄结构、知识结构和教育经历。年龄结构合理，即老、中、青专家相结合，评估专家中既有德高望重的学术权威，又有年富力强的青年才俊。合理的知识结构是专家结构合理性的重要组成部分，评估内容有时会涉及多个领域，在专家数量一定的前提下，尽可能邀请知识面广博的各类专家，尽可能多地涵盖评估内容。合理的教育经历，是指专家来自不同的毕业院校和工作单位，可避免由于评估专家对母校的某种情结或因受到工作单位的影响而可能使评估结果出现偏差。

（4）评估公正性

要求评估专家站在国家利益的高度，严格遵守科学研究同行评议行为规范，按照客观公正的原则开展第三方评估，不因为一己私利或者部门利益得出违背真实情况的评估结果。

6.4 第三方评估DIIS实践案例

自2013年以来，李克强总理在国务院常务会议上多次专门谈到第三方评估，从国务院到各个部委、地方政府，都开始引入第三方评估。2014年6月，国务院督查首次引入第三方评估，对已经出台的政策措施落实情况进行全面检查。根据部署，第三方评估主要邀请全国工商联、国务院发展研究中心、国家行政学院和中国科学院四家机构，围绕简政放权、棚户区改造、精准扶贫、重大水利工程等部分重点政策措施落实情况展开评估，以便于自查与督查情况进行对照分析。李克强总理听取4家单位汇报后指出，第三方评估对政府工作既是监督、也是推动，要形成制度。由此可见，第三方评估作为政府管理方式的一种重要创新，是政府推进深化改革、加大政策执行力度的重大改革举措，使国家治理体系和治理能力朝着现代化进程迈进。建立完善的第三方评估机制，无疑将成为服务我国全面深化改革、确保经济社会发展行稳致远的重要手段。

中国科学院积极发挥科技智库作用，对政策措施落实情况开展科学评估。本节以2014年以来，中国科学院承担的国家委托的第三方评估任务为例，代入分析第三方评估在DIIS理论与方法中的应用。通过研究，不难看出，科学合理、行之有效的第三方评估始终遵循智库问题的DIIS理论方法研究思路，即收集数据（D）—揭示信息（I）—综合研判（I）—形成方案（S）的流程。对于具体的评估问题，由于委托方和评估内容不尽相同，第三方评估在DIIS各环节中的侧重也有所不同。

6.4.1 国务院重大水利工程建设和解决农村人口饮水安全问题政策措施落实情况的第三方评估

2014年6月，根据国务院部署，中国科学院作为第三方评估机构对"加快重大水利工程建设，今年再解决6000万农村饮水安全问题"的政策措施落实情况开展评估。这项工作既有很强的政治性、政策性，又有很强的学术性、战略性。中国科学院由院领导牵头，成立评估领导小组、专家组和咨询组，科学设计评估方案，规范高效组织实施，分为重大水利工程组和农村人口饮水安全组分别组织开展部委、地方政府和利益相关方访谈，进行项目实施实地调研，研究分析资料数据，高质量完成了评估任务。从这项第三方评估案例中可以发现，评估过程遵循智库问题的DIIS理论方法研究思路，具体如下（图6-8）。

（1）凝练问题—收集数据（D）

针对涉及政策落实的多个环节，制定了资料调研、座谈访谈与实地考察相结合的评估工作实施方案。重大水利工程评估组基于长期工作基础和数据积累，结合地域特点和社会经济状况，采用经验抽样方法，选定对湖北、江西、四川、重庆、山东、河北、辽宁和甘肃8个省市开展调研，从6类172项重大水利工程中抽取了8个重大水利工程和5个小农水重点县作为具体调研点。农村饮水安全评估组根据2013年、2014年农村饮水安全投资安排和工程实施情况，分别选取我国东部、中部、西北部、西南部的山东、江西、甘肃和贵州四省作为调研省份，每个省再选择近两年均有项目、投资金额较大的3个县共计12个县作为调研对象。评估组设计了一套细致翔实的访谈提纲和

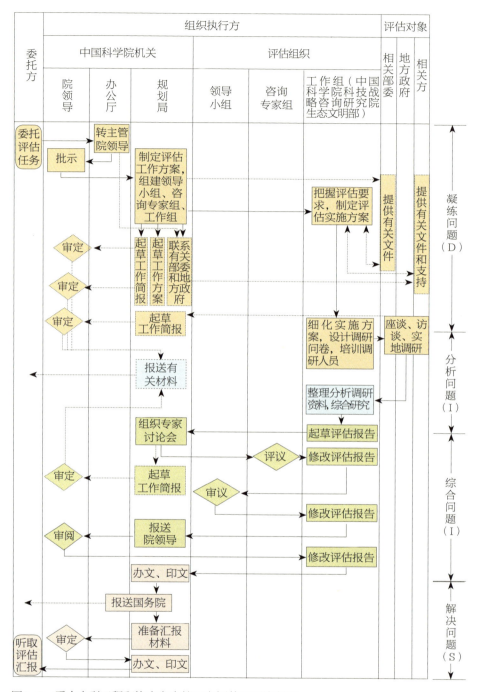

图6-8　重大水利工程和饮水安全第三方评估DIIS流程图

问卷调查表，重大水利工程调研包括 5 类 359 个问题，农村饮水安全调研包括 8 类 440 个问题。

该阶段主要采用了第三方评估 DIIS 研究方法平台中的专家评议法和问卷调查法，将访谈与实地调研相结合。访谈和调研主要涵盖四方主体：一是与水利部、国家发展和改革委员会、财政部和地方政府相关部门座谈，了解重大水利工程建设和农村饮水安全相关规划和项目进展情况，查阅有关资料。二是与八省一市的水利、发改、财政、卫计、环保等相关部门分组座谈和单独访谈，重点了解相关工作进展、部门间协调及有关建议等；三是对抽样地实地调研，侧重掌握项目的实际进展和效果。根据重大水利工程的类型，现场抽取 60 个点进行实地考察。农村饮水安全组在 12 个县，现场随机抽取了 79 个项目进行实地调研。四是与利益相关方访谈，着重听取施工方、监理方、农户等各方共同声音和不同看法。

（2）分析问题—揭示信息（I）

分析问题阶段，对以上凝练问题阶段通过 DIIS 信息平台分类获取法获得的大量政策文件、调查问卷、数据资料、访谈材料和访谈纪要，进行分类和筛选，对于需要进一步补充和完善的信息进行二次追踪，返回凝练问题阶段再次获取数据，直至信息完备。最后将有效数据按照统计规范进行录入，完成编号、存储等工作。

对于第一手数据资料，通过第三方评估 DIIS 研究方法平台，采用定性分析方法研究文献资料，采用定量分析方法研究数据统计资料，采用统计分析方法研究批量研究调查问卷，将三种分析方法有机结合，合理分工进行数据处理分析，多次召开集中研讨会议，各组间抽样检查数据，按照评估方案确定的任务、目标和具体指标，讨论形成阶段性研究成果，为后续专家研判提供基础。

（3）综合问题—综合研判（I）

综合问题阶段的核心环节是依托 DIIS 专家支撑平台，充分发挥不用类型专家作用，对评估结论进行准确研判，提出系统解决方案。评估专家基于长期研究积累，查阅本次调研获取的一手资料数据，通过 DIIS 研究方法平台的比较分析法、成本收益法等，对主要评估指标进行打分，并得出最终评估结论。

评估组采用定性分析法（专家会议法、德尔菲法）、技术经济分析方法、运筹学方法（数据包络分析、排队论）、数理统计方法、模糊评价方法（主成分分析、聚类分析），定性与定量相结合，系统分析与案例剖析相结合，注重相关性分析，找准问题及原因，着眼于既解决现实问题又有利于长远发展，从体制机制和政策方面提出建议，形成第三方评估报告。

（4）解决问题—形成方案（S）

本次第三方评估是由国务院委托，解决问题阶段要符合国务院工作程序，规范性、政策性较强。评估组根据国务院要求，对评估报告进行编辑印刷和报送。此过程由于部分数据密级较高，评估结论也比较敏感，注意做好保密工作。本次评估需要在国务院常务会议上汇报评估结果，评估组结合报告内容，进行高度凝练，起草了评估报告汇报稿，提出了政策建议。主要领导对评估报告进行汇报，顺利圆满完成第三方评估任务。

最后，评估组按国务院要求将评估结果反馈至评估单位，并对评估工作进行总结，研究评估过程中出现的问题，提出改进方案，为今后第三方评估工作积累经验。此外，对支持评估工作的省份、部委等部门单位致函表示感谢。

6.4.2 国务院精准扶贫、精准脱贫政策措施落实情况第三方评估

2015 年 7 月，按照国务院部署，中国科学院承担了对实施"精准扶贫、精准脱贫"政策措施落实情况第三方评估的任务。中国科学院充分发挥研究专长和优势，围绕评估任务，通过系统调查研究，以数据资料为基础，采用

科学方法，全面了解和掌握精准扶贫、精准脱贫相关政策制定、工作进展和成效，总结和分析存在的问题，系统评估相关政策措施落实情况，并提出建议，形成解决方案。

从这项第三方评估案例中可以发现，评估过程遵循智库问题的DIIS理论方法研究思路，具体如下（图6-9）。

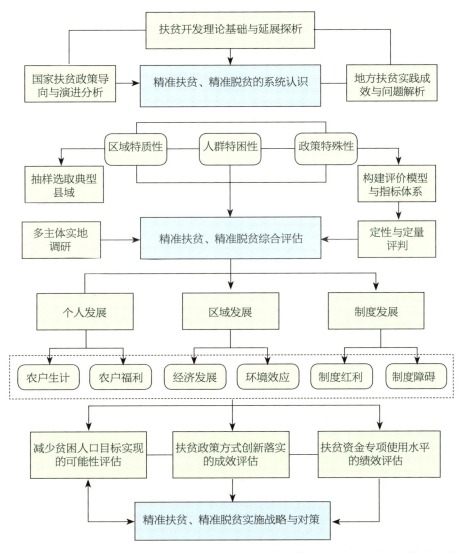

图6-9　实施"精准扶贫、精准脱贫"政策措施落实情况第三方评估工作方案与技术路线

（1）凝练问题—收集数据（D）

在凝练问题阶段，中国科学院充分发挥多学科、多部门协作优势，面向"稳增长促改革调结构惠民生"重大政策措施落实情况评估任务要求，立足长期科学研究、成果基础，调动全院相关专业人员、院地合作力量，组建了包含领导小组、咨询专家组、评估专家组、调查分析组、野外调研组五个小组在内的评估队伍。紧扣第三方评估关键问题中评估方案的编制原则，坚持独立性、客观性和科学性，选择适用的调查技术、评估方法和指标体系，制定科学的评估工作方案及其技术路线，确保评估过程科学合理、评估结果真实可信。

为了收集大量的第一手信息资料，针对集中连片贫困地区和不同类型的扶贫工程，评估组走访了 15 个相关部门，分 7 个小组赴 10 个集中连片特困区进行调研，与 23 个贫困县的地方政府座谈，实地考察了 124 个贫困村、64 个扶贫企业，访谈干部群众 2600 余人，获得调查问卷 2139 份。并调研了实施精准脱贫政策的典型案例，阅研相关材料和代表性文献，系统全面揭示评估信息，完成第三方评估的问题凝练。

（2）分析问题—揭示信息（I）

面向不同类型的精准扶贫模式及政策措施，采用专题问卷调查、调研访谈、描述统计、计量模型、典型案例、区域分析等多种方法，深度研判扶贫进展情况、扶贫政策机制创新、扶贫政策落实情况和扶贫基金使用及绩效情况。具体方法如下。

1）成本收益方法。针对财政扶贫资金确定的目标，比较支出所产生的效益以及所付出的成本，通过比较分析，最小成本取得的最大效益是最优项目，为精准扶贫工程建设与绩效评价提供科学依据。

2）最低费用法。是对成本—收益分析方法的有效补充，通过计算每项备选方案有形费用，以费用最低为标准来确定支出目标。

3）问卷调查法。通过设计不同形式、不同对象的调查问卷，发给一定数量人员填写，最后汇总调查问卷，实施评价、形成判断。

4）综合分析法。在基于调查和多种效益指标计算基础上，根据一定的权数计算扶贫开发综合效益，为开展专家咨询决策提供依据。

（3）综合问题—综合研判（I）

综合问题阶段，主要采用专家评议法，通过聘请有关领域专家，基于相关资料收集、汇总、分析、综合，就评估问题进行综合评价、判断和决策。评估结合专家综合研判结果，围绕总体进展、主要问题、群众意愿、基本观点和政策建议五个方面，研究形成了"精准扶贫、精准脱贫"实施进展的第三方评估报告。此外，为了确保报告内容的准确、真实，评估组就报告中的部分依据和结论与相关单位通报沟通，进一步完善评估报告。

（4）解决问题—形成方案（S）

解决问题阶段的基本流程与国务院重大水利工程建设和解决农村人口饮水安全问题政策措施落实情况的第三方评估类似，这里不再赘述。本次评估，通过以上第三方评估 DIIS 研究方法，建立了"精准扶贫、精准脱贫"实施进展与调查分析数据库、系列分析图，为深化新时期扶贫开发战略与政策提供参考依据，出色完成了第三方评估任务。

第4篇

智库

DIIS

组织

建设

体系

第7章 智库DIIS组织建设体系

现代智库立足于高质量、独立性和科学性的分析研究工作，促进国家战略、规划和政策的制定与实施，研究中注重全过程的科学性和有效性。本章从系统科学和组织理论出发，凝练 DIIS 研究过程中的共性和必备的要素，建立结构完善、流程清晰、适应性强、具备持续改进能力的 DIIS 模块，形成相应的 DIIS 组织架构和管理机制，确保研究成果的高质量和客观性，为智库机构的组织建设提供一种指引。

7.1 智库DIIS组织架构

随着信息化的快速推进，以及智库跨学科的特征日益凸显，现代智库的信息化和专业化水平不断提升，智库组织的组成要素和运行方式也在发生着变化。本节以国际著名智库兰德公司的研究方法中心为例（专栏 7-1），用 DIIS 理论方法分析智库研究的组织架构，提出 DIIS 理论方法组织体系。

专栏 7-1 国际智库研究案例——兰德公司

兰德公司成立于1948年，是一所非营利性的研究和咨询服务机构，是美国最有影响的综合性战略智库之一。半个多世纪以来，兰德公司已形成了自己独特的问题分析与决策分析的技巧与方法，针对研究过程中的必备研究要素组建相应的研究方法中心，涵盖了博弈论、德尔菲法、网络分析、因果推断和决策分析等多种方法，具体设有如下六个中心。① 应用网络分析与系统科学中心。通过严谨的网络研究方法提供基于分析结果的解决方

案，主要研究系统的相互关系及如何影响个体和系统的结果。② 定性综合方法中心。通过对迭代和探索性数据的收集分析，开发可以生成经验性见解的工具，并提供咨询服务。③ 因果推断中心。致力于政策研究中因果推理方法的开发应用，用于推断计划与结果之间的因果关系。④ 博弈中心。通过考虑各种可能方案，基于博弈的方法提升政策领域中的决策力。⑤ 可扩展计算与分析中心。开发大数据分析的方法和软件工具，为兰德提供科学数据支撑，从中识别政策问题。⑥ 不确定决策中心。明确政策制定的不确定性，传达风险的程度和范围，分析不同风险方案下相应的结果，从而评估政策领域研究中不确定性和风险水平的程度及范围。

为了保证研究质量，除了组建上述方法中心，兰德公司还制定了一整套高质量研究标准（共十条）[①]。从 DIIS 角度可以发现，该套标准对研究报告的收集数据(data)、揭示信息(information)、综合研判(intelligence)和形成方案（solution）四个环节分别有相应的要求，具体如下。

1）收集数据（data）环节。① 合理界定问题，明确研究目的：必须尽可能全面地界定研究问题，以确保解决或有效处理问题的方式界定问题，并建立衡量进展的实质性指标。② 使用高质量的数据和信息：数据生成方法应有规定且经过筛选，应说明数据的质量限制，且数据信息准确并可经检验。

2）揭示信息（information）环节。③ 精心设计研究方法并严格执行：所选的研究方法必须要适合所研究的问题和目的，在研究方法操作中需有技术性和创新性。

3）综合研判（intelligence）环节。④ 研究者应了解相关的研究项目：当前研究应该与过往研究形成紧密而清晰的关系，解释现有研究是否认

[①] 资料来源：https://www.rand.org/zh-hans/quality.html。

同已有研究，或者与已有研究有何不同。⑤ 研究应具有客观性、独立性和公平性：制定严格的机制确保独立性，通过公平对待、准确描述和权衡利弊的方式，在相互竞争的立场间取得平衡。

4）形成方案（solution）环节。⑥ 假设应明确和合理：研究假设需要综合考虑影响研究结果有效性和建议可行性的不确定因素，并通过改变假设分析不同情形下的研究结果。⑦ 研究的意义和建议应合乎逻辑，并通过研究结果提出研究建议：研究建议从逻辑上必须与研究结果一致，并以研究结果作为支撑。⑧ 研究结果应推动知识进步，可以对政策问题给出建议：研究结果需具有科学价值，丰富现有知识，可从政策层面设计讨论框架。⑨ 研究应具有实用性，并关乎利益相关者和决策者：研究注重现实问题的政策研究，并与各方利益相关者展开交流，确保研究的相关性和建议的实用性。⑩ 语言表达应准确、易懂和具有说服力：研究应便于受众理解，并表明内容准确性的置信水平。

由上述实践案例可以看出，兰德公司在运行时注重从两方面保证智库研究成果的高质量和客观性：在研究功能层面，针对智库研究过程中的必备研究要素成立相应的方法中心，并对方法进行持续改进和创新；在研究流程层面，该公司对收集数据、揭示信息、综合研判和形成方案四个研究环节分别提出相应的要求。因此，在建设智库组织系统时需充分考虑智库研究功能和研究流程，形成系统综合的研究模块，从而保证研究成果的高质量和客观性。

从系统科学角度分析，智库 DIIS 组织系统由 DIIS 功能子系统、DIIS 研究子系统和 DIIS 支撑子系统构成（图 7-1）。其中，DIIS 功能子系统由 DIIS 研究流程的共性要素组成，形成 DIIS 功能模块，为研究智库问题提供基础；DIIS 研究子系统由 DIIS 四个环节的研究要素组成，形成 DIIS 研究模块，保证高质量的智库报告；DIIS 支撑子系统依据智库 DIIS 组织的需要由项目管理、人事管理和财务管理要素组成，形成 DIIS 支撑模块，保障 DIIS 组织系统的运行。

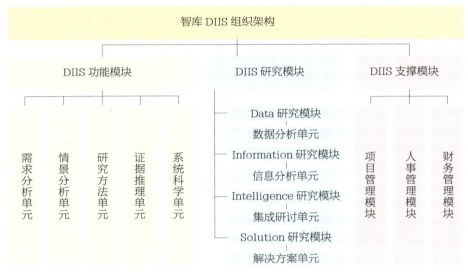

图7-1　智库DIIS组织架构

7.1.1　DIIS 功能模块

　　DIIS 功能子系统由 DIIS 研究流程的共性要素组成，形成 DIIS 功能模块，为研究智库问题提供基础，以确保智库报告的高质量和科学性。DIIS 功能模块下设需求分析单元、情景分析单元、研究方法单元、证据推理单元和系统科学单元。各单元协同完成 DIIS 研究流程的 11 个步骤（图 7-2），确保研究的科学性。

7.1.1.1　需求分析单元

　　功能：协同完成 DIIS 研究流程的 Step 1（界定问题）和 Step 8（综合研判）。

　　定位：分析研究问题的目标、对象、资源约束和利益相关方的诉求，明

界定问题（step 1）

1 需求 分析单元	1 情景 分析单元	1 系统 科学单元	1 数据 分析单元
输入：问题、资源条件等 输出：利益相关方的诉求；明确研究问题对资源、专家、数据和方法的需求；问题边界 关键：问题的需求与边界	输入：问题、资源条件等 输出：待研究问题面临的不确定环境及影响因素；各类不确定环境下问题的特征 关键：问题的不确定性和风险程度	输入：问题、资源条件等 输出：将问题作为系统，对系统要素进行跨学科与多领域的研究，界定问题的特征 关键：问题的特征	输入：问题关键词、领域、行业等 输出：问题相关学科与领域的数据资料；数据质量评估报告 关键：问题相关数据及其可信程度

↓

分解问题（step 2）

2 系统科学单元	2 研究方法单元	3 信息分析单元
输入：问题需求、边界和特征 输出：将问题学科再分解为多个子问题；各子问题的相互关系 关键：分解问题为多个子问题及其相互关系	输入：问题的相关数据和方法需求 输出：选择合适的研究方法对问题相关数据进行整理分析 关键：数据信息分析方法	输入：问题数据和面临环境、分解后的子问题 输出：问题数据的情报分析，确定待研究问题的关键点 关键：待研究问题的关键点

**分解待改善
返回 Step 2**
需重新补充
·关键假设
·子问题集
·情景假设
·数据信息

↓

检验问题（step 3）

4 证据推理单元	4 集成研讨单元
输入：关键假设、子问题集、不确定环境、数据质量评估报告、数据 输出：问题的可行性、科学性和完备性；关键假设和情景假设的合理性 关键：检验问题分解是否科学合理	输入：关键假设、子问题集、不确定环境、各子问题的相互关系 输出：研讨问题分解的全面性和科学性；是否可以满足问题的需求 关键：检验问题分解是否全面，分解后的子问题是否可以满足需求

↓ 分解全面

确定问题及技术路线（step 4）

5 情景分析单元	6 解决方案单元
输入：待研究问题的关键点，不确定环境及影响因素 输出：问题的不确定分析及可能情景集 关键：问题的可能情景集	输入：检验后的子问题集、可能情景集、待研究问题的关键点 输出：需深入研究的子问题；不同情景下研究问题的框架及技术路线 关键：深入研究的子问题及研究技术路线

↓

研究子问题（step 5）

7 研究 方法单元	8 数据 分析单元	9 信息 分析单元	10 集成 研讨单元	11 解决 方案单元
输入：待研究子问题、研究框架及技术路线 输出：选择合适的研究方法研究子问题 关键：子问题研究方法	输入：子问题关键词 输出：文献情报资料、数据资料、专家访谈、实地调研资料 关键：子问题相关数据	输入：子问题数据资料、问题需求、可能情景集 输出：整理分析数据，形成子问题客观认知 关键：子问题情报分析	输入：子问题客观认知、问题需求、可能情景集 输出：综合相关学科领域专家意见，研判各子问题 关键：子问题研判意见	输入：子问题研判结果、问题需求、可能情景集 输出：初步形成各子问题的解决方案 关键：子问题解决方案

↓

凝练问题阶段

**Data
研究模块**
输入：智库待研究问题及资源条件等
输出：待研究问题的特征，分解问题为多个子问题，解决问题的技术路线

分析问题阶段

**Information
研究模块**
输入：待研究子问题和研究技术路线
输出：各子问题的初步研究结果

（续下页）

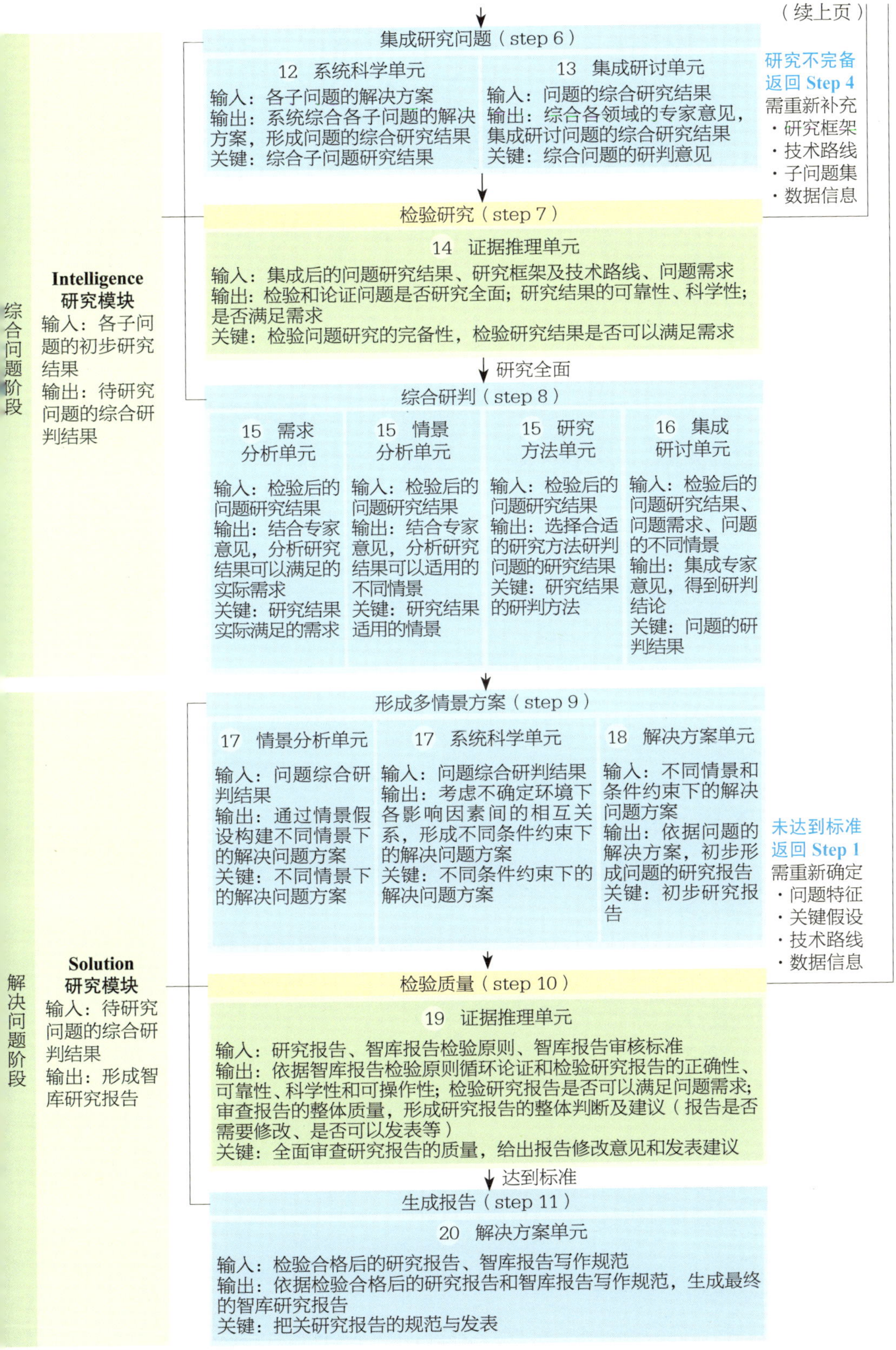

（续上页）

集成研究问题（step 6）

12 系统科学单元

输入：各子问题的解决方案
输出：系统综合各子问题的解决方案，形成问题的综合研究结果
关键：综合子问题研究结果

13 集成研讨单元

输入：问题的综合研究结果
输出：综合各领域的专家意见，集成研讨问题的综合研究结果
关键：综合问题的研判意见

研究不完备
返回 Step 4
需重新补充
· 研究框架
· 技术路线
· 子问题集
· 数据信息

检验研究（step 7）

14 证据推理单元

输入：集成后的问题研究结果、研究框架及技术路线、问题需求
输出：检验和论证问题是否研究全面；研究结果的可靠性、科学性；是否满足需求
关键：检验问题研究的完备性，检验研究结果是否可以满足需求

↓ 研究全面

综合研判（step 8）

15 需求分析单元

输入：检验后的问题研究结果
输出：结合专家意见，分析研究结果可以满足的实际需求
关键：研究结果实际满足的需求

15 情景分析单元

输入：检验后的问题研究结果
输出：结合专家意见，分析研究结果可以适用的不同情景
关键：研究结果适用的情景

15 研究方法单元

输入：检验后的问题研究结果
输出：选择适合的研究方法研判问题的研究结果
关键：研究结果的研判方法

16 集成研讨单元

输入：检验后的问题研究结果、问题需求、问题的不同情景
输出：集成专家意见，得到研判结论
关键：问题的研判结果

形成多情景方案（step 9）

17 情景分析单元

输入：问题综合研判结果
输出：通过情景假设构建不同情景下的解决问题方案
关键：不同情景下的解决问题方案

17 系统科学单元

输入：问题综合研判结果
输出：考虑不确定环境下各影响因素间的相互关系，形成不同条件约束下的解决问题方案
关键：不同条件约束下的解决问题方案

18 解决方案单元

输入：不同情景和条件约束下的解决问题方案
输出：依据问题的解决方案，初步形成问题的研究报告
关键：初步研究报告

未达到标准
返回 Step 1
需重新确定
· 问题特征
· 关键假设
· 技术路线
· 数据信息

检验质量（step 10）

19 证据推理单元

输入：研究报告、智库报告检验原则、智库报告审核标准
输出：依据智库报告检验原则循环论证和检验研究报告的正确性、可靠性、科学性和可操作性；检验研究报告是否可以满足问题需求；审查报告的整体质量，形成研究报告的整体判断及建议（报告是否需要修改、是否可以发表等）
关键：全面审查研究报告的质量，给出报告修改意见和发表建议

↓ 达到标准

生成报告（step 11）

20 解决方案单元

输入：检验合格后的研究报告、智库报告写作规范
输出：依据检验合格后的研究报告和智库报告写作规范，生成最终的智库研究报告
关键：把关研究报告的规范与发表

综合问题阶段

Intelligence 研究模块
输入：各子问题的初步研究结果
输出：待研究问题的综合研判结果

解决问题阶段

Solution 研究模块
输入：待研究问题的综合研判结果
输出：形成智库研究报告

图7-2　DIIS研究模块流程图

确研究问题对资源、专家、数据和方法的需求，界定问题的边界；结合专家意见，分析研究结果可以满足的实际需求。

平台：基于 DIIS 研究平台的数据集、调查集、方法集、专家集和案例集。

技术：跟踪调查数据、预测分析、行为模拟等。

7.1.1.2　情景分析单元

功能：协同完成 DIIS 研究流程的 Step 1（界定问题）、Step 4（确定问题及技术路线）、Step 8（综合研判）和 Step 9（形成多情景方案）。

定位：梳理不确定的多变环境及影响因素，界定研究问题在各类不确定环境下的特征；对研究问题进行不确定性分析，形成可能的情景集；结合专家意见，分析研究结果可以适用的不同情景；通过情景假设构建不同情景下的解决问题方案，供决策者择优选择。

平台：基于 DIIS 研究平台的数据集、调查集、方法集、专家集和案例集。

技术：模拟、仿真、不确定性分析等。

7.1.1.3　研究方法单元

功能：针对 DIIS 常用的或具备理论探索前景的方法进行研究，并对研究方法进行创新。协同完成 DIIS 研究流程中的 Step 2（分解问题）、Step 5（研究子问题）和 Step 8（综合研判）。

定位：选择合适的研究方法对研究问题的数据进行整理分析；选择合适的研究方法研究各子问题；选择合适的研究方法对问题研究结果进行研判。

平台：基于 DIIS 研究平台的方法集。

7.1.1.4　证据推理单元

功能：协同完成 DIIS 研究流程的 Step 3（检验问题）、Step 7（检验研究）、Step 10（检验质量）。

定位：检验待研究问题的可行性、科学性和分解的完备性，检验关键假设和情景假设的合理性，检验分解后的子问题是否可以满足问题的需求；依据集成后的问题研究结果，检验和论证问题是否研究全面，检验研究结果的可靠性和科学性，检验研究结果是否可以满足问题需求；依据 3.6.1 节智库报告检验原则循环论证和检验研究报告的正确性、可靠性、科学性和可操作性，检验研究报告是否可以满足问题需求，依据 3.6.2 节的智库报告审核标准对报告的整体质量进行审查，形成研究报告的整体判断及建议（报告是否需要修改、是否可以发表等）。

平台：基于 DIIS 研究平台的方法集、专家集、案例集和标准集。

技术：差异分析、倾向得分评估、工具变量等。

7.1.1.5　系统科学单元

功能：协同完成 DIIS 研究流程的 Step 1（界定问题）、Step 2（分解问题）、Step 6（集成研究问题）和 Step 9（形成多情景方案）。

定位：考虑各学科间的联系对问题进行跨学科与多领域的研究，将待解决的问题作为一个系统，对系统要素进行综合分析，界定研究问题的特征；将问题进行学科再分解，逐步分解为多个子问题，利用系统分析法研究各子问题的相互关系，对问题进行关键假设；系统综合各子问题的解决方案，形成问题的综合研究结果；在不确定环境下，考虑各影响因素之间的相互关系及可能产生的结果，形成不同条件约束下的方案集。

平台：基于 DIIS 研究平台的方法集、专家集、案例集。

技术：系统分析、可视化图形、网络地图、GIS 绘图等。

7.1.2　DIIS 研究模块

智库问题的研究需结合问题特征，在问题导向、证据导向和科学导向下进行跨学科和多领域的研究，研究过程中可遵循凝练问题—分析问题—综合问题—解决问题的 DIIS 理论方法研究流程，其从整体上分别对应 DIIS 的收集数据（data）、揭示信息（information）、综合研判（intelligence）和形成方案（solution）四个环节。DIIS 研究子系统从 DIIS 研究流程出发，将智库 DIIS 的研究组织化、流程化与业务化，形成智库 DIIS 研究模块，保障 DIIS 理论方法体系和 DIIS 主题研究方法体系的运行。智库 DIIS 研究模块依据 DIIS 的四个环节分为 Data 研究模块、Information 研究模块、Intelligence 研究模块和 Solution 研究模块。在研究智库问题时，各研究模块依次负责 DIIS 研究流程的四个环节（图7-3），最终形成高质量的智库报告。

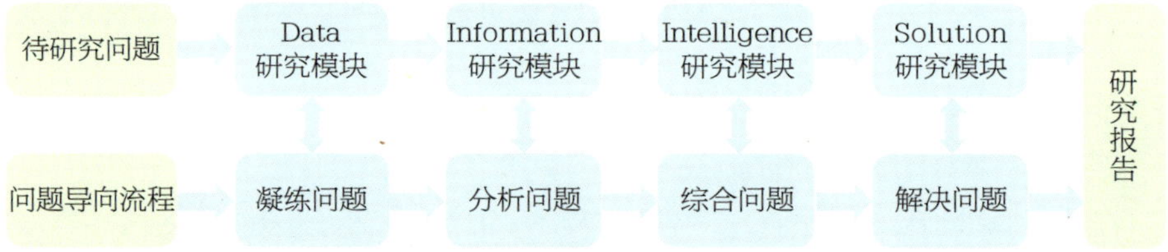

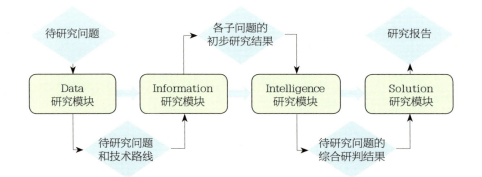

图7-3　与DIIS研究流程对应的DIIS研究模块

智库问题可通过 DIIS 研究模块的 Data、Information、Intelligence 和 Solution 四个研究模块在 DIIS 研究流程下生成研究报告，各研究模块输入输出如图 7-4 所示。

图7-4　DIIS研究模块输入输出图

7.1.2.1 Data 研究模块

Data 研究模块负责问题流程第一阶段（凝练问题阶段）研究的开展，并下设数据分析单元，与 DIIS 功能模块协同完成 DIIS 研究流程。

（1）主要职能

输入：智库的待研究问题及资源条件等。

过程：首先，考虑各学科间的联系对问题进行数据收集、整理和备份，分析研究的目标、对象、资源约束及具体需求，界定研究问题的特征；其次，将待研究的问题进行学科再分解，逐步分解为多个子问题，找准问题研究的关键点；再次，检验待研究问题分解得是否全面和科学；最后，对分解后的子问题进行分析，明确其是否值得研究、是否已有相关研究或现有研究存在的不足，确定需深入研究的子问题，并依据研究目标、对象、资源约束及具体需求形成解决问题的技术路线。

输出：待研究问题的特征，分解待研究问题为多个子问题，形成解决问题的技术路线。

（2）数据分析单元

功能：对组织内完成的研究成果及其相关数据进行备案；对组织内使用数据资源设置数据共享和保密条件，建立 DIIS 数据库；协同完成 DIIS 研究流程的 Step 1（界定问题）和 Step 5（研究子问题）。

定位：考虑各学科间的联系对问题进行跨学科与多领域的数据收集、整理和备份，给出数据质量评估报告；收集分解后子问题的相关资料，如文献情报资料、数据资料、专家访谈资料、实地调研资料等。

平台：基于 DIIS 研究平台的数据集、调查集和检索集。

技术：大数据算法、开源数据挖掘、可视化数据技术等。

（3）具体实施

通过 DIIS 功能模块的需求分析单元、情景分析单元、研究方法单元、证据推理单元、系统科学单元和 DIIS 研究模块协同完成凝练问题阶段的研究。

7.1.2.2　Information 研究模块

Information 研究模块负责问题流程第二阶段（分析问题阶段）研究的开展，并下设信息分析单元，与 DIIS 功能模块协同完成 DIIS 研究流程。

（1）主要职能

输入：待研究子问题和解决问题的技术路线。

过程：首先，收集和整理各项子问题的相关数据，为研究各项子问题时涉及的学科领域选择相应的专家；其次，结合现有知识和专家知识，依据解决问题的技术路线初步形成各子问题的客观认知；再次，对问题进行不确定性分析，考虑相关学科领域的专家意见，结合各子问题的客观认知对各子问题进行研判；最后，依据研判结果，初步形成各子问题的研究结果。

输出：各子问题的初步研究结果。

（2）信息分析单元

功能：协同完成 DIIS 研究流程的 Step 2（分解问题）和 Step 5（研究子问题）。

定位：对问题的相关数据进行情报分析，找准研究问题的关键点；整理分析子问题的相关数据，形成各研究子问题的客观认知。

平台：基于 DIIS 研究平台的方法集和案例集。

技术：情报计量、归纳分析、统计分析等。

（3）具体实施

通过 DIIS 功能模块的研究方法单元和 DIIS 研究模块协同完成分析问题阶段的研究。

7.1.2.3　Intelligence 研究模块

Intelligence 研究模块负责问题流程第三阶段（综合问题阶段）研究的

开展，并下设集成研讨单元，与 DIIS 功能模块协同完成 DIIS 研究流程。

（1）主要职能

输入：各子问题的初步研究结果。

过程：首先，针对课题研究领域，完成研究任务的专家遴选、研判组织和结果分析等工作，综合各子问题的初步研究结果，集成问题的研究结果；其次，根据集成的研究结果检验问题是否研究全面；最后，对问题进行不确定性分析，利用计算机技术，充分运用专家群体知识和智慧对问题的研究结果进行综合研判。

输出：待研究问题的综合研判结果。

（2）集成研讨单元

功能：针对课题研究领域，完成研究任务的专家遴选、研判组织和结果分析等工作；利用机器学习等人工智能技术集成专家智慧，建立智能研判系统，将专家群体知识和智慧充分运用；协同完成 DIIS 研究流程的 Step 3（检验问题）、Step 5（研究子问题）、Step 6（集成研究问题）和 Step 8（综合研判）。

定位：利用计算机技术，集成专家智慧，研讨问题分解的全面性和科学性，研讨关键假设和情景假设的合理性，研讨是否可以满足问题的需求；综合相关学科领域的专家意见，对各研究子问题进行研判；综合相关学科领域的专家意见，集成研讨问题的综合研究结果；集成专家意见，得到问题研判结论。

平台：基于 DIIS 研究平台的专家集和案例集。

技术：人机交互、信息融合、综合集成技术、定性推理、模糊决策、语义分析等。

（3）具体实施

通过 DIIS 功能模块的需求分析单元、情景分析单元、研究方法单元、证据推理单元、系统科学单元和 DIIS 研究模块协同完成综合问题阶段的研究。

7.1.2.4 Solution 研究模块

Solution 研究模块负责问题流程第四阶段（解决问题阶段）研究的开展，并下设解决方案单元，与 DIIS 功能模块协同完成 DIIS 研究流程。

（1）主要职能

输入：待研究问题的综合研判结果。

过程：首先，基于专家的综合研判结果，利用情景假设构建未来各种可能场景及其条件，给出不同场景和条件约束下的方案集，形成初步报告；其次，依据智库报告审核标准对报告的整体质量进行审查，形成研究报告的整体判断，并给出综合建议（报告是否需要修改、是否可以发表等）；最后，依据规范化格式生成审核后的最终报告。

输出：形成智库研究报告。

（2）解决方案单元

功能：协同完成 DIIS 研究流程的 Step 4（确定问题及技术路线）、Step 5（研究子问题）、Step 9（形成多情景方案）和 Step 11（生成报告）。

定位：确定需深入研究的子问题，形成不同情景下研究问题的框架及技术路线；依据问题的研判结果，形成各研究子问题的初步解决方案；依据问题的解决方案，初步形成问题的研究报告；依据检验合格后的研究报告和智库报告写作规范，生成最终的智库研究报告。

实施：基于 DIIS 研究平台的专家集和标准集。

技术：信息融合、人机交互等。

（3）具体实施

通过 DIIS 功能模块的情景分析单元、证据推理单元、系统科学单元和 DIIS 研究模块协同完成解决问题阶段的研究。

综上所述，DIIS 功能模块和 DIIS 研究模块通过智库信息资源共享实现协同型研究网络，使各模块在信息资源按需共享条件下，实现跨组织、高效率的决策分析，协同完成 DIIS 研究流程的 11 个步骤（表 7–1，为便于阐述 Information 研究模块的具体职能，图 7–2 中的 Step 5 在表 7–1 中用四个子步骤列出），相应的 DIIS 研究模块流程如图 7–4 所示。

表7–1　DIIS研究模块职能表

负责部门	研究阶段	研究内容	DIIS 功能模块					DIIS 研究模块			
			需求分析单元	情景分析单元	研究方法单元	证据推理单元	系统科学单元	数据分析单元	信息分析单元	集成研讨单元	解决方案单元
Data 研究模块	凝练问题	界定问题	√	√			√	√			
		分解问题			√		√		√		
		检验问题				√				√	
		确定问题及技术路线		√							√
Information 研究模块	分析问题	数据收集						√			
		研究子问题			√				√		
		综合研判			√						
		形成初步方案									√
Intelligence 研究模块	综合问题	集成研究问题					√			√	
		检验研究				√					
		综合研判	√	√	√						
Solution 研究模块	解决问题	形成多情景方案									√
		检验质量				√					
		生成报告									√

7.1.3　DIIS 支撑模块

DIIS 支撑子系统依据智库 DIIS 组织的需要成立项目管理模块、人事管理模块、财务管理模块，形成 DIIS 支撑模块，保障智库 DIIS 组织的运行。

（1）项目管理模块

根据研究领域成立相应的项目组，如科技类智库组织可以成立以研究特定领域问题（如科技战略、科技政策问题等）为主要任务的项目组，负责项目或任务的接收、分配、验收、审查、监督等。

（2）人事管理模块

负责智库组织的人员招聘、选拔、培养、考核等，为智库建设发展提供人才的服务与保障。

（3）财务管理模块

负责智库组织的项目经费管理、人员薪酬、日常收支等。

7.2　智库DIIS管理机制

从系统科学的角度来看，管理机制是从系统功能延伸出的若干业务流程及其相关方法、制度的总和，是系统要素间发生关联的主要途径。智库组织的功能因服务对象的不同，其管理机制及相应的功能会存在差异。以科技智库为例，管理机制可从需求发现指导下的自适应机制、破除路径依赖下的破窗机制、项目组织机制、人员管理机制和经费管理机制五个方面考虑，各管理机制下的系统功能在面向决策咨询、面向应用研究和面向理论研究时侧重点有所不同，具体如下。

（1）自适应机制

面向决策咨询：自我感知外界需求是一个组织实现自我成长和完善的必要条件。在多数智库业务开展过程中，需求往往被作为外生变量赋予系统，即需求是由用户提出来的，任务的咨询性质强于建议性质。自适应机制下的智库组织系统应主动为用户考虑可能的潜在需求，任务的建议性质强于咨询性质。

面向应用研究：国家发布的任务清单是科技智库的首要任务，其完成、验收和上报信息需要提供足够的人员和经费支撑，而上报渠道因其任务的特殊性具有优势。对于任务清单之外、能够为决策部门提供更为及时和可能具备潜在需求的研究议题，应建立独立上报渠道，尽可能为这类研究提供支持。

面向理论研究：对于有价值的而未予以高度关注的待解决问题，及时开展理论研究，服务于决策咨询和应用研究。

（2）破窗机制

面向决策咨询：项目实施人员对需求方提出的目标和可能实施路径存在疑虑，却因各种因素无法实现与需求方的有效沟通。对于大多数智库，生成满足用户需求的解决方案成为首选项，但并不利于智库竞争力的持续提升。由于用户的需求可能因为自身或环境所限具有一定局限性，因此有必要提供多组可能情形下的方案建议。

面向应用研究：在智库研究成果报送前的审查环节，可以由项目负责人就相关疑难议题进行集体讨论，从更为客观和负责的角度评价可能存在的"少数派报告"问题，为通过审查的此类报告提供破格条件。

面向理论研究：标准化的管理机制能够为理论研究的顺利开展提供支撑，但过于标准化或固化的机制可能导致一些有益于系统实现跨越式增长的机会被湮没。因此，需要在理论研究中为少数派提供更为宽容的表达机会和更为灵活的审查标准。

（3）项目组织机制

面向决策咨询：以国家需求牵引下的智库任务组织为主。

面向应用研究：以国家需求牵引下的应用研究为主，兼顾科研人员服务社会和自由探索下的应用研究。

面向理论研究：以发展智库理论方法的研究为主。

（4）人员管理机制

面向决策咨询：针对任务采取矩阵式管理模式，选拔部分有政府履历和研究基础的人员进入智库组织，选拔部分智库科研人员前往政府合作单位挂职和交流。

面向应用研究：采取牵头人负责式管理模式，针对工程应用人员设置工程师岗位和项目聘用制，采取不同于科研岗位的用人标准及考核标准。

面向理论研究：采取牵头人负责式管理模式，对于智库理论研究中取得重大成果的人员给予奖励。

（5）经费管理机制

面向决策咨询：统筹为主。

面向应用研究：自筹自支为主，统筹为辅。

面向理论研究：自筹自支为主。

第5篇

智库

DIIS

常用

研究方法

工具

第8章 DIIS创新方法——源头技术识别方法

源头技术是影响一个产业发展的基础性、开创性、颠覆性的关键技术，是解决产业发展"卡脖子"问题的核心技术，是引领未来产业方向的战略性技术。习近平总书记在《为建设世界科技强国而奋斗》讲话中指出，"科技创新的战略导向十分紧要，必须抓准，以此带动科技难题的突破。"在新一轮科技革命和产业变革加速推进的全球背景下，全面研判全球高新产业的科技创新和产业变革大势，在识别高新产业源头技术的基础上明确应用基础研究的主攻方向和突破口，是抢占未来经济科技发展先机的必然选择和重要举措。

所谓"源头性"是面向未来高端产业竞争的抽象集成分析，源头技术的识别、开发和发展可以从根本上改变关键核心技术受制于人的局面，打通源头技术到产业竞争力的助力管道，抢占未来科技和产业发展的制高点。然而，当前有关研究主要集中在颠覆性技术、新兴技术等，很少有人关注与产业密切相关的技术源头性问题。在此背景下，中国科学院科技战略咨询研究院启动的"面向全球竞争的高新产业源头技术研究"专项课题，深刻认识产业源头技术的基本特征和内在逻辑，选择产业源头技术突破和跟进的重点领域，全面分析产业源头技术发展的组织平台、激励机制和促进政策，为国家重大科技决策提供高水平咨询意见。该专项课题分别对不同领域的产业源头技术启动研究，"'智能机器人'源头技术"是最先启动的一个专题。

本章依据智库问题的 DIIS 理论方法研究思路分析"'智能机器人'源头技术"课题的研究过程，提炼识别源头技术的 DIIS 方法体系，分别从 DIIS 的四个流程：收集数据（D）、揭示信息（I）、综合研判（I）和形成方案（S）进行分解和分析。

8.1 收集数据

收集数据阶段主要从网络、数据库、文献等相关领域资料中收集汇总相关资料，通过数据清洗、文本挖掘、人工识别等方法对凌乱的资料进行结构化整理，形成用于第二阶段——揭示信息的基础数据集。

对"智能机器人"源头技术的识别，第一，从重要国家和组织的领域战略规划中抽取与"智能机器人"相关的技术条目，具体而言，从美国、欧盟、日本、英国、俄罗斯、法国、中国为代表的 7 个国家和组织 22 个"智能机器人"领域规划中抽取 470 项技术条目作为候选技术；第二，领域和政策专家对 470 项技术条目进行初步筛选，去除明显的非典型技术条目 18 项，得到有效候选技术 452 项。这些候选技术集构成了"智能机器人"源头技术的本底数据集。

8.2 揭示信息

揭示信息的过程分为构建二维分析框架、设定并利用大数据计算分析指标两个环节。依据计算出的指标，对"智能机器人"的潜在源头技术在经过从通用度指标进行分类、从重要度指标进行遴选之后，进而可以从产研关联比指标和颠覆度指标进行识别与分析。

8.2.1 构建二维分析框架

为进一步揭示和聚焦"智能机器人"源头技术，首先从产业（应用）和技术两个维度构建面向产业源头性研究的二维认知/分析框架。二维认知框架是构建产业源头性识别、分析其中各项支撑性指标的模型基础；从布局和建议来看，二维认知框架则是源头技术精准定位和优化产业布局的推演沙盘。

二维框架中的纵坐标是产业维度，产业维度是从"智能机器人"应用角度考虑，主要是对"智能机器人"可能应用到的产业进行划分，分为制造机器人、医疗机器人、农用机器人、民用机器人、商业机器人、运输机器人、消费机器人以及其他八个类别；横坐标是技术维度，技术维度是"智能机器人"所涉及的相关技术，可以细分为感知、认知、人机交互、决策、行动以及其他六个研发方向。根据产业和技术两个维度各个方向的两两组合结果，得到48个特定的二维分析子空间，例如，制造机器人—感知二维分析子空间、制造机器人—认知二维分析子空间、医疗机器人—感知二维分析子空间、医疗机器人—认知二维分析子空间等。与此同时，细分后的每一个二维分析子空间相应地也代表着某一个特定的"智能机器人"领域，如图8-1所示。

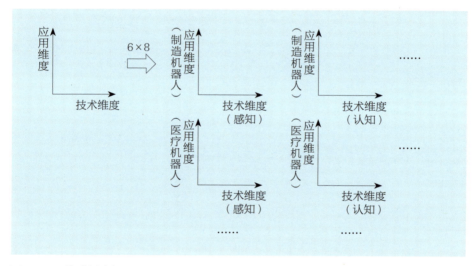

图8-1　二维分析空间

8.2.2　设定并利用大数据计算分析指标

根据二维分析体系，对 452 项有效候选技术里提取出的关键词与二维分析体系横纵坐标关键词的 Google 距离[①] 进行计算，并结合领域专家的分类结果，对所构建的通用度指标、重要度指标、产研关联比指标以及颠

---

① Google 距离即谷歌距离，是度量某项技术与特定二维子空间关联的综合测度，是项目、工程、学术、专利、报道和评论等关联度的综合。

覆性指标（专栏 8-1）分别进行计算，其中重要度指标的计算涉及混合加权平均指数、复合方法以及比重算法等多个环节。

专栏 8-1 各个指标的具体定义与内涵

· 通用度指标：以二维认知框架中技术关联分布的均匀程度来衡量技术的通用程度。通用度指标值低说明某项技术更大程度上只与少数特定产业、技术领域相关联。与此同时，依据通用度指标还可以将候选的技术分为通用重要技术和专用重要技术两大类。

· 重要度指标：以二维认知框架中单位面积内技术的关联程度来衡量技术的重要程度。重要度指标值低说明某项技术的总体关注度低，也就是某项技术在二维子框架中的均量低。

· 产研关联比指标：在二维认知框架的两个维度（产业维度、技术维度）上分别计算某项技术的关联程度，从而得到某项技术的产业关联度和技术关联度两个分指标；在此基础上，以产业关联度与技术关联度的比值来初步衡量某项技术的产业关联程度。

· 颠覆性指标：在二维认知框架的应用维度计算某项技术被关联的分布不均匀程度，从而计算得到某项技术的产业偏度指标；在此基础上，以产业偏度指标与产业关联度指标的乘积来表征和衡量某项技术是否在产业领域分布多且不均匀。本质上认为在产业领域中关联多且只与少数产业领域相关的技术，其潜在颠覆性更大。

8.2.2.1 计算 Google 距离

在构建起二维分析空间的基础之上，选用表征语义上两个关键词相似度的 Google 距离来为二维分析空间赋值。

首先，对452项有效候选技术提取特定的关键词，例如，对于"自主性——增强智能感知和决策的原理、计算方法和体系结构"这项技术，提取"perception and decision-making"作为此项技术的关键词，然后分别以Google（谷歌）和Google Scholar（谷歌学术）作为搜索引擎，对所提取出的技术关键词、各个二维分析子空间横纵坐标的关键词以及两者的组合分别进行搜索，并将搜索返回的结果数作为计算的数值依据。利用所得到的搜索返回结果数，再进一步计算出每一项技术在48个二维分析子空间中横纵两个方向上的Google距离值，以此作为每一项技术在每一个二维分析子空间中的横纵坐标值，相应地确定出每一项技术在48个二维分析子空间中的具体位置，其计算公式如式(8-1)和式(8-2)所示。

$$S_kX_i = \frac{s_kX_i}{s_k+X_i-s_kX_i} \tag{8-1}$$

$$S_kY_j = \frac{s_kY_j}{s_k+Y_j-s_kY_j} \tag{8-2}$$

其中，k表示k项技术（$k=1,2,\cdots,452$）；i表示产业维度的i个方向（$i=1,2,\cdots,8$）；j表示技术维度的j个方向（$j=1,2,\cdots,6$）。S_kX_i和S_kY_j分别表示某一项技术k在某个二维分析子空间产业维度i方向上的Google距离值（相应分析子空间中的纵坐标值）和技术维度j方向上的Google距离值（相应分析子空间中的横坐标值）。这两个Google距离值一方面表征某项技术在某个二维分析子空间中的位置，另一方面也表征这项技术与当前分析子空间横纵坐标关键词之间的关联程度，且当Google距离值越大时，这种关联程度越强。s_k表示从某一项技术中提取出的关键词的搜索返回结果数；X_i和Y_j表示产业维度i方向上和技术维度j方向上关键词的搜索返回结果数；而s_kX_i和s_kY_j则分别表示从某一项技术中提取出的关键词与产业维度i方向上和技术维度j方向上关键词的联合搜索返回结果数。

通过上述计算方法，可以计算出每一项"智能机器人"技术在48个二维分析子空间中与其横纵坐标的 Google 距离值，亦即每一项"智能机器人"技术在 48 个二维分析子空间中的具体位置 S_{ij}^{k} ($S_k X_i$, $S_k Y_j$)。据此，可以初步评估各项"智能机器人"技术与某一个二维分析子空间横纵坐标关键词的关联程度，从而以此来判断各项"智能机器人"技术在某一特定的智能机器人子领域（如制造机器人—感知领域）中的重要程度。

8.2.2.2　混合加权平均指标

根据每一项"智能机器人"技术在每个二维分析子空间横纵坐标上的 Google 距离值（即坐标值），可以初步了解每一项技术在某个特定的智能机器人领域的重要程度。为进一步了解某项技术在整个智能机器人领域中总体的重要程度，将每项技术在 48 个二维分析子空间中横纵坐标值分别求和，然后再取算数平均值，构建如式（8-3）所示的混合加权平均指标，用以表征总量，表征某项技术在整个智能机器人领域中总体的重要程度。

$$W\_Ave_k = \frac{a_k + b_k}{96} \qquad (8-3)$$

其中，$a_k = \sum_i S_k X_i$，$b_k = \sum_j S_k Y_j$。

8.2.2.3　通用度指标

对每一项技术在某一特定的智能机器人领域以及整个智能机器人领域的重要程度进行考量之后，选用二维分析空间中技术关联分布的均匀程度来衡量某项技术的通用程度。具体而言，在已经计算得到的每一项技术在 48 个二维分析子空间横纵坐标值的基础上，参考基尼系数的含义，并借鉴基尼系数的算法，构建如式（8-4）所示的通用度指标。以此来对每一项技术在整个智能机器人领域中的通用程度进行考量。通用度指标用以表征分布，表征的是某项技术在所有二维分析子空间中分布的均匀程度，分布越均匀则表示该项技术越通用，越是一项基础性的技术。

$$\text{Gen}_k = 1 - \frac{1}{n}\left(2\sum_{n=1}^{n-1} W_n + 1\right) \quad\quad (8\text{--}4)$$

其中，n 表示技术 k 产业应用的 n 个特定二维分析子空间，亦即 n 个特定的智能机器人领域（$n=1,2,\cdots,48$）；W_n 表示技术 k 在对应二维分析子空间 n 中产业维度上的 Google 距离值。

8.2.2.4　重要度指标

重要度指标是基于混合加权平均指标和通用度指标的一个复合指标，用混合加权平均指标与通用度指标的比值来表示，如式（8–5）所示。本质上，重要度指标表征一项技术的总体重要程度被其分布面积所除，表征该项技术在单位"面积"上的重要程度。因此，某项技术的重要度指标值越高就表示这项技术越重要。

$$\text{I\_d}_k = \frac{\text{W\_Ave}_k}{\text{Gen}_k} \quad\quad (8\text{--}5)$$

8.2.2.5　比重指标

比重指标是衡量一项技术在某个二维分析子空间中存在程度的指标，其计算方法如式（8–6）所示。该项指标的具体计算方法是：首先将某一项技术在某一个二维分析子空间中横纵坐标值的平方和开方，因为每一个二维分析子空间的横纵坐标值最大只能取 1，所以再以 $\sqrt{2}$ 来进行归一化处理，以此来得到比重指标值。因此，比重指标越高表示某一项技术在某二维分析子空间中存在的程度越大。

$$\text{S\_G}_{ij}^k = \frac{\sqrt{S_k X_i^2 + S_k Y_j^2}}{\sqrt{2}} \quad\quad (8\text{--}6)$$

8.2.2.6　产研关联比指标

基于计算得出的用以表征某项技术与二维分析空间两个维度（产业维度、

技术维度）关联程度的 Google 距离值，将某项技术在 48 个二维分析子空间中的全部纵向 Google 距离值和全部横向 Google 距离值分别进行加和，以此来构建关于某项技术的产业关联度和技术关联度两个分指标。在此基础之上以产业关联度和技术关联度两个分指标的比值来构建如式（8-7）所示的产研关联比指标，以此来初步衡量某项技术的产业关联程度。作为两个关联总量比值的产业关联比指标，一方面表征了某项技术目前在产业中和在技术研究中被关注程度的差异，另一方面也表征了某项技术当前向产业化方向发展的程度。因此，产研关联比指标的值越大，表明某项技术在产业和技术研究中被关注的差异越大，且向产业化方向发展的程度越快。

$$\text{Cor}_k = \frac{\sum\limits_i S_k X_i}{\sum\limits_j S_k Y_j} \qquad (8\text{-}7)$$

8.2.2.7　颠覆性指标

基于计算得出的用以表征某项技术与二维分析空间产业维度关联程度的 Google 距离值，结合考量某项技术的分布相对于均值的偏差程度，首先构建出如式（8-8）所示的用以衡量某项技术在产业维度关联分布不均程度的产业偏度指标。

$$\text{Skew}_k = \frac{n}{(n-1)(n-2)} \sum_n \left(\frac{W_n - \overline{W}}{s} \right)^3 \qquad (8\text{-}8)$$

其中，n 表示技术 k 产业应用的 n 个特定二维分析子空间，亦即 n 个特定的智能机器人领域（$n=1,2,\cdots,48$）；W_n 表示技术 k 在对应二维分析子空间 n 中产业维度上的 Google 距离值；$\overline{W}$ 表示 48 个 W_n 值的均值；s 则表示 48 个 W_n 值的标准差。

在此基础上，结合之前所建立的产业关联度指标，用产业偏度指标和产业关联度指标的乘积来构建用以表征某项技术是否在产业领域内分布占比多且分布不均的颠覆性指标，如式（8-9）所示。由于对产业偏度指标取了绝对值，所以当颠覆性指标的值越大，就越表明某项技术在产业领域中被关联多且只与少数产业领域相关，也即表明该项技术的潜在颠覆性越大。

$$\mathrm{Drp}_k = \left| \mathrm{Skew}_k \right| \times \sum_i S_k X_i \qquad (8-9)$$

8.2.3 通用度分类

构建二维分析空间和一系列基于 Google 距离的特征指标之后，需要用通用度指标来对 452 项智能机器人技术进行一个较为科学的分类。

首先，分别以 Google 和 Google Scholar 为搜索引擎，对从每一项技术中所提取出的技术关键词、各个二维分析子空间横纵坐标的关键词以及两者的组合分别进行搜索，并将搜索返回的结果数作为计算的数值依据。然后利用式（8-1）和式（8-2）分别计算出每一项技术在 48 个二维分析子空间横纵两个方向上的 Google 距离值，亦即每一项技术在 48 个二维分析子空间中的横纵坐标值。再基于式（8-4）分别计算出在以 Google 为搜索引擎条件下的 452 个基于 Google 的通用度值和在以 Google Scholar 为搜索引擎条件下的 452 个基于 Google Scholar 的通用度值，分别记作 Gen_Google 和 Gen_GoogleScholar。对全部基于 Google 的通用度值和全部基于 Google Scholar 的通用度值按其大小降序排列之后，可得到如图 8-2 和图 8-3 所示的散点图。

基于此，将基于 Google 的通用度值和基于 Google Scholar 的通用度值进行了融合，取两者的算术平均值作为新的技术通用度值，并将其记作 Gen_Average。同样地，对 Gen_Average 值按其大小降序排列，然后得到了如图 8-4 所示的散点图。

基于上述的分析，选取 452 个 Gen_Average 值的均值作为 452 项智能机器人技术的分类标准值。由于通用度指标衡量的是每一项技术在整个智能机器人领域中的通用程度，因而，定义 Gen_Average 值高于分类标准值的

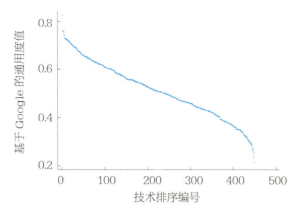

图8-2　Gen_Google散点图

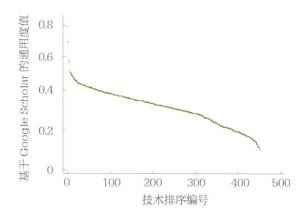

图8-3　Gen_GoogleScholar散点图

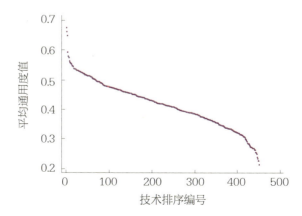

图8-4　Gen_Average散点图

技术为通用重要技术，用以表征这一技术在整个智能机器人领域中应用较为广泛；而将 Gen_Average 值低于分类标准值的技术称为专用重要技术，用以表征这一技术虽然重要，但目前在整个智能机器人领域的应用面还相对较窄。经计算可得，452 个 Gen_Average 值的均值为 0.41540，Gen_Average 值高于 0.41540 的技术，即通用重要技术共有 229 项；而 Gen_Average 值低于 0.41540 的技术，即专用重要技术共有 223 项。

8.2.4　重要度遴选

对 452 项"智能机器人"技术进行分类后，进一步将这 452 项技术依据重要度指标进行排序。

首先分别以 Google 和 Google Scholar 作为搜索引擎，对搜索得到的两组返回结果数分别利用式（8-1）和式（8-2）计算出每一项技术在 48 个二维分析子空间横纵两个方向上的 Google 距离值，亦即每一项技术在 48 个二维分析子空间中的横纵坐标值。在此基础上，基于式（8-3）计算出每一项技术的两组混合加权平均值，并结合进行技术分类时计算得出的每一项技术的两组通用度值，根据式（8-5），相应地得到每一项技术在以 Google 为搜索引擎条件下的基于 Google 的重要度值和在以 Google Scholar 为搜索引擎条件下的基于 Google Scholar 的重要度值，分别记作 I_d_Google 和 I_d_GoogleScholar。

经过计算，把得到的基于 Google 的重要度值和基于 Google Scholar 的重要度值分别进行降序处理后，可得到如图 8-5 所示的散点图。从图 8-5 可以看出，来源于 Google 搜索的技术重要度值在整体上明显高于来源于 Google Scholar 搜索的技术重要度值，但两者在总体趋势上具有一致性。与此同时，按照基于 Google 的重要度值和基于 Google Scholar 的重要度值降序分别对 452 项智能机器人技术进行排序，并选取其中的前 150 项技术进

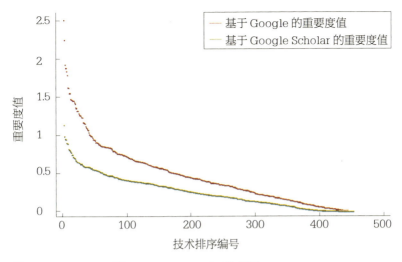

图8-5 I_d_Google和I_d_GoogleScholar散点图

行排列结果的对比。结果显示，在两种排序条件下，共同选中的技术共有79项，而存在差异的技术则有71项，两种情况分别占53%和47%的比例，表明两种排序条件下所得到的技术排列结果存在着明显的差异。

基于 Google 的重要度值和基于 Google Scholar 的重要度值对452项技术进行排序的结果存在着明显的差异，接下来将进一步融合这两种重要度值进行排序分析。通过计算 452 项技术的 Google 混合加权平均值和Google Scholar 混合加权平均值的均值，以及基于 Google 的通用度值和基于 Google Scholar 的通用度值的均值，可以得到对基于 Google 的重要度值和基于 Google Scholar 的重要度值进行融合的重要度平均值，并将其记为 I_d_Average，考虑用其值的大小来对技术进行排序。

在得到了技术的重要度平均值之后，将452项技术的基于 Google 的重要度值、基于 Google Scholar 的重要度值以及重要度平均值进行整合。根据重要度平均值按降序对全部技术进行排序之后，技术的基于 Google 的重要度值和基于 Google Scholar 的重要度值的顺序随技术排序的变化发生了相应的变化，可得到如图 8-6 所示的关于技术的三种重要度值折线图。

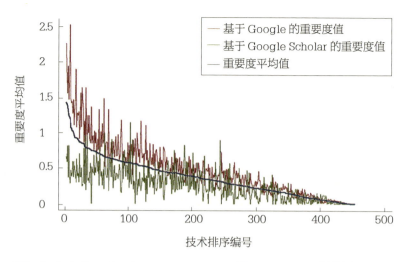

图8-6 I_d_Google、I_d_GoogleScholar及I_d_Average折线图

从图 8-6 中可以看出，由于对全部技术的重要度平均值进行了降序排列，因而其在图中的趋势线是较为平滑的。而基于 Google 的重要度值和基于 Google Scholar 的重要度值的趋势线在图中虽然存在着较为明显的上下波动，但其总体的趋势是一致的，均呈现出向右下方递减的趋势。综合来看，基于 Google 的重要度值、基于 Google Scholar 的重要度值以及重要度平均值三条折线均具有相同的总体趋势，从而表明了按照基于 Google 的重要度值和基于 Google Scholar 的重要度值对技术进行排序的总体趋势是相近的，两种情况下的技术重要度排序是一致的，证明了采用重要度平均值来对452 项智能机器人技术进行排序的方法具有可行性，并且选取重要度平均值作为技术的排序指标还兼顾了技术来自 Google Scholar 搜索的学术特性以及来自 Google 搜索的所有其他特性，因此，用其来对全部技术进行排序也更为合适。

根据重要度平均值对 452 项技术进行排序后，选取前 150 项技术进行进一步地分析。前 150 项技术中，通用技术共有 22 项，专用技术共有 128项，各自所占的比例分别约为 14.7% 和 85.3%。而在全部智能机器人技术中，通用技术共有 229 项，专用技术共有 223 项，各自所占的比例分别约为 50.7% 和 49.3%。可以认为专用技术比通用技术在整体上具有更高的重要度，这表明虽然通用技术具有更为广泛的应用范围，但其在针对性上较差，所以在整个智能机器人领域并非十分重要；反之，虽然与通用技术相比，专用技术的应用范围相对狭窄，但其对于某个特定的智能机器人领域可能更加具有针对性，从而使其在整个智能机器人领域更为重要，更值得在未来研发中予以关注。除此之外，根据重要度平均值降序排列选取的前 150 项技术与之前以 Google 重要度值和 Google Scholar 重要度值降序排列选取的前 150 项技术进行比较，可以发现，根据重要度平均值选取的前 150 项技术，与基于 Google 的重要度值选取的前 150 项技术中的 130 项对应，而与基于 Google Scholar 的重要度值选取的前 150 项技术中的 99 项对应，是因为 Google Scholar 搜索引擎可能因其学术性导致其在根据重要度对技术进行排序上具有一定的局限性，而 Google 搜索引擎则因其较为广泛的搜索范围使其在技术排序中更具有代表性。与此同时，这也证实了以重要度平均值来对技术进行排序的鲁棒性。

8.2.5 产研关联比分析

这一部分是在利用重要度指标对 452 项"智能机器人"技术进行排序，并遴选出前 150 项重要源头性技术的基础上，通过产研关联比指标对这 150 项技术的产业关联度情况进一步分析。

基于重要的 150 项技术的产业维度 Google 距离值和技术维度 Google 距离值，结合式（8-7），可以计算出关于这 150 项技术的一组产研关联比值，并将其记作 Cor。将这一组产研关联比值进行降序排列后，可得到图 8-7。

如图 8-7 所示，150 项技术产研关联比的降序排列值在整体上存在着 1 个高达 11.70730 的突出值，21 个处于 2—6 之间的中高值，以及 128 个处于 0—2 之间的稳定值。因而，从整体上来看，在所遴选出的 150 项重要源

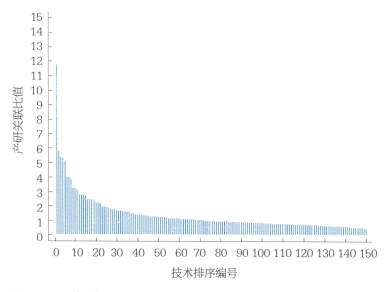

图8-7　Cor钉图

头性产业技术中，超过 85% 的技术，其目前在产业中和在技术研究中被关注程度的差异较小；同时，也表明了当前绝大部分的重要技术仍处于向产业化方向发展的早期进程中，亟待进一步深入研发。

随后，对产研关联比指标与构成其的两个分指标——产业关联度和技术关联度的关系进行分析。对于技术的产研关联比值，首先对其进行降序排列，然后将技术在此种排列顺序之下的产业关联度值（记作 I_Cor）和技术关联度值的倒数（记作 1/T_Cor）与产研关联比值进行综合考量，从而得到如图 8-8 所示的 Cor、I_Cor 及 1/T_Cor 的综合折线图。

从图 8-8 中可以看出，曲线 1/T_Cor 近似于一条直线，其值几乎无变动。而曲线 I_Cor 则有较大的波动，呈现出波动向下的趋势。因此，初步可以判断，在构成产研关联比指标的两个分指标中，产业关联度指标对产研关联比指标的趋势影响较大。

由于技术关联度值的倒数与产业关联度值和产研关联比值的取值存在着

较大的差异，因此，对三组数值分别进行分析，从而得到如图 8-9—图 8-11 所示的三幅折线图。

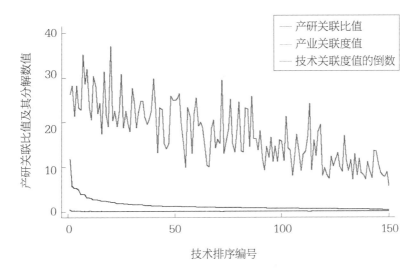

图8-8　Cor、I_Cor及1/T_Cor综合折线图

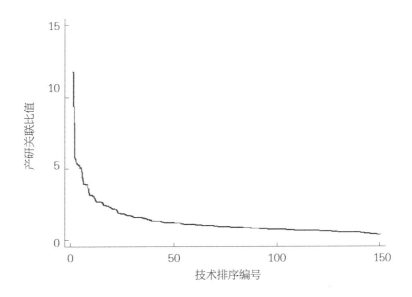

图8-9　Cor折线图

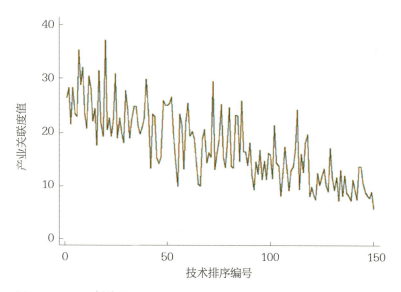

图8-10　I_Cor折线图

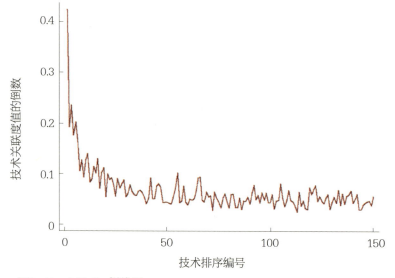

图8-11　1/T_Cor折线图

从图 8-9—图 8-11 中可见，虽然技术关联度值的倒数取值范围仅在
0—0.5 之间，但产研关联比值与其值却有着十分相近的变化趋势，且两组数
据间的相关系数高达 0.9271。产业关联度值虽取值较大，且与产研关联比值

有着相似的向下递减的变化趋势，但两者在递减变化中波动却存在着很大的差异，并且两组数据间的相关系数仅为0.536。基于此，可以认为，产研关联比指标在变化趋势的波动上，很大程度地受到技术关联度指标的影响，且两者间呈现出较强的负相关关系；产研关联比在趋势上则很大程度地受到产业关联度指标的影响，且两者间存在着一种正相关关系。对应到某项具体的技术上来看，这就反映了某项技术在产业应用领域和在技术研究领域中可能存在着一种不对称发展的情况，即某项技术在技术研究领域中受到的关注不同则可能影响该项技术在产业应用领域中的进展顺利与否。除此之外，这也反映出某项技术如果与产业应用领域的相关性越强，则该项技术未来向产业化发展的进程就相对容易。

8.2.6 颠覆性指标分析

与产研关联度分析类似，通过颠覆性指标对遴选出的前150项技术的潜在颠覆性进行进一步分析。

基于150项技术的产业维度Google距离值，基于式（8-8），可以首先计算得出关于这150项技术的一组产业偏度值。再结合已经计算得出的产业关联度值，得出150项技术的颠覆性指标值，记为Drp。将这一组颠覆性指标值进行降序排列后，可得到如图8-12所示的散点连线图。

在图8-12中，150项技术颠覆性指标的降序排列值在整体上除1个高达45.4715的跳跃点之外，其余颠覆性指标值大致上呈现出向右下方缓慢递减的趋势。通过一个粗略的划分可以发现，在150项技术中，有72项技术的颠覆性指标值在10以上，相应地，有78项技术的颠覆性指标值在0—10之间，两种情况各占总技术数的一半左右。因而，可以将10作为150项技术颠覆性指标的一个粗略分界值，将颠覆性指标值高于10的技术视为具有较强潜在颠覆性的技术，而将颠覆性指标值低于10的技术看作仅存在较弱

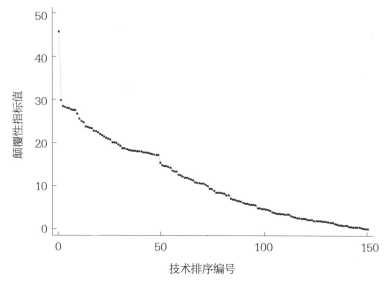

图8-12　Drp散点连线图

颠覆性的技术。除此之外，还可以发现根据重要度指标遴选和识别的 150 项技术，虽然在整个智能机器人领域中有着最突出的重要程度，但其整体并不一定都具有较强的潜在颠覆性。实际的情况是，某项技术有着十分突出的潜在颠覆性，某些技术有着较强的潜在颠覆性，而某些技术则只具有较弱的潜在颠覆性，甚至其潜在颠覆性接近于无。

在从整体上对 150 项技术的颠覆性指标值进行分析之后，对颠覆性指标与构成其的两个分指标——产业偏度和产业关联度的关系进行了研究。对于技术的颠覆性指标值，将其进行降序排列，然后将技术在此种排列顺序之下的产业偏度值（记作 Skew）、产业关联度值与颠覆性指标值进行综合考量，从而得到如图 8-13 所示的 Drp、Skew 及 I_Cor 的综合折线图。

如图 8-13 所示，曲线 Skew 仅有微小的波动，其整体的变动趋势十分平稳。而曲线 I_Cor 则有较大的波动，初始部分与 Drp 曲线有着相同的变化趋势，整体上则呈现出围绕某一水平值上下波动的趋势。因此，在构成颠覆性指标的两个分指标中，产业关联度指标对颠覆性指标的影响较大。

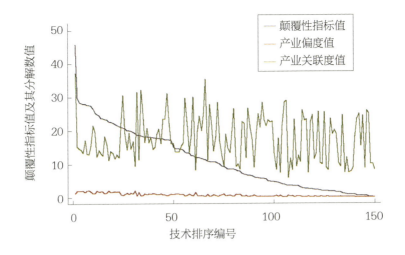

图8-13　Drp、Skew及I_Cor综合折线图

由于产业偏度值与产业关联度值和颠覆性指标值的取值存在着较大的差异，因此，对三组数值分别进行分析，从而得到如图 8-14—图 8-16 所示的三幅折线图。

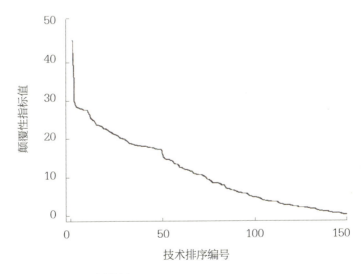

图8-14　Drp折线图

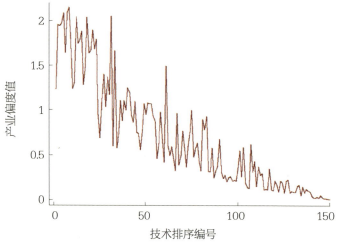

图8-15　Skew折线图

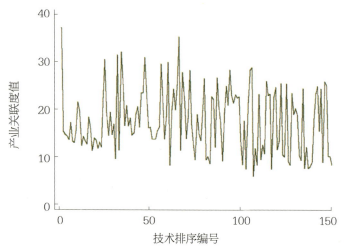

图8-16　I_Cor折线图

如图 8-14—图 8-16 所示，虽然产业偏度值取值范围在 0—2 之间，但颠覆性指标值与其值却有着较为相近的变动趋势，且两组数据间的相关系数高达 0.8892。产业关联度值虽取值较大，且与颠覆性指标值在初始部分有着相似的递减趋势，但总体来看两者的变动趋势却存在着较大差异，并且两组数据间的相关系数仅为 0.0886。基于此，可判断颠覆性指标同产研关联比指标相似，构成颠覆性指标的两个分指标在不同的方面对其有着不同程度的影响。在变化趋势上，颠覆性指标较大程度地受产业偏度指标的影响，且两者间存在着较强的正相关性；而在数值波动上，由于产业偏度指标的取值范围和变动程度均较小，颠覆性指标则可能主要受产业关联度指标的影响，但两者之间并不存在明显的相关关系。具体到某一项技术上来看，这表明在产业偏度对该项技术未来的潜在颠覆性发展起着趋势性的影响作用，而产业关联度则是该项技术能发挥潜在颠覆性的重要环境测度。

通过上述的通用度分类、重要度遴选、产研关联比分析以及颠覆性指标分析，对 452 项候选技术完成信息揭示。根据重要度指标的排序，进一步对遴选出的 150 项源头技术在四个指标上进行了深入分析，为下一步综合研判奠定基础。

8.3 综合研判

经大数据计算发现，在前述的四个指标中，智能机器人产业技术的重要度特征存在着显著的不均衡性，重要度排名前 150 的技术，其重要度之和占总重要度的 64.7%。其中，排名前 100 的技术，其重要度之和占总重要度的比例就达到了 49.8%。在对 452 项候选技术进行了初步遴选和大数据分析后，更进一步地，邀请相关领域的专家在结合自身专业经验和大数据分析结果的基础上，利用德尔菲法对前 150 项的候选技术进行更为专业的综合研判。

8.3.1 德尔菲法

在综合研判阶段，主要利用德尔菲法。德尔菲法本质上是一种反馈匿名函询法，其大致流程是：在对所要预测的问题征得专家的意见之后，进行整理、归纳、统计，再匿名反馈给各专家，再次征求意见，再集中，再反馈，直至得到一致的意见。在源头技术识别过程中，德尔菲法主要用来利用专家智力对"智能机器人"技术进行综合研判，最终得到经过专家研判、达成共识之后的源头技术识别清单。

"智能机器人"技术德尔菲法的具体做法如下。

第一步：通过发放专家问卷，利用专家智力对150项候选技术的关键度、成熟度和颠覆度进行初步打分，并要求专家对150项候选技术之外的可能遗漏的技术进行遗漏性研判，并对补充的技术进行打分。综合专家对150项候选技术和补充技术的打分，遴选出排名在前150位的技术。

第二步：再次向专家发放问卷，一是对候选技术的名称进行规范化，同时，将其分类到"产业（应用）—技术"的二维认知框架中；二是对所构建的源头性指标，即技术关键度指标、技术颠覆度指标以及技术产业化成熟度指标（专栏8-2），结合大数据分析结果对候选技术进行打分，以此来对候选技术进行进一步的评价与遴选。

专栏8-2　源头性指标解释及专家判断标准

· 技术关键度指标：衡量候选技术对智能机器人产业的关键性、重要性程度。分数为1—5分，分数越高，说明候选技术对智能机器人产业越关键。

· 技术颠覆度指标：衡量候选技术对智能机器人产业可能产生的颠覆性影响。分数为1—5分，分数越高，说明候选技术产生颠覆性影响的可能性越大。

· 技术产业化成熟度指标：衡量候选技术进入产业化的时间周期。分为5年、10年和10年以上，时间周期越短，说明技术产业化成熟度越高。

第三步：结合专家意见和大数据分析的结果，在大数据遴选出的前150项技术的基础上，融合专家对前150项技术的重点研判以及150项之后技术

的遗漏性研判，最终得出各个候选技术的源头性指标及其三个分指标的具体评价值。同时，对候选技术按产业（制造机器人、医疗机器人、农用机器人、民用机器人、商业机器人、运输机器人、消费机器人以及其他）和技术（感知、认知、人机交互、决策、行动以及其他）两个维度进行了进一步的划分。其中，产业维度主要可以划分为专用应用技术和通用应用技术两大类；而技术维度则主要可以划分为基础技术和专用技术两大类。

根据源头性指标值遴选出前 50 项候选技术，再次发放专家问卷，对这50 项技术进行进一步的名称规范化与技术内涵解释，对经研判后的 50 项技术进行合并同类项以及去除无解释项处理后，得到经过层层筛选的最终36 项智能机器人产业技术。

第四步：进行新一轮的专家问卷调查，对根据源头性指标进行排序的 36项智能机器人产业代表技术的先后顺序进行再次审核，并对 36 项技术的重要程度排序进行进一步的校正，最终得到关于 36 项智能机器人产业代表技术的较为真实的源头性排序情况。

8.3.2　专家意见汇总

由于参与研判的专家较多，因此在汇总专家意见时，首先对前 150 项技术各个指标的专家打分值进行 Shapiro-Wilk 检验，以判断对于每一项技术来说，是否能以专家打分值的均值来作为每一个源头性分指标的代表值。具体而言，对于各个技术的技术关键度和技术颠覆度两个指标值来说，经 Shapiro-Wilk 检验得到的 p 值绝大多数均大于 0.05，因而可以选取各个技术的专家打分值均值来分别作为这两个源头性分指标的代表值。而对于各个技术的技术产业化成熟度指标来说，150 项技术中有大约一半的技术，经 Shapiro-Wilk 检验得到的 p 值大于 0.1；与此同时，出于对指标间比较一致性的考虑，选用各个技术的专家打分值均值来作为该分指标的代表值。而对于 150 项之后的技术，则根据专家意见对其进行考量。

具体的方法是，对于有超过 2 位（含）专家对三个构成源头性的分指标进行评分的某项候补技术来说，其三个指标的代表值与前 150 项技术的代表值相同，均直接以专家打分值的均值来表示；而对于仅有 1 位专家对三个源头性分指标进行评分的候补技术来说，其三个指标的代表值则不同于前 150 项技术，其代表值是以 0.3 为权重来对专家打分值进行处理。

8.4 形成方案

在形成方案初期，同样借助专家法进一步对重新排序的 36 项源头技术的专利检索策略和产业影响进行调查。一方面，根据专家填写的技术专利检索关键词，为专利分析提供策略指导；另一方面，根据专家提出的产业方面的相关意见和建议，提前策划和关注可能出现的新行业和受影响大的传统行业，以作为智能机器人产业发展路径和政策建议的基础。

在此基础上，进行新一轮的专家问卷调查，确定关于"智能机器"源头技术识别结果，并根据综合研判结果，辨识传统产业和新兴产业的源头技术，形成智能机器人领域的源头技术体系，提出源头技术突破和产业引导方向，剖析国内外发展情况，制定发展路线图，提出源头技术布局、新兴产业培育的政策建议，最终完成政策建议报告提交国家有关决策部门。其结果对"智能机器人"产业的发展具有重要的参考借鉴作用。

本章通过 DIIS 的研究思路，开创性地提出产业源头技术的识别方法，为我国在新一轮科技革命和产业变革的大背景下，研判全球高新产业的科技创新和产业变革大势，把握重要方向和战略重点，抢占未来科技发展先机提供了基于证据的决策支撑方法。

第9章 常用研究方法工具

9.1 收集数据方法工具

9.1.1 问卷调查法

> **方法介绍**：问卷调查法又称书面调查法或填表法，是一种以书面形式收集研究材料的间接调查手段。它通过向调查人员发送简明扼要的征询单（调查表），并收集他们对相关问题的意见和建议，间接获得材料和信息。问卷调查法可以用于针对人的主观思想意识与行为表现方面的现象与问题的研究，能够在大数据技术无法介入的情况下完成对研究所需关键信息数据的收集与获取。
>
> **适用环节**：问卷调查法可用于 DIIS 收集数据环节。

英国社会学家 Galton 于 1883 年最早提出问卷调查法，将待调查问题以纸质问卷的形式发送出去来收集信息。问卷调查法是一种秉承着科学主义精神的研究方法，其思想起源于批判实在论和实证主义。问卷一般由卷首语、问题与回答方式、编码和其他信息四个部分组成。① 卷首语：问卷的自我介绍部分。卷首语的内容应包括：调查的目的、调查的意义及主要内容、调查对象的遴选途径及方法、对调查对象的要求和希望、填写问卷的相关说明、调查对象的回答方式及时间、调查的匿名性和保密性，以及调查者的信息等。② 问题与回答方式：问卷的主要组成部分，一般包括调查主题相关的问题、回答方式及对回答方式的指导和解释等。③ 编码：为每一份问卷、问卷中的每个问题及每个答案编写一个唯一的代码，并根据该代码对问卷进行数据处理，通过这种方式，将调查问卷中的相关问题和调查对象的答案全部转换成数字代码，以便调查问卷能被计算机进行数据处理。④ 其他信息：包括问卷名称、调查对象的单位或者地址、调查员姓名、调查时间及完成情况、审核员姓名及审核意见等。

设计调查问卷的问题应遵循客观性、必要性、可能性和自愿性四项原则。① 客观性原则，即设计的问题必须与客观实际情况相一致。② 必要性原则，即必须围绕调查主题和研究假设来设计最基本的问题。③ 可能性原则，即必须符合被调查者回答某一特定类型问题的能力，不应该提出任何超出被调查者理解、记忆、计算和回答能力的问题。④ 自愿性原则，即必须考虑被调查者是否愿意主动如实地回答问题，不应提出任何被调查者不可能自愿如实回答的问题。

设计调查问卷的答案应遵循相关性、同层性、完整性、互斥性和可能性五项原则。① 相关性原则，即设置的答案必须与调查问题有关。② 同层性原则，即设置的答案必须在相同的层次上。③ 完整性原则，即调查问题应该尽可能地设置所有的可能性答案。④ 互斥性原则，即设置的答案必须是互相排斥的。⑤ 可能性原则，即设置的答案必须在被调查者可以回答的范围内。

9.1.2　文本分类法

方法介绍：文本分类法是将待定文本划分到一个或多个预先定义的类别中，其主要任务是基于预先给定的类别标签集合，结合文本内容确定其类别。文本分类技术可以将大量无结构的文本数据组织成标准的文本数据，有助于提高信息检索的效率，大大减少组织和整理文档所需的人力资源。

适用环节：文本分类法可用于 DIIS 收集数据和揭示信息环节。

国外自动分类研究始于 20 世纪 50 年代末，Maron 首次提出了概率文本分类。早期文本分类主要是基于知识工程，通过手工定义一些规则来对文本进行分类，到了 90 年代以后，统计学方法和机器学习方法被引入到了文本自动分类中，文本分类法取得了巨大进展，逐步代替了知识工程方法。文本分类法可以对海量、未知的待定文本进行分类处理，对象文本可以是各种题材、体量、结构、内容的文字资料。文本分类主要包含两个模块，即训练模块和分类模块。

训练模块包括五个部分：预处理、文本表示、特征选择、分类器和性能评价。① 预处理：对训练集内的文本进行去除停用词、词干化、分词、统计等操作，并对文本进行去噪处理。此处对中英文分别采取不同的处理，英文使用空格进行分词，而中文则需要根据语义进行分词或采用 N-gram 法（汉语语言模型）进行分词。② 文本表示：把文本表示成分类算法可以识别的形式。③ 特征选择：在文本表示阶段使用的特征集合的数目通常非常巨大，并常含有大量对分类没有贡献甚至具有相反作用的噪声特征，使用如此巨大的特征量会大大影响分类速度，因而需要通过特征降维减少特征数目，以提高训练和分类的速度与精度，特征选择后需要根据新的特征子集对文本重新进行表示。④ 分类器：使用各种机器学习和模式识别算法对训练集进行学习，确定算法的各参数值，生成分类器。⑤ 性能评价：评价分类器对训练集的分类结果，如果性能达不到要求，返回特征选择阶段重新选择特征。

分类模块由预处理、文本表示和分类器三个部分组成。① 预处理：功能作用与训练模块中的预处理相同。② 文本表示：与训练模块的第一个文本表示有所不同，此处的文本表示使用的特征空间为经过特征选择后的特征空间。③ 分类器：使用训练完成的分类器对文本分类，输出最终分类结果。

中文文本分类与英文文本分类的重要区别在于预处理阶段。不同于英文文本的空格区分，中文文本的读取首先需要分词，利用从简单的词典查询法到后期基于统计语言模型的分词方法进行分词。中文文本经过预处理后转换成样本矢量的数据矩阵，后续的文本分类过程可以参考英文文本分类的方法。因此，除了预处理部分与语种密切相关外，其余部分均独立于语种。

9.1.3 信息抽取法

方法介绍：信息抽取法是从文本中提取特定事实信息的一种方法。从广义上讲，信息抽取法适用于语音、图像、视频等各种类型的数据抽取，但狭义上主要用于自然语言文本，尤其是非结构化文本或半结构化文本。信息抽取法利用自然语言处理、机器学习等方法从文本中提取相关信息后，再以结构化的形式对其进行描述，这些信息可以直接存储在数据库中，供用户查询以及进一步分析和利用。

适用环节：信息抽取法可用于DIIS收集数据和揭示信息环节。

20世纪60年代中期，信息抽取研究工作开始起步，最具代表性的初始研究是纽约大学的Linguistic String和耶鲁大学的FRUMP这两个面向研究的自然语言处理项目。信息抽取法分为基于规则的信息抽取方法和基于统计的信息抽取方法。两种方法各有优劣，前者抽取效率和准确性高，但领域限制严格，系统可移植性差；后者则正好相反，且对领域知识要求不高。

典型的信息提取过程一般由以下十个阶段组成：① 文本分块：将输入文本分割成不同的部分或块。② 预处理：把划分好的文本块整合成句子序列，每个句子是由词汇项和相关属性（例如单词类）构成，词汇项指的是特定类型的单词或短语。③ 过滤：将无关的句子过滤掉。④ 预分析：对词汇项序列中确定的小型结构进行识别，包括动词短语、名词短语和列结构等。⑤ 分析：对识别出的小型结构、词汇项序列进行分析，形成完整的分析树或者分析树片段集合，以此来描述句子结构。⑥ 片段组合：如果在第五步中没有建立起完整的分析树，就把分析树片段集合组合成整句的分析树，或者把逻辑形式片段集合整合为其他逻辑表示形式。⑦ 语义解释：基于分析树或者分析树片段集合，生成语义结构、意义表示或其他逻辑形式。⑧ 词汇消歧：消除前一个模块中的歧义，得到唯一的语义结构表示。⑨ 篇章共指消解：通过确定文本不同部分中同一实体的不同描述，把当前句子的语义结构表示并入之前的处理结果中。⑩ 模板生成：基于文本的语义结构表示，生成最终模板。

在使用信息抽取法的过程中，应注意：① 为了保证可靠的信息源，数据源必须长期保持相对稳定和完整。② 正确把握生成数据的真实性和完整性，制定标准化的元数据检查体系。③ 信息抽取是一个连续的过程，定期、定量的循环数据提取可以纠正因数据变化而引起的错误，这项工作是非常必要的。

9.1.4 人名消歧分析法

方法介绍：人名歧义指的是同一个人名指称项指向现实世界中多个人物实体的现象，人名消歧分析法是判断出现在不同文档中的相同姓名字符串是否指向现实世界中的同一个实体，进而将具有相同名字的不同实体加以分类区分的方法。利用人名消歧分析法可以区分不同文档中的相同人名是否指向同一个人物，把关于同一个人物的文档放在一起，使得用户快速获取其想了解的人物信息。

适用环节：人名消歧分析法可用于 DIIS 收集数据环节。

1998 年，Bagga 和 Baldwin 最早提出了跨文本的人名消歧。利用人名消歧分析法可以将指向同一类别的信息划分到同一类中，并从每一类中抽取出人物实体的关键信息，进而建立准确、完备的人物实体列表，实现语义知识库的构建。人名消歧技术的研究具有重要的理论价值，涉及机器学习、数据挖掘、自然语言处理等多个学科领域的关键技术，同时，它也为这些学科领域的技术研究提供了一个有价值的试验场，促进了命名实体识别、文本特征抽取、相似度计算、文本分类和聚类等技术的发展和进步。

人名消歧技术大致可分为基于聚类的人名消歧分析和基于实体链接的人名消歧分析。① 基于聚类的人名消歧分析。根据聚类方法的不同，基于聚类的人名消歧分析又可分为基于向量空间模型的人名消歧分析和基于社会网络的人名消歧分析。基于向量空间模型的人名消歧分析通过从语料库中抽取文本特征，并将其表示成向量形式，进而利用层次聚类算法将文本划分到不同类别中去，实现人名消歧。基于社会网络的人名消歧分析主要利用文本中不同人物实体之间的相互关系构建一个社会关系网络图，接着利用图聚类算法将社会关系网络划分为若干内部节点关系紧密的小团体，达到人名消歧的目的。② 基于实体链接的人名消歧分析。首先通过引入外部资源，构建实体知识库，然后把知识库中的每条实体定义当作一篇文本，直接计算它们和文本语料中抽取得到的实体之间的相似度，进而实现任务实体到知识库的映射。同时，该方法还把无法映射到知识库的实体指称项聚到不同类别中，并确保每一类中的所有指称项都指向同一人物实体。

9.1.5 网络数据采集法

方法介绍： 网络数据采集法是指利用软件爬虫、开放数据接口，对互联网中公开公布的数据或者用户行为产生的数据，实现有针对性、精准性的数据抓取，并按照一定规则和筛选标准进行二次加工，保存并形成数据库的一种方法。网络数据采集面向的抓取数据一般为互联网中海量的信息和数据，很难人工操作采集。数据收集完成后，会进行进一步的分拣、清洗和二次加工，实现网络数据价值与利益更大化，支持更专业化的数据深度分析。

适用环节： 网络数据采集法可用于 DIIS 收集数据环节。

21 世纪初，互联网上的数据量和人们的数据分析需求高速增长，人工采集数据不能满足日益增长的需求，加上软件产业的发展，网络数据采集法应运而生。网络数据采集因其极高的数据收集效率和海量的数据源，在数据分析、数据挖掘的研究与实践中有着极其广泛的应用。网络数据采集主要包括两种手段：网络爬虫与开放数据接口，具体如下。

1）网络爬虫。网络爬虫是最早也是最常用的网络数据采集方法，它通常根据既定的抓取目标，有选择地访问万维网上的网页与相关的链接，以获取所需要的信息。网络爬虫首先是给定一个待爬取的 URL 队列，然后通过抓包的方式，获取数据的真实请求地址。接着采用 httpclient 模拟浏览器将相应的数据抓取下来。由于网页中的内容很多、很复杂，很多内容并不是实际需要的，所以需要对其进行解析。针对 html 的解析很简单，通常是利用正则表达式或者现成页面解析工具包，提取出目标信息后，进行进一步的分拣、清洗和二次加工，最后把加工后的数据存储在数据库或者文件中，供科研人员和分析人员使用。

2）开放数据接口。利用开放数据接口抓取数据流程与网络爬虫抓取流程稍有不同，不再需要利用爬虫模拟访问网页、解析网页内容，而是利用平台网站预先处理好的数据接口，直接抓取结构化的数据，省去了繁杂的网址分析与网页解析的步骤。通过数据接口获取数据后，后续流程与网络爬虫相同，将经过清洗、分拣后的数据保存至数据库或者文件中。

基于互联网的数据采集是现阶段最有效的数据获取方式，不论是基于网络爬虫还是基于开放数据接口，都能在短时间内获取大量的分析数据，是其他数据收集方式无法比拟的。首先，网络采集数据时间成本、经费成本都远低于人工问卷调查或者通过自己安装仪器设备采集数据。其次，网络采集的数据量远超人工问卷调查法收集的数据，同时互联网上各种类型数据繁多，往往可以通过挖掘与分析将许多看似无关的碎片信息串联起来，让科研与数据分析更精准、更高效。最后，网络采集的数据更具有时效性，且可以实时更新，根据研究问题可以很容易地实时调整数据来源。

9.1.6　面访调查法

> **方法介绍**：面访调查法是调查人员通过走访被调查者，当面听取被调查者意见的一种数据收集方法。面访调查法是一种访问形式比较灵活的调查方法，通常用于特定人群的访问，调查内容比较专业，因此具有一定的难度。面访调查的问卷结构、组织形式与入户、街访很类似，但调查对象却是特定人群。面访调查需要由调查负责人组成调查小组，并有完善的事前培训和即时沟通机制。
>
> **适用环节**：面访调查法可用于 DIIS 收集数据环节。

面访调查起源于市场调研，在企业营销中有着广泛的应用。在进行市场调查时，企业往往希望能够真实地了解消费者的感受和想法，所以他们非常愿意与消费者进行面对面的交流，以此来把握市场信息，面访调查的出现即是为了解决这一问题。面访调查通常有准备、执行、收尾三个步骤，具体如下。

1）准备。确认调查背景、研究目标、调查对象、调查地区、样本量、具体配额、起止时间、复核要求、接触记录等事宜。

2）执行。首先需要进行调查培训，培训时详细讲解问卷。调查培训后进行模拟访问，一定让所有访问员对问卷十分熟悉，面访的执行地点不固定，比较分散，调查督导不能同时兼顾每一个人的访问质量，因此一定要让访问员把问卷的每一个问题理解清楚再独立去做问卷，保证卷面质量。访问初期，调查督导必须到访问现场进行指导，对访问员出现的问题当场纠正，以保证以后的访问顺利进行。在面访进行过程中，督导必须对所有访问地点进行不定时抽查，要兼顾到每个点的均衡性。所有访问员的前几份问卷必须由督导亲自审核，所有问卷必须经过一审。调查督导还要对审卷人员审核的所有问卷进行二次抽审，尤其是在审卷人员刚开始审卷时进行仔细抽审，避免因审卷人员的理解错误导致所有问卷不合格。

3）收尾。所有问卷要进行二次审核和复核，对于出现问题的问卷要进行电话补问，能够联系到被访者的问卷还可以作为合格问卷，联系不到的问卷只能作为废卷处理。再次统计整体配额，及时补做仍然缺失的配额。及时将每个访问员的合格问卷份数统计出来，将被访者的背景资料和联系方式录入到数据库中，以备下次调查使用。及时将所有问卷交给相关部门，制作访问员劳务费明细表，填写访问员评价表、代理评价表，并将调查总结存档。

9.1.7 在线访谈调查法

> **方法介绍**：在线访谈调查法是传统访谈调查基于互联网实现和发展的新方式，并不完全等同于传统访谈调查法，但在线访谈是对传统访谈调查的有力补充，能够从更广和更深的角度上收集、挖掘信息。在线访谈调查法可以更为便捷、广泛和经济地收集被访者的信息。对于某些涉及隐私的调查，受访者更容易接受不见面的在线访谈形式。
>
> **适用环节**：在线访谈调查可用于 DIIS 收集数据环节。

在互联网出现之前，传统的访谈调查方法需要花费大量的人力、财力和时间，尤其是个人、团体和电话访谈，都需要大量的调查人员。后来，虽然也出现了一些新的方法，比如计算机辅助电话访问，但它们只是改进了这些传统方法，市场调研的媒体或载体没有发生根本性变化。随着互联网技术的蓬勃发展，市场调研的媒介有了全新的选择，在线访谈调查得到了越来越多的应用。

在线采访是间接采访，其优势在于便捷、节省人力、节省费用、节省时间。在线访谈调查可以借助目前流行的即时在线聊天工具，通过网络文本或语音与其他人进行交流，从而达到访谈的目的。

一般访谈的流程有以下四个步骤：① 首先得到被访者的网络信息，例如电子邮箱或者即时聊天工具账号。获得这类信息的途径除了最简单的询问外，还可以通过问卷调查的形式获得。问卷调查与访谈法在研究中起到相互补充的作用。在设计问卷之前，要求被调查者填写他们的电子邮件或即时通信账号。② 列出访问的概要，可以简明地列出访谈的目的和重要问题。与其他访谈一样，编制在线访谈调查提纲也是重要的一步。访谈内容应围绕主题展开，并根据受访者的个性偏好，适当改变语言和交际方式，以获得最准确的信息。③ 预约访谈时间。一般来说，访谈不应该妨碍被调查者的工作、学习和休息，要充分尊重被调查者的真实意愿，听取他们的意见，可以通过电话或其他方式与被调查者进行预约，从而确定在线访谈调查的时间点以及时长。④ 根据研究对象的类型和被访者自身的情况，选择合适的访谈方式。在访谈时间较为宽裕的情况下，可以选择文本聊天的方式进行访谈。虽然这种方式较为费时，但聊天记录很容易被保存下来，从而节约了调查者整理和汇总访谈记录的精力和时间。语音聊天也可以用来记录访谈材料。当被访者时间匆忙或需要深入访谈时，语音聊天更为合适，聊天交流快捷，互动性较强，可以掌握更多的信息。如果访问员与受访者之间有很好的人际关系，也可以使用视频聊天的方式。

9.2 揭示信息方法工具

9.2.1 数据包络分析法

方法介绍：数据包络分析法是一种新的基于相对效率概念的绩效评价方法。该方法可以评价具有较复杂生产关系的决策单位的效率，不需权重假设，具有很强的客观性，并且可以有效处理多输入或多输出的有效性评价问题。该方法应用范围广泛，既可以用来研究多种方案间的相对有效性，也可以在决策前去预测决策做出后的相对效果，还可以用来进行政策评价。

适用环节：数据包络分析法可用于 DIIS 揭示信息环节。

1978 年，由美国著名运筹学家 Charnes 和 Cooper 等学者在一篇名为"决策单元的有效性度量"的论文中正式提出了数据包络分析法。现在数据包络分析法已经广泛应用于众多行业和部门，并因其无须对数据进行无量纲化处理、无须权重假设等特点而在使用时显现出独特的优势。

数据包络分析法的基本原理如下：首先，保持决策单元（具有相同类型的部门或单位）的输入或输出不变。其次，利用线性规划的方法比较决策单元之间的相对效率，对决策单元进行相对有效性的评价。数据包络分析法的基础是相对效率概念，其工具是凸分析和线性规划，其步骤主要包括四个方面：确定评价目的、选择决策单元、建立输入或输出指标体系及选择数据包络分析模型。

9.2.2 聚类分析法

方法介绍：聚类分析法从样本数据出发，把各个分类对象单独视为一类，根据聚类原则，不依赖既定的先验知识形成新的聚类。在此过程中，不仅可以对初始样本数据进行较为客观的分析聚类，而且之后还可以做出聚类谱系图形等对各个不同聚类的等级进行对比分析。该方法不需要事先给定分类标准，是一种理想的多变量统计方法。

适用环节：聚类分析法可用于 DIIS 揭示信息环节。

聚类分析最早起源于 1932 年由 Driver 和 Kroeber 提出的人类学，并于 1943 年被 Cattell 用于人格心理学中的特质理论分类。随着科技的发展，人们将数学工具引入分类学，聚类算法便被细化归入数值分类学领域。后来，信息技术快速发展，复杂多元的新数据出现，于是多元分析技术被引入数值分析学，形成了聚类分析学。聚类分析是一种理想的多元统计技术，特别适用于研究多要素事物分类问题，主要应用于商业、保险行业、因特网、电子商务等方面。

聚类分析有直接聚类法、最短距离聚类法、最远距离聚类法三种。① 直接聚类法。首先将每个分类对象看作独立的一个类，然后根据最小距离原理，依次选择一对分类对象，形成新的类。② 最短距离聚类法。它是从原始距离矩阵的非对角元素中找出分类对象，将分类对象合并为一个新类，然后根据计算公式计算原始类与新类之间的距离，从而得到一个新的距离矩阵，然后从新的距离矩阵中选择最小值，将分类对象合并为新类，然后计算每一类与新类之间的距离，按此方法持续下去，直到各分类对象被划归为一个类。③ 最远距离聚类法。其思想是取尽可能离得远的对象作为聚类中心，它与最短距离聚类法的区别在于计算原来的类与新类的距离时采用的公式不同，最远距离聚类法是用最远距离来衡量样本之间的距离。

聚类分析的三个方法有其不同的特点。① 直接聚类法具有简单直观的优点，且操作较为简便，最后做出的聚类谱系图能够帮助人们加深对数据的理解，结论形式简明。② 最短距离聚类法是基于原始距离矩阵，能够在此基础上有效进行分类，条理更加清晰，更有规律可循。③ 虽然最远距离聚类法中原类和新类间的距离计算公式与最短距离聚类法不同，但最远距离聚类法也具有条理清晰、有规律感的特点。

在使用聚类方法时，除需要注意被分析数据要准确、聚类分析时不进行人工干涉、聚类方法运用得当、聚类算法程序正确外，还需要注意以下三点：① 明确聚类与分类的区别。聚类属于无监督学习范畴，也可称作观察式学习过程，与分类不同，聚类并不依赖既定的先验知识。② 对数据进行标准化处理。以距离测度度量相似性时，聚类变量的量纲对度量结果的影响较大，所以在计算相似测度之前，通常要进行标准化处理。③ 进行多次运算，以得到准确结果。利用聚类分析法分析数据时，如用 K 均值聚类算法进行计算，想要收敛到局部最优，需要进行多次运算。

对文档集进行自动分类的过程又称为文本聚类，它可以将文档集划分为多个类别，使同一类别的文档内容具有尽可能大的相似度，而不是同类别之间的文档内容具有尽可能小的相似度。

9.2.3　主成分分析法

方法介绍： 主成分分析法又称为主分量分析法，作为一种多元的统计方法，是一种具有统计特性的多维正交线性变换。该方法利用降维的思想，将多个指标转化为少数几个综合的指标（即主成分），其中每个主成分所含的信息相互不重复且都能够反应原始变量的大部分信息。利用主成分分析法可以对数据进行降维处理，用较少的指标代替原来较多的指标对数据进行分析，并且这少数几个评价指标之间互不相关，计算也较为方便，减少了选择指标的任务量，以此得到主成分信息对多变量问题进行客观准确地分析。

适用环节： 主成分分析法可用于 DIIS 揭示信息环节。

英国数学家 Pearson 于 1901 年首先提出主成分分析法，其原理是将原来的变量重新整合成一组新的相互不相关的综合变量，根据实际的需要从中取出几个能够反映原始变量绝大部分信息的综合变量。一般数学上最经典的做法就是用第一个综合指标的方差来表示，方差越大，表示这个指标所包含的信息越多，将这个指标称为第一主成分。如果第一主成分不足以代表原来多个指标的信息，再考虑选取第二指标。

主成分分析法具有如下优点：① 可以消除评价指标之间的相关性。由于主成分分析将所有的原始指标变量转化为彼此独立的主成分，各指标之间的相关性越高，主成分分析的效果就会越好。② 可减少指标选择的工作量。由于在使用其他评价方法时，其评价指标之间的相关性难以消除，因此需要花费大量的精力来选择评价指标。主成分分析可以消除这种相关性，并使其更容易选择指标。③ 当评价指标较多时，一些综合指标可以用来代替原来的指标进行分析，同时也能保留大部分信息。④ 在综合评价函数中，每个主成分的权重是其贡献率，它反映了主成分原始数据中所包含的信息量与信息总量的比率，因此权重的确定客观合理，克服了一些评价方法考虑权重确定的缺点。⑤ 计算更为方便、规范，便于在计算机上操作实现。

9.2.4　回归分析法

方法介绍：回归分析法是一种建立在数据统计基础之上，试图以回归方程拟合自变量和因变量相关关系的具体形式，并以此来预测今后因变量变化的定量分析方法。作为一种处理多变量间相关关系的数学方法，回归分析法按照涉及自变量、因变量的多少和关系可以分为：一元回归、多元回归、简单回归分析、多重回归分析、线性回归分析和非线性回归分析。

适用环节：回归分析可用于 DIIS 揭示信息环节。

回归最早由英国生物学家 Galton 提出，最初出现在人体遗传特征的实验研究中。根据实验数据，他发现父母高大的，其孩子也比较高，但从数据的平均程度来看，他们不会比父母更高。同理，父母矮小的孩子，平均来说，他们也没有他们的父母那样矮。Galton 把这种人类朝向平均身高发展的身高现象称为回归，并将其作为统计概念应用于实际中，从而逐渐形成了兼具独特性与系统性的回归分析法。大自然具有一种约束力，使人类身高的分布相对稳定而不产生两极分化，这就是所谓的回归效应。

回归分析法适用的范围：预测分析、时间序列模型、明确变量间的因果关系等。此外，它还可以对结果进行残差检验，检验模型的精度。回归分析法的基本过程包含以下五个步骤。

1）根据预测目标明确自变量与因变量。若给定预测目标为下一年的交通事故率，则交通事故数 Y 为因变量。通过一系列的调查与资料搜集，确定影响 Y 的相关因素，遴选主要影响因素，并用自变量 X 表示。

2）构建模型。基于自变量与因变量的历史统计，构建回归分析预测模型，常见的回归模型有线性回归模型、逻辑斯谛回归模型、多项式回归模型、逐步回归模型、岭回归模型、Lasso 回归模型、ElasticNet 回归模型等。

3）深入分析相关关系。该方法的本质集中于对表现出因果关系的两个变量（因素与预测指标）进行统计分析，而其中相关关系是判断相关性的要求，相关程度可利用相关系数进行定量。

4）检验此模型并预估误差。检验和误差值的预估工作决定了回归预测模型能否用于实际预测。

5）确定所要预测对象的值。这一步骤旨在计算预测值，可通过回归预测模型计算而得，在此基础上，再结合实际情况进行全方位分析，给定最后可供参考的预测值。

9.2.5 灰色预测法

方法介绍：灰色预测法通过对已知和未知的信息进行统计、收集，揭示杂乱无章现象之下的规律性信息，用来在信息不透明、不对称的情况下，综合研判求得序列未来发展的态势。灰色预测模型利用较少的数据量，便可做较为准确的预测，且精度较高。所搜集的样本分布不要求具有规律性，计算相对简单便捷，且检验方便。

适用环节：灰色预测法可用于 DIIS 揭示信息和综合研判环节。

1982 年，中国学者邓聚龙首次提出灰色系统理论。所谓灰色系统是白色系统与黑色系统之间的过渡系统。具体含义为：倘若现在有一个系统，如果在这个系统中，所有因素的信息都已知，则称其为白色系统；相反，如果这个系统中所有因素的信息都处于未知状态，那么称其为黑色系统。但在实际中，很多情况下，在一个系统内，一部分因素的信息已知，一部分因素的信息未知，此时称其为灰色系统。灰色预测，顾名思义，是在灰色系统的基础上做出的预测。

1）灰色数列预测。现阶段被使用较为普遍的是灰色预测模型。预测一个变量可以用 GM（1,1）模型（一阶微分）。GM（1,1）模型是关于随机原始时间的序列，通常使用这个模型所求出的值不断逼近新的时间序列。这个计算流程通过一阶微分方程证明了呈指数变化规律的原始时间序列。

2）灾变灰色预测。发生异常行为的时间，即异常特征值所对应的时间，其表现为超出某个阈值（界限值）的系统特征值于何时再出现，因此称之为灾变灰色预测（异常值灰色预测）。例如常遇到的异常天气现象（旱年、涝年）相关特征值的时间分布预测，农作物产量的不正常变化（过多或过少）预测，均为灾变灰色预测。

3）拓扑灰色预测。其主要步骤为：依据点集拓扑基选出分布序列，然后进行建模，目标是对拓扑基的时分布做预测，从而明晰摆动序列的未来发展态势。这个模型也可对未来发展的整个波形进行预测。在该波形上，每一组点的分布数据对应一个定值，可对每个分布构建灰色模型，从而预测给定值的未来发展变化时间间隔。

9.2.6　SWOT 法

方法介绍：SWOT 法基于内外部竞争环境和竞争条件下的态势分析，列举出来的内容有内部优势与劣势和外部机会与威胁，并依照矩阵形式排列。运用这种方法，可以对研究对象所处的情景进行全面、系统、准确的研究，从而根据研究结果制定相应的发展战略、计划及对策等。

适用环节：SWOT 法可用于 DIIS 揭示信息和综合研判环节。

1971 年，美国学者 Andrews 最早提出 SWOT 分析框架，20 世纪 80 年代初，美国学者 Weihrich 正式提出 SWOT 法。该方法旨在为项目开发、企业管理等重大投资决策进行系统的分析论证，是一种战略分析方法，其内涵是企业依据既定的内在条件进行分析，找出属于自己的优势和劣势，在分析外部环境的基础上，找出企业自我面临的机会和威胁。通过四个因素相匹配，找到一种适应公司战略目标的经营战略。其中，S 代表 Strengths（优势），W 代表 Weaknesses（劣势），O 代表 Opportunities（机会），T 代表 Threats（威胁）。SWOT 方法自形成以来，在企业战略研究与竞争分析方面得到广泛应用。

在运用 SWOT 分析时，主要遵循以下分析思路：一是分析内部因素和外部因素。分析公司的内部能力，找出公司相对于竞争对手的优势（S）和劣势（W），企业内部能力的一般分析主要是基于对企业所拥有的资源的分析，然后分析企业的外部环境，找出企业面临的机会（O）和威胁（T），外部环境主要从宏观经济、社会文化、技术方面和微观竞争对手、合作者等方面进行分析。二是建立基于内外因素的矩阵，根据企业发展的重要程度或影响程度，对调查得出的因素进行排序，构建 SWOT 矩阵，如表 9–1 所示。

表9–1　SWOT 矩阵

内部能力 外部因素	优势（S）	劣势（W）
机会（O）	机会与优势匹配（SO） 依靠内部优势 利用外部机会	机会与劣势匹配（WO） 克服内部劣势 利用外部优势
威胁（T）	优势与威胁匹配（ST） 依靠内部优势 规避外部威胁	劣势与威胁匹配（WT） 克服内部劣势 规避外部威胁

SWOT 分析通常按照以下步骤进行。

1）基于专家意见、调查问卷等方法将关键因素筛选出来。通过打分的方式衡量重要程度，从而确定关键因素。其中需要用到加权分数计算的是内部因素评价矩阵和外部因素评价矩阵。

2）分析关键因素，并确定 S、W、O、T 企业战略。因为是针对未来的谋划，必定会出现很多不确定因素，因此在对 SWOT 每项进行确定时，需要咨询有经验的人员、阅读大量资料，在不同情境下衡量关键因素，才能更好地把握 SWOT 的内容。

3）用 SWOT 模型进行战略构思。SWOT 每项内容分析出来后只能确定内部的优劣势以及外部环境的机会与威胁，然而这依然不能直接作用于企业的发展，以这四项重要内容为基础，组合出战略才能真正服务于企业发展。因此SWOT分析法给出了SO、WO、ST和WT战略组合。其中，SO指通过企业内部优势防止外部机会流失，趁着机会进行发展；WO是通过看到的外部机会明确并改进内部弱点；ST是充分发挥企业的优势，合理躲避有可能发生的危机；WT指利用外部机会来应对外界威胁。

4）战略匹配。以上四种战略组合不仅仅是单一存在的，单一战略同样也不能全面服务于企业发展，因此当选用战略时，可根据公司的态势，选择最合适的一种或多种战略，同时采用，这样能最大限度发挥企业优势、抓住机会，同时避免劣势并规避威胁。

9.2.7　案例研究法

> **方法介绍**：案例研究法是从大量的既往信息中总结、凝练关键信息，并经过整合处理从而得到研究问题的研究方法。对于具有重复性的事件、现象、问题等，案例是其各方面信息的重要载体，从大量的既往案例中提炼有价值的共性规律与特征，也是深入探究问题的重要信息来源与基础。
>
> **适用环节**：案例研究法适用于DIIS揭示信息和综合研判环节。

哈佛大学法学院的Langdell于1871年最早提出案例研究的思路。在随后的50年时间里，哈佛商学院普及了案例教学法，推广了其在企业管理中的应用。案例研究是一种运用历史所能搜集到的材料、数据或访谈及观察的内容，结合适用性强的技术去剖析一个案例，进而总结出具有普适性的结论。一般来说，案例研究可用于以下三种情境：一是要回答"怎么样"或"为什么"问题时；二是研究者几乎不能对研究对象实施有效控制时；三是当关注的中心是当前现实生活中的实际问题时。

依据不同的分类原则可以将案例研究划分为不同的种类。对于不同种类的具体案例，其研究方法也不一样，其中有些方法是针对特定案例研究类型，有些案例则需综合应用多种方法进行分析。利用案例研究法需要注意以下两点。

1）区分案例研究类型。依据研究任务的不同，案例研究可分为探索型、描述型、例证型、实验型和解释型。探索型案例研究，是在原有的基础上进行一定程度的延伸，因此其通常超越自身的理论框架，其后，可用新的视角、假设解释具体现象；描述型案例研究是在已有的理论框架下研究主体想要对所要研究的客体做尽可能详细的刻画；例证型案例研究方法用于研究者期望阐述组织的实践活动时，实践活动可分为创造性实践活动和实践新趋势；实验型案例，顾名思义，具有一定的实验验证性，所以当研究者需要检验某个新的东西时，便可应用此方法；解释型案例研究重在解释，因此被用于在已有的理论知识基础上来刻画和解释真实存在的组织实践活动中。

2）单一案例与多案例研究。管理学案例研究根据研究案例的多少，可将其分为单一案例研究与多案例研究。它们所解释的问题不同，有些问题用一个案例便可以说明问题，但有的问题却需要集中多个案例研究才能得出结论。因此，单一案例研究常被用于证明一个问题的某个方面的对错，也可以用于分析极端的、特殊的、少见的管理情景。多案例研究由于样本较多，所以可参考的资料也多，为了更好地抓住多个案例的有效成分，第一步就需要对单个案例进行深入分析，这一步为案例内分析；第二步根据研究需求确定研究目的，在案例内分析基础上整理出可服务于研究目的的内容；最后对所研究内容进行归纳、总结，并抽象出结论。

9.2.8 层次分析法

方法介绍：层次分析法是一种同时融定性与定量分析方法于一体的多目标决策分析方法。该方法的主要思想是通过将复杂问题分解为若干层次和若干因素，对两两指标之间的重要程度做出比较判断，建立判断矩阵，通过计算判断矩阵最大特征值以及对应特征向量，并对其做一致性检验，得出不同方案重要性程度的权重，为最佳方案的选择提供依据。层次分析法通过揭示复杂问题的内在联系，为遴选出最佳方案提供了科学途径，为决策提供理论参考。

适用环节：层次分析法可用于 DIIS 揭示信息和综合研判环节。

20 世纪 70 年代，美国运筹学家 Saaty 最早提出了层次分析法。其基本原理如下：首先，把要解决的问题分层系列化，根据所要解决问题的目标、影响目标的因素及可由因素判别的方案将该研究问题划分为三层；其次，评判准则层和方案层中每一层次要素的相对重要性，依据人们对客观现实的定性认知给出定量判断，由此便得到了模型中所需的数据，可利用定量方法确定各个层次全部因素相对重要性的权值；最后，通过综合计算每一方案所对应的权重，选出最佳方案。层次分析法包括以下四个步骤。

1）建立具有层次特征的结构模型。深入分析问题，对其中所包含的因素划分为不同层次：位于顶层通常仅有一个元素，即决策问题的总目标或理想结果；中间层为准则层，其提供一套标准，用以衡量目标能否实现；最下层为方案层，是指实现目标的具体措施、方法或手段。

2）构建判断矩阵。在上层某要素条件下，该层各要素具有相对重要程度，以此可构建判断矩阵。

3）层次单排序及一致性检验。层次单排序是指根据上一步得到的判断矩阵计算出的要素优先权重，即计算上述判断矩阵最大特征值的特征向量。关于特征值与特征向量的求解，通常采用方根法或求和法算出其近似值（即为评价因素重要性排序，也即权数分配），并需要通过一致性检验。

4）层次总排序及一致性检验。层次总排序即为所有因素相对重要性的排序。由于层次总排序过程是从最高层到最低层逐层进行的，而最高层是总目标，因此层次总排序也是某一层次对最高层（总目标）的相对重要性排序。

9.2.9 类比学习法

方法介绍： 类比学习法又称为比较类推学习法，是指某类知识或事物具有某种属性，依据类似事件也具有类似属性的原则推测其他事件的推理方法。通过对已有数据的类比学习，预测类似数据的属性，用以进行数据的扩展调查和采集整理。类比学习作为一种学习方法，能够不断改进数据收集行为的精准性和可靠性。在揭示信息的过程中，一方面可以将信息进行类比，判断信息的正误；另一方面可以通过类比，快速将信息类型化、模型化、系统化。

适用环节： 类比学习法可用于 DIIS 揭示信息和综合研判环节。

类比法最早要追溯到古希腊，亚里士多德把类比推理叫作类推，并对其进行了定义。类比学习法也可认为是基于类比进行的学习方法的改进。学习结果须通过实验进行检验，所做类比的对象之间共同属性越多，那么类比后所得出的结论可靠性也就越大。类比是将一类事物的某些相同方面进行比较，以另一事物的正确或谬误证明这一事物的正确或谬误，而类比学习是通过类比归类之后系统学习这一类事物的相似点，区别这一类事物的不同点，从而快速成体系地完成一类事物的学习。该方法的应用非常广泛，如计算机语言的学习、外语学习、物理知识的学习等。

类比法的基础是比较，类比法的本质是使原型也就是类比的对象明晰。从熟悉的对象类推出陌生的事物，从已知探索未知。如果没有类比的对象，类比的方法就无从运用，创造发明的实施只能由其他技法来进行。类比法的运作机制原理包括两个方面：异质同化和同质异化。异质同化是指在创造发明新事物时，借助现有事物的知识进行分析研究，找出待创造事物和现有事物之间的相同点或相似点。同质异化是指把决定现有事物与待发明事物相同点或相似点的原理、结构、形状或其组合运用于发明创造，创造出具有该相同点或相似点的新事物。在运用类比法时，异质同化和同质异化两个方面缺一不可。异质同化是前提和基础，同质异化是创造发明的关键环节。

类比学习法作为基于类比法的知识学习方法的延伸，其运作原理也包括以上两点。

9.2.10　专利地图法

方法介绍：专利地图是对专利分析结果的可视化表达，专利地图法通过对目标技术领域相关专利信息进行搜集、处理和分析，有助于复杂多样的专利情报得到方便有效的理解，是用以解释多样化的专利情报分析结果的图表。专利地图旨在开启技术人员的新思路、发现新技术领域、开发新技术手段，帮助企业确定技术合作伙伴，制定企业专利战略部署和战略地位，帮助政府在重大技术项目上做出决策和进行宏观管理。

适用环节：专利地图法可用于 DIIS 揭示信息和综合研判环节。

日本专利厅于 1968 年出版了日本第一份专利地图——航空微米测量技术专利地图。专利地图按制作目的可大致分为三类：① 专利管理地图，即以专利情报分析服务于经营管理。主要包括专利数量趋势图、申请人专利分布图、所属国家和地区专利量比例图等。② 专利技术地图，即以专利情报分析服务于科技研发。主要包括专利技术功效矩阵图、技术功效分布矩阵图、专利技术发展图等。③ 专利权利地图，即以专利情报分析服务于权利范围的界定。主要包括专利范围构成图、同族专利图、重要专利引用图谱等。事实上，专利地图类型划分是粗略的，并没有任何的标准可以将其严格区分开，因为在企业的发展中管理和技术本就紧密相连。

为了便于用户了解庞大的专利数据之间的关系，专利地图的可视化主要有以下三种基本的表现方式：① 主要由图标和说明两部分组成，图标用来表示专利知识，说明用来呈现专利的概述，箭头用来表示两者关系，将两者联系起来。如排序地图，即按照专利文献的件数对专利的某一项或者某几项的指标来进行排序，主要是通过统计进行排序，其作用可以用于查看专利申请人的排名情况，或者查看在技术领域排名情况等。② 由 Leathrum 提出的阶层式地图。可以根据实际需求设置地图的层数，每下一层都是上一层的新地图，而且是其上一层的子分布图。如分布地图，主要用来展示专利文献件数的分布情况，同时可以展示专利涉及的技术的平衡度和优势等情况。③ 用以表示专利分布和强度的雷达图，该图可以用来帮助用户了解专利本身、专利的分布和专利的强弱，以及是否需要补充强化改造。如网状地图，该图主要通过表示同一主题下的不同类型数据的每个节点，将各个节点连线从而确定彼此间的关系，通过这样的分析可以找出专利数据之间隐藏的关系，从而获得数据间的关系，进而帮助企业制定战略。

9.2.11　共现分析法

方法介绍：共现分析法是结合数理统计知识和计算机技术，分析关键词、作者以及机构等特征项的共同出现情况，得到科学活动的演化规律以及挖掘论文间隐藏的关键信息的方法。共现分析法结合了定量与定性两种思路，将文本相关分析对象转化为用数量形式表达的信息，利用共同出现这种现象构建相似度或者距离关系，这样既可运用数学方法定量计算研究结果，又可以进行人工定性分析，较为全面地揭示数据中蕴含的新的、有意义的知识，一定程度上克服了定性研究的主观性和不确定性。

适用环节：共现分析法可用于 DIIS 揭示信息和综合研判环节。

共现分析技术最早起源于 20 世纪 80 年代由巴黎国立高等矿业学院创新中心和法国国家科学研究中心合作开发的 LEXIMAPPE 系统，用来绘制几个研究领域的动态发展。共现指文献的特征项描述的信息共同出现的现象，这里的特征项包括文献的外部和内部特征，如题名、作者、关键词、机构等；而共现分析是对共现现象的定量研究，以揭示信息的内容关联和特征项所隐含的知识。

论文共现指的是在文献的引证关系中，除了文献之间单一的相互引证关系之外，还存在两篇或两篇以上文献同时引证同一篇文献，或两篇文献同时被别的文献共同引证等。科技文献的被引文献中，人们经常可以看到不同论文的作者不约而同地引证某篇或几篇完全相同的文献，两篇（或多篇）论文同时引证一篇论文，这种现象称为耦合论文，它们之间的这种关系称为文献耦合；文献同被引指的是两篇（或多篇）论文同时被后来的一篇或多篇论文所引证，则称这两篇论文具有同被引关系，同被引的概念可以推广到文献其他特征对象中，如期刊同被引、作者同被引、主题同被引等。作为共现分析的常用类型之一，共词分析指通过对反映文献主题内容的关键词进行统计分析，利用关键词或主题词共同出现这一现象研究文献内在联系和科学结构。通过对关键词或主题词之间的共现频率进行统计分析，可以利用词汇对关联关系构建共词网络，每个节点为一个词汇，节点之间的距离代表主题内容相似度。共词分析适用于领域热点分析、学科趋势分析等。

共现分析法主要包含以下三个步骤：① 确定分析领域与分析单位。确定目标研究学科领域，选择学科范围，根据分析层次要求，如需全面揭示学科结构演化或把握整体科学发展，分析单位可以是全学科或多学科，同样如需研究单一学科或单一研究机构之间的关系，分析单位则是小学科或隶属于大学科中的子学科、专题等。共现分析的分析对象可以是期刊、论文、作者或专利等，其中以论文和作者居多。② 构建共现关系，形成共现矩阵。用矩阵方法将共现特征项转化为可量化的相似度矩阵，是文献计量对共现现象研究的主要数学方法。运用统计学、模式识别、数据可视化等多种技术、方法可从共现矩阵中分离、抽取、发现相关论文数据特征项的结构关系及规律。③ 根据共现关系，结合研究领域具体情况进行分析，得出结论。

9.2.12　引文分析法

> **方法介绍：** 引文分析法是对论文、著作、期刊、研究人员、机构等各种分析对象的引用或被引用现象进行统计分析，以便揭示引文背后隐藏的内在规律，最终实现对科技研究成果做出评价，并预估科学发展趋势目标的方法。引文分析代表了学科文献之间的相互引证，通过引文可以揭示文献之间的相互联系，可以深刻地揭示科学文献之间的内在联系。
>
> **适用环节：** 引文分析法可用于 DIIS 揭示信息和综合研判环节。

20 世纪 60 年代左右，Garfield 最早对科学期刊的计数进行系统性持续测量。随着研究的不断深入，引文分析理论不断被完善，已经成为开展科学计量研究的重要方法之一，如应用在测定学科重要程度、学科之间亲缘关系和结构、核心期刊的确定、人才评价等领域。引文分析有很多种分析方法，包括引文网络、自引与自引率、共被引分析、共引分析等，具体如下。

1）引文网络。文献 A 引用了文献 B，证明文献 A 的作者认为文献 B 中的观点是值得被支持的。基于以上观点，引文网络就可以被看作是一个信赖系统。

2）自引与自引率。关于自引和自引率的研究是引文分析的内容之一，自引指的是自己引用自己文章的现象，自引率指的是自引次数占文章所有引用次数的比例。

3）共被引分析。当两篇文献同时被同一篇文献引用时，称为共被引。普遍认为两篇同时被引用的文献会存在主题上的相似性，基于此，共被引可以用作文献内容相似度的测度指标。研究人员可以依据文献之间的共被引关系构建文献之间的共被引网络，文献之间的主题相似性可以通过网络节点距离反映。

4）共引分析。共引就是两篇文献同时被其他文献引用。通过一组文献间的共引关系可形成共引网络，网络节点间的远近反映内容的亲疏关系。共引分析即将一些文献作为分析对象，将复杂的共引网络关系简化为若干类群之间的关系，并直观表示出来。

引文分析过程包括构建检索策略、文献记录下载及数据清洗、基本统计分析、被引频次统计、绘制引文编年图、根据实际要求进行分析、得出研究结论与不足。引文分析虽然已成为文献计量学的重要方法之一，但在引文分析过程中也要特别注意以下几个方面：首先，不同学科引文数量差别很大，在进行引文分析时，如果存在不同的学科，不能单纯地认为被引次数越多文章或期刊影响力越大，而应该对不同学科的引文数据进行标准化。其次，引文格式不统一，在进行引文分析之前一定要先进行数据清洗，再进行统计分析。最后，使用引文分析的过程中，要注意综合运用多种方法，例如将共引分析结果和文献耦合、共词聚类、词频统计等方法的分析结果加以比较分析，不断融入新技术，使结果更加可靠。

9.2.13　价值链分析法

方法介绍：价值链分析法是企业将其自身的作业成本和成本动因信息，与供应链中节点企业的作业成本和成本动因信息联系起来，共同进行价值链分析的方法。价值链分析可以视为一种战略分析工具，通过把价值链当作研究对象，对价值链的构成、价值活动进行分析，可以发现企业价值链中存在的问题，进而找到解决问题的方法，最终提高企业的市场竞争力。

适用环节：价值链分析法可用于 DIIS 揭示信息和综合研判环节。

1985 年，哈佛大学的 Porter 首次在其专著《竞争优势》中提出"价值链"这一概念，并在书中提倡企业应当学会运用价值链进行战略规划与管理，从而获得并维持市场竞争力。目前，价值链分析主要包括以下三种类型。

1）企业内部价值链分析。企业自身各项价值活动之间密不可分，企业的价值活动为企业带来利润的同时，毫无疑问也会对资源进行消耗，企业内部价值链分析首先需要在价值链基础上划分出单独的价值活动，然后分析每一项价值活动，最后减弱直至消除不增值的价值活动。

2）行业价值链分析。要想在激烈的竞争中保持优势，企业还需要考虑活动主体之间的关系，行业价值链上各个活动主体之间是相互联系的，如企业与供应商之间的关系、企业与顾客之间的关系等。

3）竞争对手价值链分析。竞争对手的价值链分析主要是为了揭示企业与竞争对手之间相对的成本地位，确定与竞争对手相比自己所具备的优势与劣势，揭示与竞争对手的差异所在。企业在保持自己的优势所在的同时，要逐步消除劣势，从而最终战胜对手。

价值链分析过程包括发现价值活动、构建价值链、价值链内部活动及环节之间相互联系的深入分析、价值链的"价值－成本"分析、价值链完善等，具体如下。

1）发现价值活动。首先，要明确与企业经营相关的价值活动，这些是构成企业基本作业链的基础；其次，将作业链进行分类和聚合，最终形成企业总价值链。

2）构建价值链。价值链的确定指的是将企业中所有的价值活动进行分类整合，最终汇总形成价值链。

3）价值链深入分析。Porter 曾提出，价值链中的价值活动彼此相依、紧密联系从而构成一个整体。因此需要对价值链内部的活动和活动关系进行深入分析。

4）价值链的"价值 – 成本"分析。企业需要对每一个价值活动做深入分析，对于非增值作业要尽可能减少或消除，从而提高可以增值的作业效率并降低成本。需要注意的是，各项作业之间应该统筹兼顾，若一项作业资源能耗的上升能换来其他作业能耗的大幅度下降，从整体来看对企业发展也是有益的。

5）价值链完善。价值链的完善指的是通过优化价值链中某些活动达到降低成本的目的，最终实现企业价值增加，以便更好地满足客户要求。价值链完善的目的涵盖企业产品策划、开发、设计、生产、销售及退出的全过程，最终是为了增加企业盈利和使顾客更加满意。

9.2.14　成本效益分析法

方法介绍：成本效益分析法通过比较项目（规划、政策）的全部成本和效益以评估项目的经济效率，以此作为决策者进行选择和决策时的参考和依据。在该分析中，某一项目或决策的所有成本和效益都将被一一列出，并以货币作为尺度进行量化。最初，成本效益分析法是一种国家公共事业部门的投资方法，随后逐渐发展起来，被应用于评估各种

　　法国经济学家 Dupuit 于 1848 年最早提出成本效益分析的概念，其基本原理是：针对某一支出目标，提出几种实现目标的方案，利用一定的技术方法，计算各方案的成本与效益，依据一定的原则，通过比较选择最优决策方案。根据各种相关的成本和效益能够数量化及货币化处理的程度，成本效益分析法的应用可分为以下几类：① 标准成本效益分析。以经济效率为主要目标，要求所有与效率相关的成本、效益都能量化操作，并转化为货币单位来衡量。② 计质成本效益分析。同样以经济效率为主要目标，但只有部分成本或效益能够以量化及货币化衡量，其余只能用质化方式呈现。③ 修正成本效益分析。效率不是唯一的考虑因素，其他非经济效率的目标成为必须考虑的重要因素，如财政再分配中的公平性等。④ 多目标分析。除了效率以外，还应兼顾公平、正义、生态保护等的社会价值等。

　　成本效益分析一般包含以下五个步骤：① 确定项目目标。根据社会、技术、经济各方面的综合研究，确定项目所要达到的基本目标，包括能用货币表示的经济效益目标和不能用货币表示的生态环境目标和社会效益目标。② 识别项目的成本和效益。需要对一个项目（规划、政策）的收益进行估计，包括有形的和无形的，还需要对成本进行估计，包括直接的和间接的。其中，成本要素结构是对建立和运行一个项目所需的成本进行分类和描述的一种方法，目的在于建立一个穷尽一切和互斥项目的列表。③ 估价各种影响的成本和效益。将成本和效益转换成一般测量，通常用货币形式表示。一般将项目的各种投入视为成本，项目完成后的各种产出看作是效益，可以运用付钱意愿来衡量。④ 处理时间、风险和不确定的因素。大多数的项目具有长远的效果，由此衍生的成本和效益发生在不同的时间点上，因此把需要发生在未来的成本与效益贴现为现值，即将货币时间价值考虑在内，将不同时间点的成本、效益按一点的贴现率换算成同一时间点的成本、效益，常用的方法是资本市场利用率。在此基础上，还可以附加风险门槛作为采用项目与否的决算依据。⑤ 最终决策。根据上述贴现后的项目成本和收益，计算净效益，结合项目目标决定某一项目是否值得投资。

9.2.15　S 型曲线比较法

方法介绍：S 型曲线基本上可以分为发生、发展、成熟、饱和四个阶段，每一阶段有各自不同的特征。从发生阶段的缓慢变化到发展阶段的快速变化，再到成熟阶段趋于平缓，最后到饱和阶段稳定不变，以这一类似趋势发展得到的曲线称为 S 型曲线。S 型曲线比较法是以横坐标表示进度时间，纵坐标表示完成的任务量，从而绘制出一条按计划时间累计完成任务量的 S 型曲线，将项目的各检查时间内实际完成的任务量与 S 型曲线进行实际进度与计划进度比较的一种方法。

适用环节：S 型曲线法可用于 DIIS 揭示信息和综合研判环节。

19 世纪末，法国社会学家 Tarde 首次提出的一个新思想——采纳率在时间中遵循一种 S 型曲线。利用 S 型曲线，人们可以更好地了解事物发展的规律，如在创新活动接受领域，可以利用 S 型曲线预测新思想、新产品被公众接受的程度；在市场营销领域，S 型曲线可以用来预测产品的销售情况；在生物学领域可以利用 S 型曲线预测物种增长；在工程管理领域，S 型曲线可以用来定性分析施工设计中工作内容安排的合理性，并进行施工进度和费用控制。S 型曲线的应用主要有以下几种。

1）S 型曲线在创新活动接受分析中的应用。Tarde 认为创新活动有三步必不可少，不管这种创新是一种新产品，一种新观念，还是一种新信仰，他指出："起初进展缓慢，接下来加速发展，然后发展不断地减缓下来，直至最后停止。以上称之为发明或发现的三步……若统计学家、社会学家以此为指导，他们就可以对假象干扰有所区分"。Tarde 将他的增长法则用来描述新兴事物是如何通过模仿得以散播开来，即一种新思想、新产品是如何获得公众认可的。刚开始公众对新兴事物知之甚少，它的增长自然缓慢。但是一旦越过了最初的堡垒，创新就会迅速扩散，直至它的最终树立。然后增长逐渐放慢，如果原先的创新被新的创新代替，甚至还可能会出现负增长。

2）S 型曲线在市场学分析中的应用。S 型增长曲线广泛应用于市场学分析，如众所周知的产品生命周期。生命周期可以分为五个阶段，即引进期、增长期、成熟期、饱和期和衰退期。在引进期，即刚投入市场时，销售量很小且增长缓慢，其原因是新产品的性能还不稳定，消费者对产品了解很少。增长期，随着产品性能的改进、增加宣传投入，消费者需求开始急剧上升，市场迅速打开。成熟期，由于促销策略的有效改进，销售量继续大幅度增长。饱和期，意味着需求水平平缓下来，当销售额达到极限后转而减少甚至滞销。最后因其对消费者失去吸引力，销售量快速下降，而进入衰退期。

3）S 型曲线在生物学分析中的应用。当一个物种首次进入一个陌生的生存环境后，该物种的数量会发生一定变化。若假设该物种的最初数量小于环境对该物种的最大容纳量，则该物种的数量会增长。增长方式可以总结为 S 型增长：若该物种有天敌存在，食物空间等资源也不够充足即该物种处于非理想环境，则此时增长函数满足逻辑斯谛方程（Logistic Equation），图像形似 S 形。

此外，在运用 S 型曲线进行分析时，一定要确定分析对象所处的阶段，阶段不同采取的措施也不同。如在专利分析过程中，利用 S 型曲线原理，可以将某一领域的技术发展情况划分为萌芽期、成长期、成熟期和衰退期。处于萌芽期的技术领域，风险大、竞争少、成功后获益高；处于成长期的技术领域，风险适中、竞争适中、投入效益最高；处于成熟期的技术领域，产品开发已经相对成熟，研发风险低，竞争激烈，利润率低；处于衰退期的技术领域已经成为夕阳产业，应当及时退出，转而投资其他方向。

9.2.16　集对分析法

> **方法介绍**：集对分析法是一种系统分析方法，采用联系数统一处理模糊、随机、中介和信息不完全所导致的不确定性。当研究两个事物之间确定性和不确定性时，它可以从同、异、反三个角度对两个不同事物的联系进行全面的刻画，从而对两个事物之间的确定性与不确定性进行定量描述。集对分析法实际上可以归结为不确定性理论，其中心思想是将确定－不确定问题视为一个确定－不确定系统，在该系统中，确定性与不确定性之间相互联系、影响、制约，并在一定条件下相互转化。
>
> **适用环节**：集对分析法可用于 DIIS 揭示信息环节。

中国学者赵克勤于 1989 年最早提出了集对分析法，并将其作为系统分析法的一种。集对分析是处理系统不确定性的系统分析方法，通过对系统中确定性与不确定性之间相互联系、相互影响、相互制约，并在一定条件下相互转化过程的描述、分析、处理的相关研究，来揭示不确定性在不同条件下的取值规律。

集对分析的基本思路是：在特定背景下对两个事物所具有的确定性和不确定性作同异反分析，并加以度量刻画，从而得出这两个事物在特定背景下的同异反联系度表达式，在该研究基础上，推广到事物数量大于 2 的情况，并开展有关系统的联系、预测、控制、仿真、演化、突变等问题的研究。

集对分析对不确定性的分析过程可以总结为"客观承认、系统描述、定量刻画、具体分析"。① 客观承认。用来刻画系统的联系度，既包含确定性又包含不确定性。② 系统描述。以系统的形式处理事物中存在的确定性和不确定性。不仅系统描述客观存在的确定性与不确定性，而且还会对其进行系统分析。③ 定量刻画。对系统作同异反定量描述。集对分析对事物的确定性和不确定性进行定量刻画，从同一与对立两个角度对确定性进行刻画。④ 具体分析。对不确定系数 i 的取值视情况而定。

9.2.17　因子分析法

> **方法介绍**：因子分析法是多元统计学的一个分支，它的主要思想是降维，目的在于以最少的信息丢失把众多的具有较高相关度的观测变量浓缩为少数几个假想变量，并建立起最简洁的、基本的概念系统，以揭示事物之间的本质联系。
>
> **适用环节**：因子分析法可用于 DIIS 揭示信息环节。

英国心理学家 Spearman 于 20 世纪初最早在心理学领域使用因子分析。因子分析法通过研究原始观测变量之间的相互依赖关系，将联系比较紧密的几个变量划分到同一类中，而不同类中变量之间的相关性较低，进而以较少的几个公因子反映原始变量的大部分信息，使得具有错综复杂关系的问题变得易于理解和分析。因子分析法具有以下特点：① 公因子是原始变量综合抽取的结果，能够反映原始变量的大部分信息，而不是原始变量的随机取舍。② 以少数几个公因子代替原始变量，进行问题建模与数据分析，可以大大减少问题的复杂度和分析的工作量。③ 不同公因子之间的相关性较弱，有效解决了原始变量之间复杂的共线问题。④ 利用因子分析法得到的公因子具有可命名性和可解释性，有利于对问题分析结果的解释与评价。

因子分析法是一种通过降维以简化数据分析过程的多元统计方法，它以少数几个公因子衡量原始变量的大部分信息，既考虑到研究问题的全局性，还解决了原始变量之间的多重共线性问题，简化了计算步骤。因子分析通常包含以下四个基本步骤。

1）判断观测变量是否适合做因子分析。当原观测变量之间具有较强的相关关系时，样本才适合做因子分析。如果观测变量之间的相关关系比较弱，将多个观测变量指标转换为少数几个综合指标，会丢失样本的大部分信息，不利于问题的分析与评价。因此，在进行因子分析之前，首先要计算观测变量之间的相关系数矩阵，若相关系数矩阵中的大部分相关系数都大于 0.3，则样本适合做因子分析；反之，则不适合做因子分析。

2）提取因子，求解因子载荷矩阵。因子分析的关键是提取出少数几个可以反映大部分原有观测变量信息的因子，达到削减变量个数的目的。根据样本数据求解因子载荷矩阵的方法有多种，包括主成分分析法、极大似然法、最小二乘法等。

3）因子变量的命名解释。根据特征值的个数确定因子个数，或者根据因子的累计方差贡献率确定因子个数，若所得因子无法表示其明确含义，可通过正交旋转法，得到旋转因子载荷矩阵，并由此得出公共因子，再根据实际意义对公因子进行命名。

4）计算因子得分。通过回归法估计成分得分系数，并输出各个公因子的得分情况。然后，以每个公因子的方差贡献率为比例，计算综合得分。

9.2.18　最小二乘法

方法介绍：最小二乘法是一种数学优化方法。它通过寻求误差平方和最小的方式来求解数据的最佳匹配函数，并用以计算出未知的数据，使求得的数据与未观测到的实际数据之间误差的平方和最小。最小二乘法从本质上来讲是一种近似拟合的方法，可以对实际事件通过进行大量的观测获得最佳估计或最可能的结果。

适用环节： 最小二乘法可用于 DIIS 揭示信息环节。

1806 年，法国数学家 Legendre 最早提出了最小二乘法的概念，并将其用于求解天文学方面的问题。1806 年，Legendre 在其著作《计算彗星轨道的新方法》中阐述了最小二乘法在确定彗星轨道问题中的优势。1809 年，德国数学家 Gauss 在其发表的天文学论著中使用了最小二乘法，并于 1829 年证明了最小二乘法在轨道拟合问题中的表现优于其他方法。最小二乘法不仅是 19 世纪最重要的统计学研究方法，还可以称为数理统计学的灵魂；不但推动了回归分析、方差分析和线性建模等几大统计学分支的发展，而且衍生出许多近现代数理统计学的分支。

最小二乘法通过寻找和最小化误差的平方相匹配的一组观测数据的最佳函数，并对其加以利用，求得一些绝对不可知的真值，而令误差平方之和为最小。尽管最小二乘法在数据拟合方面取得了显著成果，但若使用不当可能会产生很大误差，甚至得到错误的结果。因此，在使用最小二乘法分析实际问题时，需要注意以下几个问题：

1）拟合关系式的选取。在实际问题中，拟合关系式的选择将直接影响计算的工作量和分析的结果，需要结合以往经验和实际问题慎重选取。

2）自变量的选择。对于工程问题而言，选择不同的形式拟合同一组数据，也会产生不同的分析结果。因此，在进行最小误差拟合时，如果存在两个变量都有一定误差时，应该使用双变量最小二乘法进行处理；否则可以选择单变量最小二乘法进行处理。

3）加权最小二乘法的使用。在实际问题中，时间序列中的各项数据对未来的影响作用是不同的，一般来说，近期数据比起远期数据对未来的影响更大。因此，使用加权最小二乘法时，要对近期数据赋以较大的权重，对远期数据则赋以较小的权重，使得分析结果更加准确。

9.2.19　回溯分析法

方法介绍：回溯分析法又称为回溯推理方法，其本质是根据事物发展过程所造成的结果，推断形成结果的一系列原因的逻辑思维过程。其基本思想是从问题的某一个状态出发，搜索从这种状态出发所能达到的所有"状态"，当一条路走到"尽头"的时候，再后退一步或若干步，从另一种可能的"状态"出发，继续搜索，直到所有的"路径"都试探过，从而找到事物的关键作用因素。简而言之，回溯分析方法就是从事物的"果"倒回到事物的"因"的一种方法。

适用环节：回溯分析法可用于 DIIS 揭示信息和综合研判环节。

最早提出回溯分析法的是古希腊著名思想家亚里士多德。回溯的思想是建立在一棵状态空间树上的，状态空间树的最顶端是一个单一的活节点，为了探求事物的原因，研究需要顺着状态空间树的每个枝干向下梳理答案，当梳理到每个枝干的最低端，无法再深入分析，而解并不满足该事件答案的约束条件时，则回到邻近的上一个节点，从这个节点的另一个枝干向下梳理，但如果这个节点的所有状态枝干都没有正确解，则该点为死节点，则返回到离该节点最近的上一节点，按前面步骤继续梳理，直到找到正确解为止。

回溯分析法的基本步骤如下：① 确定问题的解空间。针对所给问题，定义问题的解空间。回溯分析法在解空间树上进行搜索，一般依赖两种数据结构，一种是子集树，一种是排列树。其中子集树问题包括：装载问题、符号三角形问题、0–1背包问题、最大团问题；排列树问题包括：批量处理作业调度、旅行售货员问题、圆排列问题、电路板排列问题。② 找出解空间结构，并保证其易于搜索的特性，找出适用的剪枝函数。剪枝函数包括约束函数和限界函数。通过约束函数，挑选出扩展节点处的不满足约束的子树，二者相减；利用限界函数剪去得不到最优解的子树。采用剪枝函数，可避免无效搜索。③ 搜索解空间，此时可采用深度优先的方式。例如使用剪枝函数能规避无效搜索，利用限界函数避免移动到不可能产生解的子空间上去，搜索方式包括递归回溯法和迭代回溯方法。

9.2.20 效用函数法

方法介绍：效用函数通常描述的是购买商品给消费者所带来的效用与商品数量之间的关系，这个函数可以估计出已知或定量的商品组合给消费者带来的满足程度。将效用函数扩展开来，用于其他领域的研究，就形成了效用函数法。效用函数法也可叫作效用分析决策法，是风险型决策的基本方法之一。它是利用效用价值的理论和方法，对风险和收益进行比较，从而进行决策的方法。它不仅可以为评判决策者方案可能性提供一种计算方式，而且在进行决策时，可以为遴选决策方法提供科学的方式。

适用环节：效用函数法可用于 DIIS 揭示信息和综合研判环节。

20 世纪 50 年代，Von Neumann 和 Morgenstern 首次提出了预期效用理论。所谓效用，是对总目标的效能价值或贡献大小的一种测度，分为基数效用和序数效用。效用函数法的原理：① 在面对不同的风险程度（损益值）时，相同的决策者也会有不一样的反应或判断，即效用值不同。② 效用值的大小变化组成了效用曲线，效用曲线是以决策者为主体的曲线。③ 效用曲线可用于决策最佳方案，其判断原则为效用值的最大化。

效用函数结合定量与图形的方式可直观描述决策者对某一事物的偏好程度，比如决策者对风险的看法、对某事物的特别喜爱与偏向等。在此函数中，将效用值 u 设为因变量，收益值 r 设为自变量，函数关系可表示为 $u=u(r)$。需要注意的是，效用函数注重描述倾向或偏好程度，主观因素较大，所以对于不同的决策者会出现不同的效用函数，正如某人喜欢吃荔枝，那么荔枝对于他的效用会很大，但另一个人对荔枝没有那么喜欢，那么荔枝对他的效用便很小。所以每位决策者在进行决策前，必须构造属于自己的效用函数。然而本人都不一定能把握好自己的特殊偏好点，因此根据心理测试的方法，计算一些特殊点的效用值，以此为基础，描绘效用曲线，探究最优策略。有时，效用曲线也呈现混合型，即保守与冒险并存，但这存在于面对不同的情况时，比如，位于正收益值范围内敢于冒险，而在负收益值范围内则处于保守。在实际中，绝大多数决策者对亏损都非常厌恶，所以效用曲线通常在负收益值很小时，曲线非常陡峭。

效用分析的基本作用：① 明确决策者自身在面对风险时的态度与判断能力。② 用于咨询部门中，为其提供判断决策者提交方案采纳的可能性，在不知如何遴选服务于决策的决策方法时，也可以采用这种方法为判断提供依据。

效用曲线在决策中的应用：当根据决策者本人特殊点的估计得出效用曲线后，在曲线上得到的效用值大小便可用于决策之中。收益值可由相应的效用值代替，据此利用决策树方法，深入分析，可将期望效用值计算出来，进而通过期望效用值的大小进行比较，通常选取数值大的为最优方案。

9.2.21　序关系法

中国学者郭亚军对序关系法进行了深入研究，序关系法的实质是对层次分析法进行改进，避免一致性检验。该方法首先确定序关系，然后给出相对重要性程度的比较判断。然而在处理复杂的综合评价问题时，通常需要引入层次分析法中对影响因素的划分标准，即将因素整理成三个层次：目标层、准则层、方案层，由此构建出递阶层次结构，接下来就是对这些层次要素的评判或处理，可针对具体问题选用适当的综合评价方法。当用基于指数标度的序关系法对此类问题进行指标权重计算时，首先对层次进行单排序，然后沿递阶层次结构自上而下地逐层计算出具体数值，进而得到层次总排序。

社会科学有很多定性研究，因为对于无法进行定量的因素，只能采取定性的方法，此时应用序关系法时，就要借助标度将人们的主观感觉数量化，将定性因素转化为定量描述。序关系分析法对层次分析法进行了改进，通过"不劣于"关系无须进行一致性检验，从而克服了层次分析法不易合理获得评价指标权重的缺点。

9.2.22　熵权法

度做出相应变化。再通过熵权对各指标的权重进行修正，从而得出较为客观的指标权重。一般来说，信息熵和指标变异程度呈反比，即如果某个指标信息熵越小，其指标值的变异程度越大，可提供的信息量也就越多，因此对于综合评价的正向服务作用越大，则权重越大；相反亦成立。

适用环节：熵权法可用于 DIIS 揭示信息和综合研判环节。

熵原为一种物理概念，表示物质微观热运动时的混乱程度。1948 年，Shannon 将其引入信息论后，熵的含义扩展为系统的无序程度的表示，并将通信过程中信息源信号的不确定性称为信息熵。当前，在大数据背景下的信息时代中，熵权法作为一种依据指标变异性客观赋权的定量方法，为时代急需解决的多指标评价活动中遇到的指标体系的构建问题提供了巨大的工具性支持，提高了评价的客观性和精确性，并进一步助力于科学决策，因而得到了广泛的应用。

熵是对系统无序程度的度量，它与指标变异程度呈反比。实际应用时，通过指标的变异程度计算指标的熵权，将熵权作为所有指标的权重，进行加权计算，以此得到较为客观、理性的结论。熵权法赋权步骤如下：① 数据标准化。② 求各指标的信息熵。③ 确定各指标权重。④ 确定指标的综合权数。

熵权法的优点体现在两方面：客观性和适应性。就客观性而言，相对于那些主观赋值法，精度较高，客观性强，能够更好地解释所得到的结果。就适应性而言，熵权法可以用于任何需要确定权重的过程，也可以结合一些方法共同使用。熵权法自身具有的优越性使其应用范围广泛，可用于任何评价问题中确定指标权重，也可用于剔除指标体系中对评价结果贡献不大的指标。

9.2.23　离差最大化法

　　方法介绍：离差最大化法的思想是使各评价对象之间距离尽可能达到最大。这种方法强调权重的客观性，能够自动确定各评价指标间的加权系数，且概念清晰、含义明确，便于得到准确、可信的排序结果。

　　适用环节：离差最大化法可用于 DIIS 揭示信息和综合研判环节。

　　离差最大化法最早由王应明于 1998 年提出并应用到多指标决策和排序中。由于离差最大化法能够通过模型确定评价对象的最优权重，避免主观赋权带来的主观性，减少对各个评价对象的评价误差，因而该方法在金融领域、文献情报评价、地区经济发展评价、交通绩效测评等方面发挥了重要作用。离差最大化法通常包含以下两个步骤。

　　1）数据预处理。就是将数据在下一步运算前进行规范与模式化处理。这样处理的目的是解决原始数据存在的几个问题：① 属性值的类型繁多。该问题可以利用不同方法进行处理。属性值一般情况下越大越好，这种类型的属性值被称为"效益型"指标，例如产品的利润率等；除此之外，还有越小越好的"成本型"指标，例如误差值等指标；还有些指标既非"效益型"指标又非"成本型"指标，这些指标的属性值一定要始终在一定的范围内浮动才能称得上是好的"固定型"指标，例如钢铁冶炼的温度、人体微量元素的含量等指标；还有"区间型"指标，它要求属性值要落在某一区间范围内，这样才是最好的。② 非量纲化。不同属性之间由于其自身特性的不同，运算时一般具有不可公度性，不同的属性可能存在单位的不同。这样，进一步统一处理数据时，结果将会因单位的不同而出现较大的差异。③ 归一化。由于不同的属性之间各种数据数值的大小差异极其的大，有些经费数量通常是以万元为单位，有些数据则是以千、万为单位，甚至有些数据的范围在 [0,1]

之间，考虑到此种情况，为了更加直观地了解数据信息和更加方便地解决多属性决策的评价问题，人们通常会把这些数据的属性值进行归一化处理。

2）模型构建与求解。建立一个多属性问题预处理决策矩阵后，矩阵中的数据都是越大越好。多属性问题评价是把各个属性值按照某些约定的方式联系与结合起来，是评价属性的权重问题。通过构造目标函数使所有评价对象属性所对应的评价对象之间的总离差达到最大，从而确定权重，再利用确定的权重评测所有对象，得到最后的排序结果。

9.2.24　均方差法

> **方法介绍**：均方差法是一种基于均方差来确定多指标决策权重的方法。均方差法属于客观赋权法的一种，这一方法无须对各指标进行主观比较，而是根据每一指标占标准差之和的比例确定权重。该方法相对简便易行，同时客观合理，可减少人为误差和决策者感情因素的干扰。
>
> **适用环节**：均方差法可用于 DIIS 揭示信息和综合研判环节。

1894 年，Pearson 首次提出了均方差的概念。均方差在统计学上又称为标准差或标准偏差，是总体各单位标准值与其平均数离差平方和的算术平均数的平方根。均方差越小，说明数据偏离平均值越少；反之，均方差越大，说明这组数据离散程度越大。均方差法确定指标权重的步骤如下。

1）构建评价指标体系。构建评价指标体系是多目标综合评价的核心，在评价过程中所涉及的各种因素相互影响，相互制约，因此不能单独考虑某一个因素，而是要构建适合的评价指标体系。这不仅能准确、全面地反映综合评价结果，而且对于改进体系中的不利因素具有导向作用。

2）进行评价指标标准化处理。评价过程中，各指标的单位不同，不能直接对其进行比较分析。一般的标准化处理方法有：目标值法、极值法、Z 分数标准化法等。选取不同的方法，结果也会有所不同，应根据评价对象选择适合的标准化方法。

3）确定指标权重。求得标准化后的随机变量的均值，计算每一项指标的均方差，确定每一指标的权重。

4）确定综合评价值。利用所求得的标准化数据和指标权重，计算每个样本的综合评价值。

9.2.25 变异系数法

方法介绍： 变异系数法的基本思想是：在多指标综合评价中，如果某项指标在所有被评价对象的观测值中变异程度较大，说明该指标在被评价时达到平均水平的难度比较大，它能够明确地区分开各被评价对象，则该指标应赋予较大的权重；反之，应赋予较小的权重。

适用环节： 变异系数法可用于 DIIS 揭示信息和综合研判环节。

变异系数法是除标准差外，衡量各观测值变异程度的另一个统计量。当对两个以上的对象的变异程度进行比较时，如果度量单位与平均数相同，则可以使用标准差来比较。如果单位和（或）平均数不同，再去比较其变异程度就不能采用标准差，而应该采用相对值来比较。标准差与平均数的比值被称为变异系数。

事实上，可以认为变异系数同极差、标准差和方差一样，都能够反映数据离散程度，它们的数据大小不仅受变量值离散程度的影响，而且还受变量值平均水平大小的影响。标准差和变异系数都是常用的描述数据离散程度的统计指标。当总体平均水平不同或计量单位不同时，用标准差是无法实现两组数据离散程度大小的比较的。变异系数能够消除单位或平均数不同对两个或两个以上对象变异程度比较的影响。例如，有身高和体重两组变量，试问身高和体重哪组数据的离散程度更大呢？如果参考标准差，则会认为身高的离散程度更大。但由于单位不同，平均值也不同，此时无法用标准差来对两组数据进行对比，因而应用变异系数。

变异系数法是直接利用各项指标所包含的信息进行计算得到指标的权重。此方法的基本做法是：在评价指标体系中选取指标，取值差异越大的指标也就是越难以实现的指标，这样的指标更能反映被评价单位的差距。例如，在评价各个国家的经济发展状况时选择人均国民生产总值（人均 GNP）作为评价的标准指标之一，是因为人均 GNP 不仅能反映各个国家的经济发展水平，而且还能反映一个国家的现代化程度。如果各个国家的人均 GNP 没有多大的差别，则这个指标用来衡量现代化程度、经济发展水平就失去了意义。由于评价指标体系中的各项指标的量纲是各不相同的，所以直接比较其差别程度是不合适的。为了消除各项评价指标的量纲不同所带来的影响，则需要用各项指标的变异系数来衡量各项指标取值的差异程度。使用变异系数分析法时一般有三个步骤：① 计算每个指标的平均数和标准差。② 根据均值和标准差计算变异系数。③ 计算权重。

9.2.26　协方差分析法

方法介绍：协方差分析法是将线性回归与方差分析结合起来，检验两组或多组修正均数间是否存在差异的一种统计方法，用于消除混杂因素对分析指标的影响，其优点是可以提高统计效力。协方差分析将那些人为无法掌控的控制因素作为协变量，并在剔除协变量对观测变量影响的条件下，分析控制变量对观测变量的作用，从而更加准确地对控制因素进行评价。

适用环节：协方差分析法可用于 DIIS 揭示信息和综合研判环节。

协方差分析法是一种调节协变量对因变量的影响效应的统计分析方法，是以方差分析和回归分析为基础的。方差分析是从质量因子的角度研究因素不同水平对实验指标影响的差异。而在某些专业领域的科学实验中，经常出现可以控制的质量因子和不可控制的数量因子同时影响实验结果的情况，这时就需要采用协方差分析的统计处理方法，将质量因子与数量因子综合起来考虑。简而言之，当科学家发现有些协变量会影响因变量，但却不能够控制的时候，可以在实验前加以观测，将协变量对因变量的影响从自变量中剔除出去，这样可以进一步提高实验精确度和统计检验灵敏度。

协方差分析法的基本思想是在含有因子效应的方差分析模型中加入一个或多个对因变量有影响的定量变量，且所加入的定量变量在实验方案中是不可控制的，通过控制该变量来降低模型中误差项的方差，从而使得分析结果更准确。

协方差分析的步骤包括：① 应用条件检验。② 回归分析。③ 求调整均数。④ 对调整均数作方差分析。

协方差模型一般要求满足以下三项假定：① 各组因变量与协变量之间的关系是线性的。② 各组残差服从正态分布。③ 协变量不受处理的影响，各样本回归系数间的差别没有统计学意义。如果数据不满足以上假定，则检验统计量一般不会服从 F 分布，尤其是第三点，如果拒绝平行性的假设，则需要做一定的处理后再进行协方差分析。

9.3　综合研判方法工具

9.3.1　博弈法

方法介绍： 博弈法是在确定的游戏规则下对其他参与者的心理和可能采取的行动进行揣摩假设，并据此调整自己的行为，选择优化策略的方法。博弈是具有策略互动情形的行为活动，与行动相关的一个重要问

1944 年，美国数学家 von Neuman 和经济学家 Morgenstern 在合著的《博弈论与经济行为》中将博弈论作为一种理论体系和研究方法，来描述经济活动领域的行为和现象，被认为是博弈论作为一门学科的开始。现代博弈论，是在数学、运筹学、经济学、管理学等学科基础上发展起来的。作为一种分析方法，博弈论也越来越多地被应用于商业、政治、军事、生物、统计等多个领域，对社会科学及自然科学研究发挥着巨大作用。

一个完整的博弈包括：① 参与者，即博弈中的决策主体，其目的是通过选择相应的措施使自己的支付水平最大化。② 行动，即参与人在博弈的某个时点的决策变量。与行动相关的一个重要问题是行动的顺序，一般情况下，行动顺序决定博弈的结果。③ 信息，即博弈者所掌握的对选择策略有帮助的相关信息。④ 策略，即博弈方所选择的全部行为或策略的集合。⑤ 支付，即特定的战略组合下参与人确定的支付水平。⑥ 结果，即博弈分析者所感兴趣的所有东西。⑦ 均衡，即所有参与人的最优战略组合。

基于不同的理论假设，有三种不同的博弈模型，具体如下。

1）经典博弈论。与正统经济学的理性假设一样，经典博弈论也沿袭了完全理性这一假设。行为人具有无所不知、无所不能的本领，其决策方案可以实现最大化，也就是说如果行为人的选择没有实现最大化或最优，那么其行动就是不理性的。基于完全理性假设的传统博弈论其本质就是在给定的约束条件下追求效用的最大化。

2）演化博弈论。以 Darwin 的生物进化论和 Lamarck 的遗传基因理论为思想基础，演化博弈论不但能够成功地解释生物进化过程中的某些现象，而且能比经典博弈论更加精准地分析和解决管理学上的问题，可视为因一种抛弃了完全理性而更合理的博弈论。

3）主观博弈论。遵循参与者有限理性的假设，认为参与者不能完全明晰客观的博弈形式，但是，它并不像演化博弈论那样死板、机械；相反，它认为个体既充满有限理性又具有一定的主观能动性。也就是说，个体能够通过自身的认知能力来建构主观博弈模型和实施新的行动。

9.3.2　德尔菲法

> **方法介绍：** 德尔菲法是在专家个人判断法和专家讨论法的基础上发展并逐渐完善起来的一种专家调查法。它是以专家作为收集信息的对象，依靠专家的知识和经验，由专家通过调查研究对问题做出判断、评估和预测的一种方法。其实质是由调查者制作调查表，按照既定程序，以公函的方式分别向专家组成员征求建议，专家组成员以匿名的方式各抒己见，经过几轮的征询和反馈，专家组成员的意见终将逐渐趋于统一，最后获得准确度极高的集体判断结果。
>
> **适用环节：** 德尔菲法可用于 DIIS 综合研判和形成方案环节。

现代的德尔菲法是于20世纪40年代由Helm和Delphy提出的。1946年，美国兰德公司第一次将这种方法应用于实践，主要是为了克服群体讨论中存在的盲目服从于权威而导致讨论遇冷、无人发言的缺陷。1964年，兰德公司的 Gordon 和 Highmore 发表了《长远预测研究报告》，首次将德尔菲法用于技术预测中，此后，德尔菲法这项先进的技术便被迅速地应用于美国和其他国家。德尔菲法的实施程序一般分为组建预测小组、选择专家、设计问卷、实施调查、反馈汇总等步骤。具体如下。

1）组建预测小组。预测小组负责整个技术活动过程，包括拟订项目评估，预测主题，选择专家，制定、发放、回收咨询专家的评估，预测调查问卷，并最终将根据专家反馈的意见及结果进行一系列的整理、统计、分析等工作。

2）选择专家。专家是德尔菲法最关键的一环，是其预测成败的关键所在。一方面要选择与调查主题密切相关的各个领域中的权威专家；另一方面需要保证选择的专家始终参加讨论活动，并保证各轮调查的及时反馈与交流。专家选择的基本原则必须能够彰显出广泛性、权威性和代表性的特点，兼顾相关专业领域和地域分布。

3）设计问卷。调查问卷的设计是德尔菲法的一个关键步骤。问卷中首先要有此次项目主题的背景介绍，用来说明本次研究的目的、意义和方法；其次应对德尔菲法的大概流程做简要介绍，还应重点强调专家在本研究中所起到的关键作用，让专家对采用德尔菲法流程的调查问卷有一个初步的认识；最后根据研究主题设计出具体要向专家征询的问题，若条件允许，最好有一个简短、准确、观点明确的范例供专家参考。

4）实施调查。问卷一般需要经过两轮甚至更多轮的调查才能实现。第一轮问卷一般包括专家信、背景资料、问卷等。此阶段问卷一般包含一些开放性的问题，以便专家能自由表达对此次主题的观点。第一轮问卷回收后，由工作人员对专家寄回的问卷进行整理和分析。根据第一轮调查的结果有目的性地进行第二轮调查。将第一轮问卷的专家判断意见归纳汇总，和第二轮问卷一同寄给第一轮征询的专家组，同时将结果涉及的统计术语向专家作必要的解释说明，并征询每一位专家组成员在看完第一轮小组的平衡结果后是否有异议。如果某专家的预测与其他专家出入较大，而其仍要坚持自己原来的预测，要请他给出合理恰当的理由。

5）反馈汇总。逐轮收集意见并将信息反馈给专家是德尔菲法的重要环节。整合新的预测结果和部分专家不同意第一轮问卷结果的意见，整理第二轮调查材料并对前轮调查结果进行综合分析，决定是否需要做第三轮或者更多的问卷调查来获得趋于一致的预测，如果绝大多数预测已经判断一致，则无须再做下一轮调查；若预测的结果分歧较大，则有必要做第四轮甚至第五轮问卷调查，直至获得趋于一致的预测。最后的结果应该反馈给更高层次的专家进行反复论证，形成最终的结论。

9.3.3 证据推理法

方法介绍：证据推理法的基本思想为：首先利用模糊规则对指标体系中的所有底层指标进行直接评价；其次在不失去所有价值信息的前提下，利用证据推理算法对底层指标的评价进行变换处理，对底层指标的准则进行间接评价；最后利用效用理论，以效用函数值给出最终的评价结果。证据推理法的核心就是从获取与掌握的已知信息中对未知目标进行科学严谨的推测。

适用环节：证据推理法可用于 DIIS 综合研判和形成方案环节。

1967 年，Dempster 在研究统计问题时首先提出证据理论，Shafer 把它推广到更为一般的情形。证据理论使用集合来表示命题，证据推理的过程分为三个步骤：① 确定命题的识别框架。② 根据证据源建立一个基本信任程度的初始分配。③ 通过分析客观证据的原因和结果，可以计算出对于所有命题的信任程度。证据理论是建立在辨识框 Φ 上的证据推理理论，在上面定义基本信度分配函数 m、置信函数 Bel 和似真函数 Pi，$m(A)$ 表示证据支持命题 A 发生的程度，$[\text{Bel}(A), \text{pi}(A)]$ 构成证据不确定区间，表示证据的不确定程度，证据理论还给出了多源信息的组合规则，即组合规则。它综合了来自多传感器的基本信度分配，得到一个新的信度分配作为输出。

证据推理法具有如下特点：① 能够解决涉及多方面知识单元的信息融合

问题，能够保留原始信息中的不确定性。这种方法在信息的收集和表示上借鉴了模糊数学中隶属度的概念，将置信度引入到广义决策矩阵中。② 较之传统的评价方法，证据推理法不需要对数据进行标准化或无量纲处理，该方法将对定量属性评价的描述转化为与定性属性的评价描述相一致的形式，从而将两类属性的评价描述变换为可比较、可累加、可合成的形式。③ 证据推理法采用证据理论中的证据组合算法来进行融合计算，可以减少评价过程中的主观性，算法的可靠性较强。

9.3.4 多目标决策法

> **方法介绍**：多目标决策法是对多个相互矛盾的目标进行科学、理性的择优，然后以特定的数学方法作为工具来综合评判方案优劣的一种决策方法。该方法可根据专家的经验、知识和综合分析能力，将复杂问题转化为权值和评价值的形式，据此对数据进行客观准确时分析，随后依靠专家的经验、知识和综合分析能力进行综合研判，最后提供决策方案或建议以实现多个目标协调发展。
>
> **适用环节**：多目标决策法可用于 DIIS 综合研判和形成方案环节。

国际公认的多目标最优化问题最早由意大利经济学家 Pareto 于 1896 年提出，他把许多不可比较的目标化为一个单一的最优化目标。首先，多目标决策法的理论基础具有多样性和交叉性：多目标决策过程的分析和描述、冲突性分解和理想点转移、多属性效用、需求的多重性和层次性等理论共同构成多目标决策法的理论基础。其次，在处理多目标决策过程中遵循三个原则：① 保证决策需要得到满足，并尽可能缩减目标个数。② 根据各目标的优劣程度和轻重缓急赋予相对应的权数。③ 以总目标为准则进行统筹兼顾。多目标决策的方法有很多，例如多属性效用法、线性规划法、非线性规划法、层次分析法、化多为少法、目标规划法等。

多目标决策法既能解决定性参数问题，又能解决定量参数问题，它可以将定性参数量化，并将不同因次的量进行无量纲化处理，从而可以用同一尺度来衡量不同的评价指标，进而客观地评判出方案的优劣。此种方法集中了领域内专家的智慧进行决策，避免了由于个人的主观见解所带来的主观性和片面性的缺陷。相对于单目标决策模型，多目标决策的优势在于能有效地解决系统中多个目标如何协调发展的问题，避免了为实现单一目标而忽略其他目标的弊端。多目标决策法作为一个有效工具在解决经济、管理、军事和系统工程甚至是农业等方面问题中具有重要作用。

9.3.5　趋势外推法

方法介绍：趋势外推法是通过实际数据、趋势模型、函数曲线等，将预测结果的客观性和可靠性最大化的一种方法。趋势外推法通过选择预测参数、搜集必要的数据、拟合曲线、趋势外推及进行预测说明等多个阶段，对时间序列进行分析和计算。它假设社会现象的发展过程是渐进的，没有跳跃式突变，从而按序列、分阶段将规律和趋势延伸到未来。该方法可以较为直观地预测和表述经济、科技和社会的发展趋势，形成解决问题的方案。

适用环节：趋势外推法可用于 DIIS 综合研判和形成方案环节。

最初使用趋势外推法的是 Rhyne，他将此方法用于科技预测，认为使用趋势外推法进行预测主要包括六个步骤：① 选择预测参数。② 搜集必要的数据。③ 拟合曲线。④ 趋势外推。⑤ 预测说明。⑥ 研究预测结果在制定规划和决策中的应用。自此后趋势外推法开始被广泛应用在经济学、管理学、工程科学、情报科学等领域中。趋势外推法作为一种对于中长期趋势预测的方法，是根据时间序列的发展趋势，配合合适的曲线模型，外推预测未来的趋势，对未来状况做出预测的。通常趋势外推法可在已有历史数据的基础上分析未来发展趋势。找出历史数据的规律是趋势外推法的关键所在，它的数学模型有很多种，可以通过经验法、图形识别法和差分法来选择，然后根据确定的趋势模型拟合发展趋势，进而探索所要预测的变量发展。趋势外推法的特色就在于它的预测是有根据的，是有实际数据做支撑的，因此它的预测值较之于其他方法的预测是较为客观的。但并不是所有的自变量与变量间都存在这种可拟合的函数关系，那么不具规律性的数据自然就没有办法应用趋势外推法。

9.3.6　技术路线图法

方法介绍： 技术路线图法的主要功能是对技术变化的步骤进行描述和对技术相关环节之间的逻辑关系进行分析，通常采用图形、表格、文字等简洁明了的介质来进行上述描述。技术路线图法被广泛地应用于公司、部门和国家的多个层面，从微观到宏观都可使用该方法，它的作用可以从单纯的技术预测发展到技术预见、战略规划等。

适用环节： 技术路线图法可应用于 DIIS 揭示信息、综合研判和形成方案环节。

美国汽车行业最先应用了技术路线图，希望通过获得供应商的技术路线图的方式来达到降低成本的目的。20 世纪 70 年代，摩托罗拉公司为了对技术进行改善，并保持产品开发的一致性，而使得技术路线图发展起来，时任摩托罗拉公司首席执行官的 Galvim 是该项技术的奠基人，他曾在公司内部发动了一场绘制技术路线图的运动，以鼓励技术经理关注技术的未来发展趋势，与此同时也提供一个工具用于对技术发展未来趋势的预测。

技术路线图法可以支持技术战略和规划的制定与实施，它能够帮助使用者明确某个研究领域的未来发展趋势，并且可以找到用于实现具体目标所需要的关键技术，结合供需双方的意见，平衡了"市场拉力"和"技术推力"之间的关系，这种整体路线图框架适用于与任何战略相联系的基本问题。概括性、综合性和前瞻性是技术路线图的基本特征。

制定技术路线图的方法主要为 T-Plan 方法。T-Plan 方法是为了帮助管理者从事产品和技术规划，并以此和企业内部进行沟通。该方法主要为制造业企业设计，同时适用于其他类型企业。T-Plan 的通用目标是：支持企业启动适合其需要的技术路线图流程；建立技术资源和企业动因之间的关键联系；明确市场、产品和技术情报方面的重要差距；建立初步的技术路线图；支持企业的技术策略和规划开展；支持企业内部技术和业务部门的沟通。

T-Plan 方法包含两种形式：标准 T-Plan 流程和自定义流程。

标准 T-Plan 流程是针对综合产品规划而设计的，涵盖市场和技术两个层面，其应用的范围包括产品线以及特定产品的开发，主要包含：识别市场和业务驱动力、提出产品特征概念、确定技术解决方案和绘制图表并描述出里程碑、产品及技术的演进这四场研讨会。但是最适合于需要的特定方法也要根据可供使用的资源和信息进行调整。

自定义流程在对路线图的规划流程进行自定义时，需要遵循以下几个方面的规则：路线图计划阶段与自定义的具体问题并行讨论；路线图的中心是根据可用信息的容量、企业流程和体系的模式以及业务内部使用的其他工具和技术所决定，路线图规划流程的优点就在于它可以作为整合机制；考虑流程在实施方面的限制；在现有的组织流程和所需解决的具体问题基础上仔细考虑技术路线图规划流程，同时考虑路线图与其他流程之间的关系；明确路线图中的具体哪些部分是与战略决策相关的，例如开发哪种类型的产品，是否需要进行内包或外包活动，以及需要搜索、汇编和共享哪些知识等。

9.3.7　科学图谱法

> **方法介绍**：科学图谱是显示科学知识的发展进程与结构关系的一种图形。作为综合性的可视化分析方法和工具，科学图谱法通过科学归纳和分析科技文献及相关数据，整合和链接大量的各种数据信息，直观、有效地展示科技研究热点、科技发展的态势和趋势等。
>
> **适用环节**：科学图谱法可应用于 DIIS 揭示信息和综合研判环节。

科学图谱法的研究始于 20 世纪 60 年代早期，Garfield 等基于引文数据绘制了 DNA 研究领域的发展史图谱。科学图谱法的研究是以科学学为基础，涉及应用数学、信息科学及计算机科学诸学科交叉的领域，是科学计量学和信息计量学的新发展。由于科学图谱法具有直观、形象等特点，更符合人的认知习惯，因而它被越来越多的研究者关注和使用，并在科技创新活动中发挥作用，其作用主要有：① 厘清复杂的知识网络，从宏观、中观、微观等层面揭示全学科或某个学科领域的科学结构，追踪研究领域演进过程。② 揭示研究前沿、科技热点、发现新兴领域和极具前景的研究领域。③ 分析国家或地区、企业、机构的科研竞争态势与竞争力，挖掘潜在竞争点。④ 揭示科学研究的学科交叉性，预测新的交叉学科。⑤ 挖掘感兴趣的研究领域、优秀专家学者、著名科研机构、基金投入和论文产出的状况等，为科技政策的制定、科研基金的分配及创新方向的选择等提供参考。

科学图谱法的基本原理是对分析单元（科学文献、科学家、关键词等）的相似性分析及测度，理论基础主要建立在科学计量学、信息计量学和引文分析方法之上。例如通过论文的共被引分析揭示论文间的关联关系及学科结构，通过科学家之间在论文中的合作揭示科学交流活动等。

科学图谱的研究方法和技术主要包括：① 关联关系分析方法，包括直接引用分析、共被引分析（文献、作者或及期刊的共被引分析）、引文耦合分析（文献、学科、作者或期刊的耦合分析）、共词分析、文献耦合及词分析融合的混合方法等。② 降维分析技术，包括因子分析、多维尺度分析、寻径网络图谱、聚类分析、自组织映射图谱、社会网络分析、复杂网络分析方法、主题模型等。③ 可视化分析技术，包括时间序列、列表、树状图、地理地图分析、网络分析、人机交互技术等，常用工具有用于网络分析的 Pajek、UCnet 及 Gephi 等。

9.3.8　拉开档次法

方法介绍：拉开档次法是一种客观评价方法，用于展现被评价对象之间的整体差异，该方法根据各指标自身提供的原始信息量，从整体出发最大限度地展示被评价对象之间存在的差异，并使得各被评价对象之间存在的差异尽可能拉大。拉开档次法具有评价过程透明、评价结果客观公正、具有再现性等优点。

适用环节：拉开档次法可用于 DIIS 综合研判和形成方案环节。

中国学者郭亚军最早提出拉开档次法，并将其应用在城市发展状况的综合评价当中，对 118 个城市的发展状况进行了综合评价，划分了城市的类别。在进行总体评价的过程中，有时候很难区分两个距离相近的对象，此时就需要放大它们之间的差异。如果这一差异是从数据直接出发进行的放大，效果往往特别显著，很容易直接地看出不同对象的属性差距。比如，当我们在图上将两个接近的数值进行同比例放大的时候，差距立刻由不易辨识变成显著不同。这一方法自提出之后，获得了较多的应用。

9.3.9　记分卡法

> **方法介绍**：记分卡法又称平衡计分法，是一种新型的绩效管理方法。该方法的实施包括定义远景、设定长期目标、描述当前的形势、设计预期可能执行的战略计划、为体系和测量程序设置相应的参数等多个阶段，并在各方达到完全平衡前有必要把不同的阶段再重复几次。通过记分卡四个维度的衡量对目标对象进行绩效考核、评价及综合研判，为下一阶段提供信息支持。此外，记分卡法会结合结果性指标和过程性指标进行绩效评价，从而制定战略方案。
>
> **适用环节**：记分卡法可用于 DIIS 综合研判和形成方案环节。

记分卡法是 20 世纪 90 年代哈佛大学商学院教授 Kaplanhe 和复兴国际方案总裁 Norton 通过对比总结多种绩效测评方法所研究出来的一种新型战略绩效管理方法。记分卡法一经问世便在企业界和学术界引起巨大反响，如今已经发展为集团的战略管理工具，并且在集团战略规划的制定、执行与管理等方面得到了广泛应用。

记分卡法以财务为核心，将绩效评价与财务目标相结合。该法包括财务、客户、组织内部运营、学习与成长四个维度，这些维度分别代表了股东、顾客和员工三大企业利益相关者。记分卡法的主要特点是将组织战略变成财务、客户、组织内部运营、学习与成长这四个维度的可以具体衡量的指标，并设置和参照相应的目标值。运用记分卡法不仅能够确定组织战略方向，而且还能将战略量化为指标，极大地加强了企业的战略执行力。此外，还能够对财务指标和非财务指标进行评价。这种综合性的评价方式可以有效地克服传统的以财务指标为主的方法在时滞性、偏差性（即重视短期的、组织内部的利益，忽视组织的无形资产收益）等方面的缺点，并且能够把战略管理的控制和绩效评估两者统一，形成一个科学的管理系统。

9.3.10　经济计量法

方法介绍：经济计量法是在对经济理论和事实进行定性分析的基础上，利用数理统计方法建立一组联立方程式，来描述预测目标与相关变量之间经济行为结构的动态变化关系、研究多个对象之间的相互影响的方法。它是比较先进，能取得较好预测结果的一种预测方法。

适用环节：经济计量法可用于 DIIS 综合研判和形成方案环节。

经济计量法是通过建立计量模型来描述预测目标与相关变量之间经济行为结构的动态变化关系，体现了数理统计的思维。经济学家通常以有关的主要经济变量之间存在相互关系的理论为假说，来对某一个特定的问题进行论述，为了便于分析和处理，他们通常会将研究对象转换为一个具体的模型。经济变量有两种分法：一种是分为因变量和自变量；另一种是分为内生变量和外生变量。它们的不同之处主要有两点：① 前者在模型范围内确定具体数值，后者在模型范围外确定具体数值。② 后者的数值变化会对前者的数值产生影响，但前者的数值变化不会影响后者。内生变量又称联合变量，它的数值是由模型内的整体方程式共同决定，所以它在各个具体的结构方程式中不一定都是因变量；建造模型需要将全体外生变量和随机干扰因素作为已知条件，来解释影响全部内生变量数值的影响因素。最小平方法是最常用的方法，该方法以回归方程来配合观测统计资料，将随机变量作为因变量，将已知的外生变量作为自变量，遵循代数学解联立方程式的原理，将原模型的结构方程式体系简化为以内生变量为因变量、以外生变量为自变量的形式。

经济计量法主要包括两大类：① 隐性变量法。② 潜在产出法。隐性变量法是指将全要素生产率当作隐性变量，再借助状态空间模型，并利用极大似然估计法估算全要素生产率。潜在产出法是遵循 Farrell 的思想，将经济增长纳入要素投入增长、技术进步和技术效率提升三方面，全要素生产率的提升即技术进步率与技术效率提升之和。使用该方法既可以用于验证和发展经济理论，又能服务于分析、预测和决策。

9.3.11　集值迭代法

方法介绍：集值迭代法是通过计算重复执行一组指令（或一定步骤）并在每次执行中递推出一个新值，用旧值不断推新值的过程。此外，利用集值迭代法可以在众多备选方案中找出最为合适的方案，得到与解决问题相关的节点，从而提出一个合理、可行、科学的解决方案。

适用环节：集值迭代法可用于 DIIS 综合研判和形成方案环节。

迭代法最早起源于 Gauss 写给其学生的信件中，他提出了用于处理线性系统的迭代方法。该方法是用旧值递推新值的过程，这个过程是持续进行的，所以又称辗转法。在进行数值分析的过程中，从一个初始估计开始，通过求解方程或方程组来寻找一系列近似解，在这一过程中所使用的方法统称为迭代法。迭代法可以分为精确迭代和近似迭代，如二分法和牛顿迭代法即属于后者。迭代算法因可通过计算机运行、运行速度快和具有可重复性等方面的优势而能够多次重复地执行一组指令（或一定步骤），并且在每一次的执行中递推出一个新值。集值统计法是对经典统计和模糊统计的拓广，是量化定性属性的常用方法之一。一般来说，对复杂事物给出区间估计比给出点估计要相对容易与合理一些。集值迭代法即使用迭代法求解集值函数进行数据分析的过程。

在实际应用中使用迭代法时，需要注意以下三点：① 确定迭代变量，即找到可以通过迭代算法直接或间接递推出新值的变量。② 建立迭代关系式，用顺推或倒推的方式建立从旧值推导新值的关系式。③ 对迭代过程进行控制，在编写程序时设置迭代过程结束的时间，通过构建一个固定次数的循环来控制已知次数的过程，对于无法确定次数的过程，则需要分析迭代过程结束所需的条件。

9.4　形成方案方法工具

9.4.1　专家评议法

方法介绍：专家评议法是一种相对公平、合理、有效的评价事物的方法，通过召集从事该领域或相关领域的专家根据待评价对象的过去、现在及发展趋势，进行积极的创造性思维活动，对评价对象的未来进行分析、预测与评价。参与评议的专家不局限于同一领域，能够对某个项目做出评估的任何专家都可以包含其中。

适用环节：专家评议法可用于 DIIS 综合研判和形成方案环节。

在专家评议法诞生之前，15 世纪的威尼斯共和国首先发明了同行评议法，主要用于专利申请的查新，对发明人的新发明、新技术进行审查，确定是否要授予发明人对其发明的垄断权。17 世纪的英国皇家学会开始采用类似的方法为其出版物选择论文。1937 年，美国癌症咨询委员会开始运用该方法评审科研项目的申请。1950 年，美国国家科学基金会成立后，专家评议法得到了规范化。专家评议方法适合于针对基础研究的评价活动，当前专家评议主要用在以下几个方面：申请科学基金的评审、科技奖励成果的评价、技术评价、期刊评价、人才选拔等。专家评议法的种类有以下两种：

1）评议法。该方法是根据一定的规则，组织相关专家进行积极的创造性思考，对具体问题共同探讨、集思广益。主要分为四个步骤：① 可行性分析。要通过充分的讨论评估此次专家评议是否有必要展开。如果是已经被充分证实或已经有完整有效的评价体系，则没有必要进行再一次的专家评议，应直接放弃；如果判定有必要进行专家评议，则进入下一步骤。② 专家遴选。主要涉及专家的选择。专家评价的准确程度主要依据专家拥有的相关经验及所掌握的知识情况，因此参加评价的专家最好能够对评价的对象有较为深刻的了解并具备丰富的经验。③ 专家评议。首先根据实际情况确定评价指标，每个指标都归属于一定的等级，不同等级之间用分数区分；其次将相关材料提供给专家，专家严格遵循评价体系对评价对象进行评价，确定各个指标的分值；最后选择最适合的评分法计算出评价对象的总分值，最终得出评价结果。④ 参考意见形成。需要结合评议报告和专家观点形成参考意见，需要注意的是，专家的观点包括体现在评议报告中的意见和讨论中的意见，这些都需要认真梳理和甄别，如有疑问，应及时和专家沟通、确认，对于有重要参考价值的内容应以备注或说明的形式附在评议报告后，提交管理评估并形成最终决策。

2）质疑法。该法需要进行两次会议。第一次会议是专家对具体的问题进行直接评议；第二次会议则是专家对第一次会议提出的设想进行质疑。在第二次会议中，主要做以下工作：研究讨论有碍设想实现的问题；论证已提出的设想实现的可能性；讨论设想的限制因素并提出排除限制因素的建议；在质疑过程中，对出现的新的建设性的设想进行讨论。

9.4.2　多属性决策法

　　1957 年，Churchman 等为了解决选择商业投资策略的多属性决策问题，首次使用了简单加权法。我国学者程明熙等于 20 世纪 80 年代初期开始研究多属性决策问题，提出了十几种确定性的多属性决策方法，如价值评分法、二项系数加权法、优序法、对比系数法、密切值法、效用函数法、综合评价与排序法、双基点优序法和主客观综合法等。多属性决策问题也称为多指标决策问题，其实质是利用已有的决策信息通过一定的方式对一组被选方案进行排序来选择最优的方案，或进行方案排序。

　　多属性决策有两种基本方法：① 简单线性加权法。该方法首先确定每个属性的重要程度（即权重），其次构建归一化处理后的决策矩阵，再次通过线性加权平均计算各方案的综合值，最后根据综合值对方案进行排序。② 理想点法。正理想方案是假想的最优方案，其各属性值是所有备选方案在各属性下的最优值；负理想方案是假想的最差方案，其各属性值是所有备选方案在各属性下的最劣值。理想点法的基本思想是若备选方案离正理想方案越近、离负理想方案越远，则该方案越优。

9.4.3 因果分析法

方法介绍：因果分析法又称鱼骨图法，是逐层深入地分析问题原因的有效根据的方法，因果图由质量特征、要因、主干、支干等组成，主要对问题中重点影响因子进行筛选，结合各因子的特征加以分析，并进行分类和整理归纳，使之形成层次分明、条理清楚的图形。

适用环节：因果分析法可用于 DIIS 综合研判和形成方案环节。

1953 年，日本质量管理专家石川馨首次提出因果分析法。石川馨为了探究质量问题背后蕴藏的原因，积极询问团队其余工作人员的想法与意见，对得到的反馈总结整理，最终形成了初步的因果图，究其本质，这其实是一种发现问题根本原因的方法。因果分析法是强调从事物变化因果关系的本质出发，寻求变量之间相互作用关系的一种预测方法。因果分析法基本思路为：首先，根据市场经济现象把握现象背后隐藏的因果关系；其次，构建数学模型描述变量之间的因果关系；最后，根据数学模型得出的结果，结合对质的分析，综合考虑多种因素，得出最终预测结果，预测市场未来发展。

传统的分析方法侧重于分析企业内部的优势劣势和外部的机遇与挑战，缺乏对不同因素之间依存关系的分析。因果分析法可用于分析产生问题的原因。该方法从结果出发，一层一层深入研究产生这一结果的根本原因，并分析因果之间的交互关系，用于市场分析预测时更加科学可靠。由于该方法反映的因果关系直观、醒目、条理分明，使用起来比较方便、效果好。但使用该法首先要分清因果地位，其次要注意因果对应。任何结果都由一定的原因引起，一定的原因产生一定的结果，否则将导致因果分析法失效。目前，因果分析法已经应用于工程质量管理、项目风险因素分析、产品质量分析等众多评价评价领域，发展前景广阔。

9.4.4 情景分析法

> **方法介绍：** 情景分析法是基于对目标情景构建所需的各种数据信息充分掌握的前提下，综合构建研究对象在未来时间与条件下的势态。情景分析法一方面可以通过多样化的情景全面构建，对研究对象发展态势的横向维度进行系统揭示；另一方面可以通过科学完整的单一情景描绘，实现对研究对象发展态势纵向维度的深入理解。
>
> **适用环节：** 情景分析法可用于 DIIS 综合研判和形成方案环节。

20 世纪 60 年代，兰德公司的研究员 Kahn 最先在军事战略研究领域使用 "scenario" 一词。由于 Kahn 从事工作的机密性使得这种方法在较长的一段时间内没有被公众获知，直至 1960 年，Kahn 出版了专著《论热核战争》，公开讨论了美国和苏联爆发核战争的可能性这一在当时来看属于冷门的问题。1962 年爆发了古巴导弹危机，使得 Kahn 声名大噪。1967 年，Kahn 出版的《2000 年——关于未来 33 年猜想的框架》是情景分析法历史上里程碑式的著作，Kahn 也因此被称为 "情景分析之父"。

情景分析法又称前景分析法，是针对预测对象在未来时期内发展变化的复杂性和不确定性做出种种设想或预计的一种预测方法。该方法的研究起点是未来，通过构建不同的假设情景对未来可能出现的情况和后果进行预测并加以分析比较，从而最大限度地做出最优的决策。情景分析法是主观的描述与客观的事理和数学模型支撑并重的综合方法，是定性分析与定量分析相结合的方法，预测人员可以充分发挥思维能力和想象力，灵活应用该方法并发表见解，避免因为忽视某一事件的苗头而导致的机会流失。情景分析法最早应用于军事领域，后来广泛应用于企业管理以及经济分析领域，目前已延伸至能源需求预测、交通运输、节能减排、防洪抗灾、电子商务以及医疗卫生等多个领域。

情景分析过程步骤如下：① 研究系统结构本质性特征，分析系统发展机理和系统结构之间的关系。② 通过梳理系统发展历史，分析国际上相似条件下相关主题的研究进展和演变规律，分析和预测研究主题在各个因素影响下的可能发展趋势。此外，还要通过分析系统发展现状，寻找系统中可能对主题产生较大影响的不确定性因素。③ 根据各因素间的因果关系为系统设置可能的发展路径，并将此作为重点情景进行研究，分析各不同情景的可能性概率和因素间相互影响的关系。④ 筛选出受不确定因素影响较大的环节，并且把它们与国内相似发展情况进行纵、横向对比，分析这些环节对研究主题的作用机制，探索合理的定量模型，来预测各环节可能出现的不同情况，并在此基础上分析各个环节在不同场景中出现的概率，从而综合计算在不同情景下的预测结果。

9.4.5　模糊综合评价法

> **方法介绍：** 模糊综合评价法是一种将定性评价转化为定量评价的方法，它是借助数学中的隶属度理论对事物或对象做出综合评价的一种方法。该方法的基本原理是：首先确定评价对象的指标和等级的集合，然后分别确定各个因素的权重和隶属度，得到模糊评判矩阵，最后由此得到模糊综合评价结果。
>
> **适用环节：** 模糊综合评价法可用于 DIIS 综合研判和形成方案环节。

模糊综合评价法可以理解为模糊数学和综合评价法相结合的产物，因此说到模糊综合评价法的发展历程，就不得不提模糊数学的起源与发展。早在20 世纪 20 年代，就有学者对"模糊性"进行研究。1965 年，美国控制论学者 Zadeh 发表论文"模糊集合",首次提出了"隶属函数"的概念,标志着模糊数学这门新学科的诞生。1966 年,Marinos 发表了模糊逻辑方面的研究报告,1974 年,Zadeh 发表了模糊推理方面的研究报告,从此,模糊数学成为一个热门的课题,连接着精确数学和现实复杂的系统,为人们提供了一种研究现实复杂的、难以用精确数学表达的问题的一种简便方法。而综合评价法是帮助人们在纷繁复杂的现象中把握事物整体的一种方法,其起源可上溯至 19 世纪末。20 世纪 60 年代,模糊数学的发展蔚为大观,促进了一种新的评价方法即模糊综合评价法的诞生。我国学者汪培庄最先提出了模糊综合评判的模型。可以看出,在综合评价的发展历程中,相关学科的联系越来越密切,交叉融合越来越深入,模糊综合评价就是在这样的背景下不断演化发展的。

模糊综合评价法是现代综合评价法的一种。"模糊"的概念是指从属于该概念到不属于该概念之间并无明显的分界线。它以模糊数学隶属度理论为支撑,以做出综合性的评价为目的,应用的主要手段是把对事物的定性评价转化为定量评价。

模糊综合评价的基本要素主要包含五个方面:① 评判因素论域。评判因素即评价指标,就是根据研究的对象和目的,确定能够反映研究对象某一方面情况的特征依据,通常由多个相互联系又各有区别的评价指标共同组成。② 评语等级论域。综合评判中评语所组成的集合是对被评事物变化等级的一个区间划分,如很好、好、中、差、极差等评语。③ 模糊关系矩阵。主要用于表示模糊关系在有限论域上的矩阵,矩阵中的元素必须是区间 [0,1] 上的实数,表示实际问题中元素对模糊关系的隶属程度,这些元素通过建立隶属函数来表示。④ 权重。表示该因素在最终评价结果中的相对重要程度。确定权重的方法有专家估计法、加权平均法、频率分布法等。⑤ 评判结果。利用模糊合成算子计算综合评价结果,计算结果通常是一个模糊矢量,而不是一个点值。

模糊综合评价法包括七个步骤：① 确定评价对象的因素论域。② 确定评价对象的评语论域。③ 确定评价因素的权重向量。④ 进行单因素模糊评价，确定模糊关系矩阵。⑤ 确定模糊权向量。⑥ 进行多因素综合评价。⑦ 对模糊综合评价的结果进行分析。

9.4.6　标杆评比法

方法介绍：标杆评比法又称为基准化分析法，是把本企业的各项活动作为比较项，与本行业中领先企业在某项活动中的具体表现和结果做对比的一种分析方法，并根据比较结果来提炼改进方法。使用该方法既可以对自身的经营状况进行评价，又能够对本行业中的领先企业进行研究，学习它们的先进经验，把值得借鉴的做法和流程引入到本企业中来。

适用环节：标杆评比法可用于 DIIS 综合研判和形成方案环节。

标杆评比法就是先为企业所有能衡量的指标找到一个行业内较为领先的参考值，其本质是找到一个最佳实践参照基准，进而对本企业的产品和流程进行持续的改进。标杆比较法是一种为企业的管理工作设计模板的实用工具，可以为企业实现管理上的创新，帮助企业形成自己的竞争优势。

标杆管理并不只是简单地向他人学习，它还包括全面品质观、流程观、衡量标准观、学习观这四项基本原则，分别对应顾客的全面性满意、运营流程及组织内部计划的标杆管理、制定某些组织功能上的共同绩效衡量、对比标准和自我学习精神四个方面的应用。标杆管理涉及企业管理的多个方面，包括战略层、操作层和管理层等。在管理学中，标杆法是一个持续的学习过程，是态度和行动的综合体现，是通过改善和创新不断地向标杆迈进、提升发展优势和提高组织效能的方法。

标杆评比法的一般步骤包括：① 确定分析项目，即需要在哪些领域、哪些方面进行标杆分析。② 选择标杆。确定分析项目以后，通常选择本行业中的标杆企业和本行业的主要竞争对象作为比较的参照。③ 收集和分析数据。对本企业的数据和所选择的标杆企业的数据进行分析，在分析数据之前必须对本企业和标杆企业有全面清晰的了解，获取企业经营过程、活动和结果等较为全面的数据。④ 制定实施方案。找差距的目的是为了制定改进方案以缩小距离、靠近标杆，因此必须锁定具体要在哪几个领域或者哪些流程中缩短与标杆之间的差距，并且要把相应的配套措施整合到企业的整体经营计划中。⑤ 实施并跟踪改进方案。在实施标杆管理的过程中，要对这种实施进行动态监控和评价。如果标杆管理没有取得满意的绩效，就需要返回以上环节进行检查，找到原因并重新进行新的标杆管理；如果标杆管理的绩效是理想的，则应该通过选择标杆这个环节，从中总结经验，以帮助以后的标杆管理工作顺利进行。

9.4.7　社会网络分析法

方法介绍：社会网络分析法是借用图论和矩阵法来定量分析社会关系结构及其属性的方法。网络分析法将社会单位之间所构成的关系结构作为研究对象，这种结构分析方法认为，单个的人会在社会环境中互动，这种互动作用可以表达为一种关系模式，该模式具有一定的规律，可以反映出研究对象在社会中的结构位置。社会网络分析就是以定量分析这些结构为起点，通过网络结构把个体间关系、微观网络与大规模的社会关系联系起来。

适用环节：社会网络分析法可用于 DIIS 揭示信息和形成方案环节。

20 世纪 30 年代，心理学和人类学研究最早体现了社会网络分析的思想。1940 年，英国人类学家 Radcliffe–Brown 曾使用"社会关系网络"一词描绘社会结构，但是，此处的网络概念只是一个隐喻。德国社会学家、哲学家 Simmel 在分析社会的网络结构上做出了重要贡献，提出单个的人与人之间的互动和交往过程形成了社会，并形象地把这种交往关系比喻为网络。20 世纪中叶，心理学家 Cart Wright 与数学家 Harary 创立了用图论研究群体行动的新方法。1954 年，英国曼彻斯特大学的 Barnes 最早运用社会网络概念，提出社会生活的整体可以被视为一组由线段串联起来的点所形成的整体关系网络。20 世纪 70 年代，社会网络分析开始作为一种独特的研究方法进入人们的视野，其突出标志是 WeUman 于 1977 年成立的专门研究组织，即国际社会网络分析组织。20 世纪 70 年代后，在以美国哈佛大学 White 为代表的一批学者的努力下，该方法逐渐发展成了一种有影响力的结构分析方法。

社会网络分析主要分两类：个体网络（或自我中心网络）、整体社会网络。前者将个体间的关系作为分析对象，不限制其组内或组外的连带数量；后者则对分析的对象进行了限定，采用传统随机抽样的调查方式，收集受访者与其他人的联系及其他人之间的联系等整个网络中的关系数据。

第10章　常用数据库

智库研究离不开定量数据的支持。本章归类了 DIIS 常用数据库，系统地介绍了各个数据库的功能特性和应用领域，形成索引式字典，为智库研究者提供参考。

10.1　文献数据库

10.1.1　Web of Science™ 核心合集

（1）数据库简介

Web of Science™ 核心合集（更名前称 Web of Science 数据库）是 Clarivate Analytics（科睿唯安）开发的 Web of Science™ 信息服务平台中的引文数据库，收录了 256 个学科的 18000 多种世界权威的、高影响力的学术期刊，内容涵盖自然科学、工程技术、生物医学、社会科学、艺术与人文等领域，最早可回溯至 1900 年。Web of Science™ 核心合集还收录了论文中所引用的参考文献，并按照被引作者、出处和出版年代编制成独特的引文索引，是获取全球学术信息的重要数据库之一。Web of Science™ 核心合集主要为不同层次、不同学科领域的学术研究人员提供信息服务，用户可以同时对该平台上已订购的所有数据库进行跨库检索或选择其中的某个数据库进行单库检索。Web of Science™ 核心合集可用于 DIIS 收集数据环节。

数据库网址：http://www.webofscience.com/WOS

（2）功能特性

Web of Science™ 核心合集提供基本检索、被引参考文献检索、化学结构检索、高级检索等多种检索功能，用户可以按照自己的检索需求，多途径检索文献，并通过精炼分析，最终得到满意的检索结果。数据库主要有以下特点：第一，检索界面符合用户的检索习惯；第二，可以实现精确检索，分析功能更加完善；第三，可在不同资源之间随意转换，既可以在所有数据库中一次性检索所有资源，也可以对自己最感兴趣的数据库进行检索；第四，Search Aid 功能可使用户确定更精确的主题、作者或文献来源，确保检索结果准确无误。

（3）应用领域

Web of Science™ 核心合集是获取全球学术信息的重要数据库，主要包含科学引文索引（SCI-E）、社会科学引文索引（SSCI）、艺术与人文引文索引（A&HCI）、会议论文引文索引（CPCI）等。作为全球权威的引文数据库，其强大的分析功能，能够快速锁定高影响力论文、发现国内外同行权威所关注的研究方向，帮助科研人员更好地把握相关领域的研究进展和发展趋势，寻找研究的突破与创新点。

10.1.2　Scopus

（1）数据库简介

Scopus 是 Elsevier 公司于 2004 年 11 月联合全球 21 家研究机构共同推出的数据库，是目前全球规模最大的摘要和引文数据库，收录了来自全球 5000 家出版社的 22800 多种经同行评议的出版物，文献类型包括期刊、会议论文、丛书、专利等，数据最早回溯至 1788 年。Scopus 提供自然科学、技术、医药、社会科学、艺术与人文领域的世界科研成果全面概览，并提供许多不同类型的多元指标，是可以追踪、分析和可视化研究成果的智能工具。Scopus 可用于 DIIS 收集数据环节。

数据库网址：http://www.scopus.com

（2）功能特性

Scopus 提供了文献检索、作者检索、归属机构检索、高级检索等多种检索功能，并可以通过限制条件优化检索结果，帮助用户快速找到所需文献资源。Scopus 还提供了追踪最新研究进展，分析和可视化检索结果的功能，利用 Scopus 提供的研究指标，可以帮助科研人员更好地了解研究领域的发展趋势。此外，Scopus 不仅可以将文献数据导入 Mendeley、RefWorks 等文献管理工具，而且其提供的 API 接口还可以将 Scopus 数据库中所有的摘要和引文数据导入外部设备，供科研人员分析使用。

（3）应用领域

Scopus 数据已被 3000 多个政府部门、资助机构和科研机构所使用，作为它们进行科研评价的主要数据源。政府部门通过对 Scopus 数据进行分析，不断调整战略方向，制定合理的科研规划。资助机构和科研机构利用 Scopus 数据评估机构或研究人员的科学成果，调整科研资金分配方案。截至 2017 年 8 月，Scopus 提供了超过 6900 万条记录，以及自 1970 年以来的 14 亿条参考文献信息，数据每日更新，可以帮助科研人员及时全面地了解当今世界最新的科研成果。

10.1.3 CNKI

（1）数据库简介

CNKI（China National Knowledge Infrastructure）是中国国家知识基础设施工程的主要成果，是我国最完整的中国知识信息数据库之一，由清华大学、清华同方发起。目前，CNKI 已经发展成为集期刊、博士论文、硕士论文、会议论文、报纸、工具书、年鉴、专利、标准、国学、海外文献资源等为一体的、具有国际领先水平的网络出版平台，其日更新文献量达 5 万篇以上，核心用户覆盖各国重要高校、研究机构、政府智囊、企业、医院、公共图书馆。CNKI 数据库可用于 DIIS 收集数据环节。

数据库网址：http://www.cnki.net

（2）功能特性

CNKI 提供了多种检索方式，提高了文献的查准率和查全率。CNKI 的基本检索模式提供了词、短语和逻辑表达式三种检索方式，用户还可根据需要选择全文检索、逐次检索和位置检索等检索策略；CNKI 的高级检索模式提供了组合检索方案，用户可以通过构建检索式、限定词频、作者、发文单位等方式查找所需文献资源。CNKI 具有如下特点：第一，知识容量丰富、文献类型多样；第二，数据结构合理；第三，检索方便灵活；第四，信息更新快；第五，输出格式多样。

（3）应用领域

CNKI 作为数字化文本型全文数据库，它的用户遍及中国、澳大利亚、新西兰以及欧洲、北美、南美等国家和地区，主要为科研人员提供比较全面和先进的信息服务。另外，CNKI 还提供了一个可视化的学术趋势检索工具，只需在检索栏中输入检索词，就可通过图表形式将该知识点的学术趋势直观显示出来。它可以为研究者掌握学术方向、了解学术前沿动态提供重要信息依据，尤其适合新涉足某一研究领域，或致力于开发交叉学科新兴研究方向的研究人员。

10.2 专利数据库

10.2.1 国家知识产权局专利数据库

（1）数据库简介

国家知识产权局专利数据库由国家知识产权局和中国专利信息中心共同建设，涵盖了自 1985 年 9 月 10 日以来所有授权公布的中国专利信息以及 103 个国家、地区和组织的专利数据，并提供引文、同族、法律状态等数据信息，面向公众提供免费的专利检索服务，数据更新速度每周一次。国家知识产权局专利数据库中除专利信息之外，还收录了中国专利公布公告、中国及多国专利审查信息，是获取中国专利信息的重要数据库之一。国家知识产权局专利数据库可用于 DIIS 收集数据环节。

数据库网址：http://www.pss-system.gov.cn

（2）功能特性

国家知识产权局专利数据库包括专利检索及分析、中国专利公布公告查询、中国及多国专利审查信息查询等子系统。专利检索提供常规检索、药物专题检索、表格检索等多种检索方式，用户可以通过申请号、申请日、公开号、公开日、专利名称、摘要、分类号、申请人、发明人、地址、专利代理机构、代理人、优先权等相关检索项单独或组合进行检索，并可以下载专利说明书全文。中国专利公布公告提供自 1985 年 9 月 10 日以来公布公告的全部中国专利信息，包括发明公布、发明授权、实用新型、外观设计以及事务数据。多国发明专利审查信息查询服务可以查询中国国家知识产权局、欧洲专利局、日本特许厅、韩国特许厅、美国专利与商标局受理的发明专利审查信息。

（3）应用领域

用户可在国家知识产权局专利数据库中查询 103 个国家、地区和组织的专利数据及引文、同族、法律状态等数据信息，中国专利公布公告信息及实质审查生效、专利权终止或转移、著录事项变更等事务数据信息，中国国家知识产权局、欧洲专利局、日本特许厅、韩国特许厅、美国专利与商标局等多家机构受理的专利发明申请及审查信息等。

10.2.2　日本特许厅专利数据库（J-PlatPat）

（1）数据库简介

J-PlatPat 是日本特许厅工业产权数字图书馆旗下的日本专利数据库，其检索系统可供用户免费使用，包含英文和日文两种界面，用户可以便捷、有效地获取日本各种知识产权文献。英文版只有日本专利、实用新型和商标数据，收录自 1993 年至今公开的日本专利题录和摘要；日文版还包括了外观设计专利，收录自 1971 年至今的公开特许公报，1885 年至今的特许发明明细书等。J-PlatPat 可用于 DIIS 收集数据环节。

数据库网址：https://www.j-platpat.inpit.go.jp

（2）功能特性

J-PlatPat 提供发明、实用新型和外观设计专利的检索，以及公报全文、法律状态、复审信息、商标的检索等功能。例如用户可以使用日语和英语两种语言通过专利申请号、番号（文献号码）、发明名称、申请人、发明人等 35 个检索项对专利进行检索，并下载 PDF 版本的专利全文；可以通过商标号码、商标申请和注册信息、商标图形等对商标进行检索。

（3）应用领域

J-PlatPat 中的数据免费提供给世界各国的用户，用户可以在该数据库中查询到 1993 年至今所有公开的日本专利题录和摘要（英文），1971 年至今所有的公开特许公报，从 1885 年到现在所有的特许发明明细书以及中国、美国、欧洲专利的日文摘录等专利文献。除此之外 J-PlatPat 还提供各种专利文献以外的文献、科技用语、化学物质资料及其他技术信息资料等。用户可以通过该平台方便快捷地获取所需的专利相关文献。

10.2.3　WIPO PATENTSCOPE

（1）数据库简介

WIPO PATENTSCOPE 是多国家专利数据库服务的集合，其中包括：PCT 国际专利数据库、中国专利英文数据库、美国专利与商标数据库、加拿大专利数据库、印度专利数据库、欧洲专利数据库等。中国用户最常用的是 PCT 国际专利数据库，收录的数据包含 1997 年 1 月以后公开的所有 PCT 申请说明书的首页（包括条目数据、文献及主权项），每周四更新著录项、摘要等内容，其中扫描图像在专利公开 14 天之后提交给数据库，用户可根据需要选择某一国家或地区的专利数据库。WIPO PATENTSCOPE 可用于 DIIS 收集数据环节。

数据库网址：https://patentscope.wipo.int/search/zh/search.jsf

（2）功能特性

WIPO PATENTSCOPE 检索功能强大，虽然共享时间短，但是它吸收了美国、加拿大、欧洲专利局等专利检索数据库的优点，向用户提供了四种检索方法：简单检索（simple search）、高级检索（advanced search）、结构检索（structured search）和专利公报按周浏览（browse by week）。用户可以通过这四种检索方式检索到 1997 年 1 月以来收录的实用发明专利和 1998 年 4 月以来重新发布的专利。而且检索结果文件通过常用的 IE 和 PDF 浏览器阅读，无须安装特殊浏览器，设计上更具有人性化。

（3）应用领域

WIPO PATENTSCOPE 是查找世界范围内专利信息的有力工具，该数据库免费供公众查询。用户可以利用该数据库查询到 1997 年 1 月以来公开的实用发明专利和 1998 年 4 月以来重新发布的专利的著录资料、文摘、图和扫描图像，可以选择查看原文或下载原文，并且该数据库中的专利文献都有等同专利的标注和世界专利检索报告。该数据库为政府机构和个人提供了全方位的专利信息咨询与服务。

10.2.4 美国专利与商标数据库

（1）数据库简介

美国专利与商标数据库由美国专利与商标局（USPTO）开发提供，该数据库向公众提供全方位的专利信息服务。美国专利与商标数据库中的 PatFT 数据库（USPTO Patent Full-Text and Image Database）提供了 1790 年至今各类授权的美国专利，其中有 1790 年至今的图像说明书，

1976 年至今的全文文本说明书（附图像链接）；美国专利与商标数据库中的 AppFT 数据库（USPTO Patent Application Full-Text and Image Database）提供了自 2001 年 3 月 15 日起专利申请书的文本和图像。数据免费查询，更新频率为每周一次。美国专利与商标数据库可用于 DIIS 收集数据环节。

数据库网址：http://patft.uspto.gov

（2）功能特性

美国专利与商标数据库具有检索美国授权专利、美国申请公开专利，查询美国专利分类号、美国专利法律状态、基因序列专利、美国专利权转移、专利代理机构等功能。例如可以通过检索授权专利的文摘、申请日、申请号、申请类型、受让人所在城市、受让人所在国家、受让人姓名、受让人所在州、助理审查员、PCT 信息等 31 个字段对数据库中包含的发明专利、设计专利、植物专利、再公告专利、防卫性公告以及依法注册的发明等进行检索。

（3）应用领域

美国专利与商标数据库中的专利数据面向公众免费开放，用户可以利用该数据库查询 1790 年以来美国的各种专利数据包括发明专利、设计专利、植物专利、再公告专利、防卫性公告和依法注册的发明以及 2001 年 3 月 15 日至今所有公开的美国专利申请公开说明书。用户还可以利用该数据库查看专利的审批情况、专利权的转移情况和法律状态等。

10.2.5　欧洲专利局 Espacenet

（1）数据库简介

Espacenet 专利数据库由欧洲专利局及其成员国的专利局共同建设维护。数据库中收录的专利数据涵盖欧洲各国专利和世界上其他一些国家或地区专利组织的专利，可以使用英、德、法三种语言进行检索。所有专利数据的完整度不一，有的仅仅提供书目数据，有的则提供全文文本。Espacenet 数据库可用于 DIIS 收集数据环节。

数据库网址：http://worldwide.espacenet.com

（2）功能特性

Espacenet 数据库收录的数据最早可以追溯到 1920 年，专利数据来自于 100 多个国家和地区，超过 1.1 亿件专利，包括三部分内容：EP-espacenet，欧洲专利；WIPO-espacenet，PCT 专利；worldwide，世界范围 100 多个国家的专利。该数据库提供智能检索、高级检索和分类号检索三种检索方式。如用户可以通过关键词、专利号和申请人名称等在题录数据和文摘数据中进行检索，可进行字段间的逻辑检索及单个字段内的逻辑运算。

（3）应用领域

Espacenet 中的专利数据可以免费检索，其数据涵盖世界各国专利数据库中的专利数据。目前网站为用户提供了三个不同检索途径：第一个检索途径中可检索到 58 个国家的专利和非洲地区工业产权组织、欧洲专利组织、非洲知识产权组织、WIPO、欧亚专利组织等 5 个国际组织的专利；第二个检索途径可以检索到欧洲专利局最近 24 个月公布的所有专利，并提供 PDF 全文；第三个检索途径可以检索到 WIPO 最近 24 个月公布的 PCT 专利，并提供 PDF 全文。

10.2.6　Derwent Innovations Index^SM

（1）数据库简介

Derwent Innovations Index^SM（德温特创新索引，简称 DII），是科睿唯安旗下 Web of Science™ 平台中的专利信息检索系统，提供来自 50 个专利审查机构的专利文献。该数据库将德温特世界专利索引（Derwent World Patents Index，DWPI）与德温特专利引文索引（Derwent Patents

Citation Index，DPCI）有机结合。除专利信息外，用户还可检索到专利的引用情况。DWPI 的独特性在于对全球专利的题目和摘要进行了改写，使内容变得清晰易懂。DPCI 的引文覆盖 32 个国家的专利机构，引文数据来自同一记录中所有同族专利。该数据库收录的数据权威准确，能够为各国研究人员提供全球范围内全面综合的发明专利信息。Derwent Innovations Index^{SM} 可用于 DIIS 收集数据环节。

数据库网址：http://www.webofscience.com/DIIDW

（2）功能特性

该数据库提供了一般检索（general search）、被引专利检索（cited patent search）、化合物检索（compound search）、高级检索（advanced search）四种检索方式。该数据库的特点是：① 高附加值的专利文献索引体系。继承了德温特 55 年来系统规范的统一标引，提供高附加值的专利情报深加工。② 提供一站式服务，可以提供独特的引用专利索引以及与 ISI Web of Science 的双向链接。③ 资源的强大整合，提供强大的跨库交叉检索功能。

（3）应用领域

Derwent Innovations Index^{SM} 提供强大的检索功能，是查找世界范围内专利信息的有力工具。该数据库主要应用在化学化工、电工电子和工程三个领域。其特色体现于用户在检索专利信息的同时还可以获得专利的引用情况。除此之外，用户还可以通过化学结构进行检索。专利之间的引用情况可以反映出技术发展脉络，有助于对技术发展进行追踪扫描；可以利用其与 ISI Web of Science 的双向链接，深入理解基础研究与应用技术的关系，推动研究向应用的转移转化。

10.3 经济数据库

10.3.1 The World Bank Databank

（1）数据库简介

The World Bank Databank（世界银行数据银行）是由世界银行集团开发的数据库，所有数据都可以免费使用。The World Bank DataBank 是一个分析和可视化工具，其中包含有关各种主题的时间序列数据的集合。该数据库中的数据涉及 170 多个国家和地区，有 2000 多个指标，数据分为健康、公共部门、农业与农村发展、城市发展等 18 个主题。在每一个主题下对应不同的内容，如在健康主题下用户可以获得社会性别统计、健康营养和人口统计、千年发展目标、非洲发展指标等相关数据。The World Bank Databank 可用于 DIIS 收集数据环节。

数据库网址：http://Databank.worldbank.org/Data/home.aspx

（2）功能特性

The World Bank Databank 的数据涉及 170 多个国家和地区，可访问世界银行的 20 多个主要数据库。The World Bank Databank 具有一些高级功能，能够选择数据集并对数据集进一步切分，可以执行自定义查询、下载数据、创建图标以及数据可视化等。同时，该数据库可以提供小工具，方便用户在其他网站上嵌入图表或地图，小工具的优势在于它的动态性，当有新数据出现的时候，它可以自动更新。

（3）应用领域

The World Bank Databank 中的数据可以帮助决策者做出更明智的决定，是学者进行问题研究的有力工具，可加深研究者对全球问题的理解。该数据库中收录了 2000 多个指标，并且在不断地扩展与更新，用户可以检索到与健康、国有企业、农业与农村发展、劳动和社会保障、城市发展、基础设施、援助实效性、教育、气候变化、环境、社会发展、性别、私有企业、科学技术、经济政策与外债、能源与采矿、贫困、金融 18 个主题相关的数据与指数。

10.3.2　WTO Database

（1）数据库简介

WTO Database（世界贸易组织数据库）包含货物贸易和服务贸易两方面的数据信息，其中汇总了所有成员国上报的各国的进出口六位码商品的贸易情况，是进行国际贸易分析必不可少的数据来源。该数据库包含贸易数据、关税政策、关税统计分析、贸易政策等信息，提供国际海关组织的多种商品分类标准数据查询，力求通过丰富的时间序列数据，全方位、多视角、深层次地展示各国贸易状况，方便用户便捷、准确地分析判断世界各国贸易趋势。WTO Database 可用于 DIIS 收集数据环节。

数据库网址：https://www.wto.org/english/res_e/statis_e/data_pub_e.htm

（2）功能特性

WTO Database 中包含世界各国的贸易数据，数据准确详细，包括 Regional Trade Agreements Information System（RTA-IS）数据库、Preferential Trade Arrangements（PTA）数据库、Integrated Trade Intelligence Portal（I-TIP）数据库等众多数据库。其中，RTA-IS 数据库包含有关已向 WTO 通报或已事先通知的协议的信息，PTA 数据库包含 WTO 成员正在执行的优先贸易协定的信息，I-TIP 数据库包含汇编的综合贸易政策。

（3）应用领域

WTO Database 通过向用户提供贸易数据、关税政策、关税统计分析、贸易政策等信息，可以帮助各成员国更好地了解世界贸易现状，了解选定经济体的市场准入情况，了解贸易援助、贸易成本、贸易表现和贸易受援国发展的相关信息。用户利用该数据库可以全方位、多视角、深层次地展示各国贸易状况，方便用户快速、便捷、准确地分析判断世界各国贸易趋势。

10.3.3　BIS Statistics

（1）数据库简介

BIS Statistics 是国际清算银行（Bank for International Settlements, BIS）与中央银行和其他国家政府机构合作编制的统计数据库，是关于全球金融体系结构和金融活动的独特信息来源，旨在进行金融稳定、国际货币溢出和全球流动性分析。其中，与国际银行业务、证券市场和衍生产品活动有关的统计数据由国际清算银行主管的中央委员会特别采集统计；其他国际清算银行统计数据借鉴了国家数据，但结合了国际清算银行统计人员的假设和估计，制定了具体的措施，如全球流动性指标、总信贷数据、债务服务比率和有效汇率。BIS Statistics 可用于 DIIS 收集数据环节。

数据库网址：http://www.bis.org/statistics

（2）功能特性

BIS Statistics 提供了多种查询、分析和管理数据的工具，如 BIS 统计资源管理器、BIS 统计仓库等。其中 BIS 统计资源管理器允许用户通过导航统计表来交互式地搜索 BIS 数据集，其中每一个数据都链接到底层的历史数据。BIS 统计仓库允许用户从头开始创建二进制数据集的定制查询，或者通过构建一个现有的查询，然后用户进行自主定制以满足特定需求。此外，BIS 统计数据均支持 csv 格式导出，方便进一步分析处理。

（3）应用领域

BIS Statistics 不仅收录了大多数国家的银行和金融统计数据，而且还囊括了各个国家的物价水平和消费水平数据。同时，BIS Statistics 还设计了一系列评价指标，多角度、多层次分析了全球财务状况，计算了各个国家的信贷与 GDP 差距和债务比率。另外，BIS Statistics 采用表格形式整理展示数据，易于理解分析，不管是专业人员还是普通用户都可以通过 BIS Statistics 获取感兴趣的金融信息，甚至是根据自己的需求，对收录的数据进行分析和可视化。

10.3.4　Trading Economics

（1）数据库简介

Trading Economics（全球经济指标）由 Antonio J. Fernandes Sousa 和 Anna Fedec 在美国纽约创办。该数据库为其用户提供了 196 个国家的准确信息，其中包括 2000 多万个经济指标、汇率、股票市场指数、政府债券收益率和商品价格的历史数据。Trading Economics 收录的数据均来源于官方资源，而不是由第三方数据库厂商提供。另外，该数据库还定期检查数据库是否存在数据不一致问题。截至 2019 年 6 月，数据库已经有来自 200 多个国家的超过 5 亿的用户访问。Trading Economics 可用于 DIIS 收集数据环节。

数据库网址：https://tradingeconomics.com

（2）功能特性

Trading Economics 收录全世界多个国家和地区的经济数据，具有数值对比和分析预测的功能。利用该数据库不仅可以查询各国股票市场行情、劳动力水平、物价水平，而且还能够跟踪监测各种经济领域的实时数据。该数据库还是一个综合的经济数据展示平台，用户可以选择按国家、按地区或按经济指标来多维度展示数据，方便用户从多角度获取所需信息。另外，该数据库以图表的形式组织管理数据，便于用户分析解读。

（3）应用领域

Trading Economics 收录了 13 个一级指标和 116 个二级指标，利用这些指标对 196 个国家的经济发展状况和人均生活水平进行量化分析，有助于政府部门客观分析评价本国的经济发展状态，制定科学的发展规划。另外，该数据库提供了多角度、多指标展示各个国家的数据，可以从时间维度观察各个国家的经济发展趋势，有助于政府部门进行宏观调控，从全局角度把握国家发展脉络。

10.3.5　Y charts

（1）数据库简介

Y charts 是一款现代化的财务数据研究平台，收录了超过 50000 股股票、交易型开放式指数基金和共同基金。Y charts 收录的数据均以图表的形式展示，用户可以自主设置过滤器，观察数据的变化趋势，获取自己感兴趣的信息。Y charts 没有终端、无须安装，没有复杂烦琐的公式和笨重的接口，用户可以轻松筛选数据、建立图表。Y charts 支持 7 天免费试用，如果用户想要体验 Y charts 的所有功能则需要订阅。Y charts 可用于 DIIS 收集数据环节。

数据库网址：https://ycharts.com

（2）功能特性

Y charts 作为一款现代化的 web 应用程序，具有简单易用、强大直观、分析快速的特点。Y charts 的筛选器功能由数千个指标驱动，可以方便快捷地找到符合用户标准的股票和资金；Y charts 的 Excel 集成功能可以自动加载更新用户模型的最新数据，减少了重复创建、筛选数据的环节。另外，Y charts 还提供了强大的数据可视化功能，能够帮助用户在几秒内轻松创建基本和技术图表，进而比较股票和基金的变化情况。

（3）应用领域

Y charts收录了4000项财务指标，构建了不断扩大的金融和经济数据集，提供了强大的访问和解释数据的工具，可以帮助投资者和商业人士做出更好的决策，并从投资中获得更多收益。Y charts 还收录了详细的行业数据，可以帮助企业决策者了解本行业的发展趋势，了解竞争对手的经营状况。另外，Y charts 还利用自己收录的数据进行模型分析与预测，帮助用户制定详尽的投资策略。

10.3.6　OECD iLibrary

（1）数据库简介

OECD iLibrary 是经济合作与发展组织（OECD）新推出的网络服务平台，集成了其所出版的图书、期刊、工作分析报告、统计数据等各种信息资源，为用户提供方便、快捷、全面的访问服务。主要有：1000 期期刊（约 400 种连续出版物），2700 份工作报告，2500 份多种语言书写的摘要，5500 本电子书，14000 张图表，21000 篇章节和文章，34000 个 MS Excel 表格（全文）的链接，390 个可跨库检索的统计数据库（包含 40 多亿个数据点）。OECD iLibrary 可用于 DIIS 收集数据环节。

数据库网址：http://www.oecd-ilibrary.org

（2）功能特性

OECD iLibrary 为用户提供了众多便利的服务功能，主要包括：直观的主题和国家类别浏览；提供期刊、文章、章节、图表的检索和各种链接；多种格式的全文信息（PDF、HTML、XLS）下载；提供引用工具，方便参考文献引用和数目管理系统的处理；用户在网站中所处位置的精确定位和直观显示，为用户提供清楚地导航使用；总计近 20 种语言的摘要信息，方便用户了解文章内容；便捷用户统计数据下载、转换和输出；Email、Alert、RSS 深层次服务。

（3）应用领域

OECD iLibrary 是经济合作与发展组织的在线图书馆，它所收录的数据涵盖了农业与食品、发展、经济学、教育、就业、能量、环境、财务与投资、工业与服务、核能、科技、税收、贸易、城乡和区域发展等几十个领域。从现成的表格到交互式数据库，从一目了然的出版物到完整的报告，OECD iLibrary 为各种用户提供广泛的信息研究与知识服务，服务对象主要有：高等院校和研究机构，企业和私营部门，政府和公共行政部门，非政府组织和智囊团。

10.3.7　Federal Reserve Economic Data

（1）数据库简介

Federal Reserve Economic Data（美联储经济数据）是由圣路易斯联邦储备银行研究部门维护的数据库，它收录了来自 87 个不同来源的超过 52.9 万个美国和国际经济时间序列。这个时间序列是由美联储编制的，由美国人口普查局和劳工统计局等政府机构收集。该数据库收录的数据支持图形和文本形式查看，还可以下载到数据库或电子表格中。在美联储公布的经济数据被媒体广泛报道，并在金融市场中发挥关键作用。Federal Reserve Economic Data 可用于 DIIS 收集数据环节。

数据库网址：https://fred.stlouisfed.org

（2）功能特性

Federal Reserve Economic Data 涵盖领域广、数据种类多，还允许用户通过其他途径访问，比如 ALFRED、GeoFRED、CASSIDI 等。另外，它还提供了多种查询、分析、展示数据的方式，用户可以按标签、类别、数据来源等获取所需数据。同时，该数据库还支持用户构建自定义模型，对数据进行分析处理。当数据库中收录的数据发生变化时，数据库会自动更新模型中的数据，保证分析结果的正确性和准确性。

（3）应用领域

Federal Reserve Economic Data 涵盖了银行业务、商业 / 财政、消费者物价指数、就业和人口、汇率、国内生产总值（GDP）、利率、货币总量、生产者价格指数（PPI）、储备和货币基础、美国贸易和国际交易及美国财务数据。另外，该数据库还提供了多种经济指标和可视化分析工具，能够从多维度展示金融数据的变化趋势，为政府部门和财务人员提供多样化的信息服务，从而帮助决策者制定科学的战略规划。

10.3.8　CIA The World Factbook

（1）数据库简介

CIA The World Factbook（美国中央情报局《世界概况》），是由美国中央情报局出版的调查报告，发布世界各国及地区的概况，例如人口、地理、政治及经济等各方面的统计数据。因中央情报局属美国政府部门，所以其资料格式、体例、内容皆需符合美国政府的官方需要及立场。资料则是由美国国务院、美国人口调查局、国防部等部门及其辖下的相关单位提供。CIA The World Factbook 可用于 DIIS 收集数据环节。

数据库网址：https://www.cia.gov/library/publications/the-world-factbook

（2）功能特性

CIA The World Factbook 收录了 268 个国家和地区的各项数据，主要包括国家地区简介、地理、人口、政府、经济、通信、运输、军事和外交九大类的统计数据，每个大类中又包含了若干个小类的统计数据。大部分国家地区的数据中还包括国旗、地图、城市地标建筑、人文风俗的描述和图片数据。2001 年之前该数据库只随印本每年更新，目前网络版数据库更新频率为两周一次。

（3）应用领域

CIA The World Factbook 里的统计数据、地图及图片等内容的版权皆属于公有领域，任何人都可以自由引用或转载，只需注明资料来源即可（中情局的徽号除外）。因此其统计结果广为高等院校、科研院所、非政府机构和包括维基百科在内的各个网站采用，作为国家层面分析的数据来源。

10.3.9　Economy Watch

（1）数据库简介

Economy Watch（经济观察）是世界上最大的在线经济社区，每个月都有近100万的用户访问这个平台，浏览上面的时事通讯。该平台囊括了世界各地的经济新闻、工业统计数据和领域参考文献，收录了国际货币基金组织、世界银行、联合国、经济合作与发展组织、美国中央情报局《世界概况》、互联网世界统计、美国传统基金会和国际透明组织的金融数据。同时，该数据库还是一个开放的网络平台，用户可以在上面自由交流分享自己的观点和文章。Economy Watch 可用于 DIIS 收集数据环节。

数据库网址：http://www.economywatch.com

（2）功能特性

Economy Watch 是以理性、建设性为基本价值观，服务于各个国家和地区的主流商业人群，是目前世界上最具影响力的财经商业信息提供者和媒体平台之一。该平台以客观、独到、深度、权威的高品质报道和分析，为商业人群决策提供最有价值的帮助。另外，该平台的统计功能提供了199个分析指标，可以按年度、季度或月度跟踪监测各个国家和地区的金融数据变化趋势。

（3）应用领域

Economy Watch 拥有专业的数据分析团队，收录整理了各个国家和地区最权威的数据源，旨在为用户提供及时有价值的财经资讯。该平台的新闻报道涵盖了经济学、市场、投资、能源、卫生保健、信息技术、公共事业等领域，满足各个层面的用户需求。同时，由于其开放性，越来越多的财务人员在平台上分享文章，使其成为一个值得信赖的财经新闻参考来源。

10.3.10　Index Mundi

（1）数据库简介

Index Mundi 是一个综合性数据门户，收录了全球大部分国家和地区的商品、汇率、农业、能源、矿业、贸易等行业数据。它的使命是从世界各地的资源站点中收集原始数据，并且将其转变为投资者、研究人员和学生可以使用的信息。Index Mundi 可以捕获分散或隐藏的统计信息，并通过用户友好的地图、插图、表格等方式呈现，方便用户在第一眼看到这些数据的时候，就可以理解数据的意思。Index Mundi 可用于 DIIS 收集数据环节。

数据库网址：http://www.indexmundi.com

（2）功能特性

Index Mundi 提供了数千个按国家、地区、主题、行业等类型组织起来的分析指标，用户可以自主选择数据的展示方式。例如，当选择"美国"时，就可以从国家介绍、地理位置、人口统计学、政府、经济、能源、电信等多个角度分析和美国有关的数据；当选择"能源"这一主题时，就可以比较所有国家的能源数据。另外，Index Mundi 还提供了多种可视化工具，如插图、表格、地图等，有助于用户直观、快捷地理解复杂数据。

（3）应用领域

Index Mundi 收录了全球 250 多个国家和地区的商品、汇率、农业、能源、矿业、贸易等多个行业的数据，是一个综合性数据平台，可以帮助决策者准确地把握世界各国的经济发展状况，制定科学合理的经济发展规划。由于 Index Mundi 收录的数据可供用户免费使用，所以，Index Mundi 可作为每个行业从业人员进行数据分析、制定发展战略的首选数据源。另外，Index Mundi 的博客板块影响力不断扩大，吸引越来越多的用户关注使用

Index Mundi 汇聚的数据。

10.3.11 Gapminder

（1）数据库简介

Gapminder 是由一家瑞典非营利组织开发的在线互动图表数据平台，其主要作用是将数据转化成动态、交互和各式各样的图表。Gapminder 收集了世界银行、世界卫生组织、经济合作与发展组织等 20 多个国际组织中各个国家的社会、就业、人口、基础设施、健康、环境、经济、教育等 600 多个统计指标。2007 年 3 月，Google 收购了该平台统计数据分析软件 Trendalyzer，该软件将国际统计数据转换成动态、交互和有趣的图表。Gapminder 可用于 DIIS 收集数据环节。

数据平台网址：http://www.gapminder.org

（2）功能特性

Gapminder 有两种演示方式：Chart 和 Map。Chart 是以 Gapminder 首创的五维气泡图的形式展示国家相关的统计指标，包括横坐标、纵坐标、气泡的颜色、气泡的大小和时间轴五个维度。它把枯燥的数据变成了有趣的互动动画，让数据分析人员更直观地了解整体发展情况与指标间的关联关系。Map 则是将气泡图在地图背景上展示，从地理位置角度展示指标动态变化情况。

（3）应用领域

Gapminder 数据平台收集各领域的国家统计指标，主题包括社会、就业、人口、基础设施、健康、环境、经济、教育等。Gapminder 对统计内容及时更新，并提供全球和各个国家的时间序列分析。Gapminder 支持视频、Flash 演示文稿和 PDF 图表的制作，可通过彩色图形中的动画统计数据显示全球主要的发展趋势，如二氧化碳排放量、经济增长率、城市人口、儿童死亡率等。

10.3.12　ECB Statistics

（1）数据库简介

ECB Statistics 是欧洲中央银行（European Central Bank，ECB）在欧盟各国中央银行或欧盟其他国家统计和监管机构的协助下开发、收集、编纂及传播的统计数据。ECB Statistics 的主要目的是支持欧洲央行有关货币和宏观审慎的决策与监管职能。ECB Statistics 可用于 DIIS 的收集数据环节。

数据库网址：http://www.ecb.europa.eu/stats

（2）功能特性

ECB Statistics 有以下功能特点：① 主要聚焦欧元区。② ECB 开展统计活动的法律依据被 ESCB （European System of Central Banks）和 ECB 规定。③ ECB 力求减少统计信息在其他信贷机构和报告代理机构的负担，因此尽可能使用已有的统计数据和指标。④ ECB 重视其统计质量。⑤ ECB 根据自己的需要与欧洲监管机构和欧盟金融监管机构密切合作。⑥ ECB 与其他国际统计机构保持密切关系，尽可能保持国际标准。

（3）应用领域

ECB Statistics 提供以下统计产品：货币统计以及金融机构和市场相关的统计、国际收支平衡和其他外部统计、欧元区账户、政府财政统计、常见的经济统计、最新的经济调查结果等，所有这些产品的统计数据可以从欧洲央行统计数据仓库（http://sdw.ecb.europa.eu）中获取。

参 考 文 献

李建军，崔树义. 2010. 世界各国智库研究. 北京：人民出版社.

潘教峰. 2017-01-09. 科技智库研究的 DIIS 理论方法. 中国科学报，第 7 版.

潘教峰，鲁晓. 2018. 关于智库研究逻辑体系的系统思考. 中国科学院院刊，
　　33（10）：1093-1103.

潘教峰，杨国梁，刘慧晖. 2017. 智库 DIIS 理论方法. 中国管理科学，25（S）：
　　1-14.

潘教峰，杨国梁，刘慧晖. 2018a. 智库 DIIS 三维理论模型. 中国科学院院刊，
　　33（12）：1366-1373.

潘教峰，杨国梁，刘慧晖. 2018b. 科技评估 DIIS 方法. 中国科学院院刊，
　　33（1）：68-75.

潘教峰，杨国梁，刘慧晖. 2019. 多规模智库 DIIS 理论方法. 中国科学院院
　　刊. http://www.bulletin.cas.cn/zgkxyyk/ch/reader/view_abstract.
　　aspx?file_no=2018Y009&flog=1.

拓晓瑞. 2014. 技术路线图的制定与应用研究. 全球科技经济瞭望，29（11）：
　　46-51.

吴天佑，傅曦. 1982. 美国重要思想库. 北京：时事出版社.

中国科学院. 2009. 科技革命与中国的现代化：关于中国面向 2050 年科技发
　　展战略的思考. 北京：科学出版社.

中国科学院. 2013. 科技发展新态势与面向 2020 年的战略选择. 北京：科学
　　出版社.

朱锋，王月若. 1990. 领导者的外脑：当代西方思想库. 杭州：浙江人民出
　　版社.

Abelson D. 2002. Do Think Tanks Matter? Assessing the Impact of
　　Public Policy Institutes. Montreal: McGill-Queen's University

Press.

Ahmad M. 2008. US think tanks and the politics of expertise: Role, value and impact. Political Quarterly, 79（4）: 529–555.

Campbell J L, Pedersen O K. 2008. Knowledge regimes and comparative political economy. Boston MA: American Sociological Association Annual Meeting.

Da Costa O，Boden M，Friedewald M. 2005. Science and technology roadmapping for policy intelligence: Lessons for future projects. Second Prague Workshop on Futures Studies Methodology. Praha: Czech Republic.

Desai R. 2006. Neoliberalism and cultural nationalism//Plehwe D, Walpen B, Neunheuffer G. Neoliberal Hegemony: A Global Critique. London: Routledge, 222–235.

Dye T R. 1986. Who is Running America? The Conservative Years. New Jersey: Prentice Hall.

Guo J F, et. al. 2019. Measurement framework for assessing disruptive innovations. Technological Forecasting & Social Change, 139: 250–265.

Hart P, Vromen A. 2008. A new era for think tanks in public policy? International trends, Australian realities. Australian Journal of Public Administration, 67（2）: 135–148.

Katwala S. 2009. Bringing equality back in: The role of a think-tank. Benefits, 17（1）: 57–63.

Kostoff R N, Schaller R R. 2001. Science and technology roadmaps. IEEE Transactions on Engineering Management, 48（2）: 132–143.

Lee S, et al. 2007. Technology roadmapping for R&D planning: The case of the Korean parts and materials industry. Technovation, 27 (8): 433–445.

McGann J G. 2007. Think Tanks and Policy Advice in the US: Academics, Advisors and Advocates. New York: Routledge.

McGann, J G. 2018. 2017 Global Go To Think Tank Index Report. TTCSP Global Go To Think Tank Index Reports 13. http://repository.upenn.edu/think_tanks/13.

Mills C W. 1959. The Power Elite. New York: Oxford University Press.

National Research Council. 2015. Sea Change: 2015–2025 Decadal Survey of Ocean Sciences. Washington DC. https://www.nap.edu/catalog/21655/sea-change-2015-2025-decadal-survey-of-ocean-sciences.

Office of the Secretary of Defense, USDoD. 2001. Unmanned Aerial Vehicles Roadmap 2000–2025. Washington DC. http://www.defense-aerospace.com/article-view/reports/62557/pentagon-releases-uav-road-map.html.

Office of the Secretary of Defense, USDoD. 2005. Unmanned Aircraft Systems Roadmap 2005–2030. Washington DC. https://fas.org/irp/program/collect/uav_roadmap2005.pdf.

Plehwe D, Walpen B, Neunhoffer G. 2006. Reconsidering neoliberal hegemony//Plehwe D, Walpen B, Neunheuffer G. Neoliberal Hegemony: A Global Critique. London: Routledge, 1–24.

Smith J A. 1993. The Idea Brokers: Think Tanks And The Rise of The New Policy Elite. New York: Free Press.

Stone D. 1996. Capturing the Political Imagination: Think Tanks and the Policy Process. London: Frank Cass.

Stone D, Denham A, Garnett M. 1998. Think Tanks across Nations: A Comparative Approach. Manchester: Manchester University Press.

United States Department of Defense. 2011. Unmanned Systems Integrated Roadmap FY2011–2036. https://fas.org/irp/program/collect/usroadmap2011.pdf.

Weaver K R. 1989. The changing world of think-tanks. Political Science and Politics, 22 (3): 563–578.